20世纪中国教育家画传

主编：储朝晖

TAO XINGZHI HUAZHUAN

陶行知画传

储朝晖 著

四川教育出版社

图书在版编目（CIP）数据

陶行知画传 / 储朝晖著. —成都：四川教育出版社，2012.5
（20世纪中国教育家画传 / 储朝晖主编）
ISBN 978-7-5408-5909-1

Ⅰ.①陶…　Ⅱ.①储…　Ⅲ.①陶行知（1891~1946）-传记-画册
Ⅳ.①K825.46-64

中国版本图书馆CIP数据核字（2012）第073575号

责任编辑　张纪亮　林　平
封面设计　何一兵
版式设计　王　凌　张　涛
责任校对　史敏燕
责任印制　田东洋
出版发行　四川教育出版社
地　　址　四川省成都市锦江区三色路266号
邮政编码　610023
网　　址　www.chuanjiaoshe.com
印　　刷　北京市兆成印刷有限责任公司
制　　作　四川胜翔数码印务设计有限公司
版　　次　2012年5月第2版
印　　次　2022年4月第4次印刷
成品规格　170mm×230mm
印　　张　18
书　　号　ISBN 978-7-5408-5909-1
定　　价　52.00元

总　序

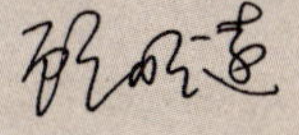

2007年3月5日，温家宝总理在第十届全国人大第五次会议的《政府工作报告》中郑重宣布：要提倡教育家办学。这个问题的提出显示出中国急需教育家却又缺少教育家。《国家中长期教育改革和发展规划纲要（2010~2020年）》更明确提出："造就一批教育家，倡导教育家办学。"

然而，现今即使是专门从事教育工作的人，对怎样才是真正的教育家却也没有清晰的认识。为解决这一问题，中央教育科学研究所研究员储朝晖与时任四川教育出版社社长安庆国在编写一套《20世纪中国教育家画传》丛书的想法上不谋而合，这对传承、传播中国20世纪教育家的办学理念，弘扬其教育精神和优秀思想，促进教育家办学的早日全面实现十分有益，也十分必要。

这套丛书所选择的十位传主是经过教育史专业的学者海选而产生的，他们是王国维、蔡元培、陶行知、张伯苓、胡适、梅贻琦、黄炎培、徐特立、陈鹤琴、晏阳初，我认为他们确实代表了20世纪对中国教育有巨大影响的教育家群体。

这套丛书突出传主的教育思想、办学理念、办学实践，尤其凸显传主的教育家精神；强调以史料为依据，对传主的教育贡献作客观评价，实事求是，还原历史，避免主观，不做有意拔高；全书插入大量珍贵历史图片，以图文并茂的方式呈现历史画卷，使得丛书具有了较高的学术价值、收藏价值以及观赏性和可读性。同时，丛书主编精心挑选各位传主研究方面的专家担任各分册作者，较好地保证了整套丛书的编写深度和质量。其中黄延复研究梅贻琦、宋恩荣研究晏阳初、梁吉生研究张伯苓、戴永增研究徐特立、金林祥研究蔡元培、储朝晖研究陶行知都有二十多年了。我与储朝晖第一次见面是在1988年，他拿着一封方明的信来找我，正是为了查阅北京师范大学图书馆特藏部的陶行知研究资料。北京大学图书馆研究馆员邹新明研究胡适、西南大学教授谢长法研究黄炎培、陈鹤琴外孙柯小卫研究陈鹤琴、华东师范大学徐旭晟博士研究王国维，他们也都是长期从事相关研究的专家学者，堪称黄金组合。这套书将有助于读者更好地领会各位教育家的精神真谛。

希望这样一套难得的好书，能激励有志教育的人成为教育家，切实有效地推动中国的教育家办学进程。

创造宣言[1]

(1943年10月13日)

陶行知

创造主未完成之工作，让我们接过来，继续创造。

宗教家创造出神来供自己崇拜。最高的造出上帝，其次造出英雄之神，再其次造出财神、土地公、土地婆来供自己崇拜。省事者把别人创造的现成之神来崇拜。

恋爱无上主义者造出爱人来崇拜。笨人借恋爱之名把爱人造成丑恶无耻的荡妇来糟踏，糟踏爱人者不是奉行恋爱无上主义，而是奉行万恶无底主义的魔鬼，因为他把爱人造成魔鬼婆。

美术家如罗丹，是一面造石像，一面崇拜自己的创造。

教育者不是造神，不是造石像，不是造爱人。他们所要创造的是真善美的活人。真善美的活人是我们的神，是我们的石像，是我们的爱人。教师的成功是创造出值得自己崇拜的人。先生之最大的快乐，是创造出值得自己崇拜的学生。说得正确些，先生创造学生，学生也创造先生，学生先生合作而创造出值得彼此崇拜之活人。倘若创造出丑恶的活人，不但是所塑之像失败，亦是合作塑像者之失败。倘若活人之塑像是由于集体的创造，而不是个人的创造，那么这成功失败也是属于集体而不是仅仅属于个人。在一个集体当中，每一个活人之塑像，是这个人来一刀，那个人来一刀，有时是万刀齐发。倘使刀法不合于交响

[1] 本文原载1943年11月25日重庆《新华日报》。发表前曾于同年10月15日下午向育才学校指导会宣读，16日早晨在朝会上向全体学生宣读。当晚深夜12时，方与严主持的《创造壁报》出版。

曲之节奏，那便处处是伤痕，而难以成为真善美之活塑像。在刀法之交响中，投入一丝一毫的杂声，都是中伤整个的和谐。

教育者也要创造值得自己崇拜之创造理论和创造技术。活人的塑像和大理石的塑像有一点不同，刀法如果用得不对，可以万像同毁；刀法如果用得对，则一笔下去，万龙点睛。

有人说：环境太平凡了，不能创造。平凡无过于一张白纸，八大山人[1]挥毫画他几笔，便成为一幅名贵的杰作。平凡也无过于一块石头，到了飞帝亚斯、米开朗基的手里可以成为不朽的塑像。

有人说：生活太单调了，不能创造。单调无过于坐监牢，但是就在监牢中，产生了《易经》之卦辞[2]，产生了《正气歌》[3]，产生了苏联的国歌[4]，产生了《尼赫鲁自传》。单调又无过于沙漠了，而雷塞布（Lesseps）竟能在沙漠中造成苏彝士运河[5]，把地中海与红海贯通起来。单调又无过于开肉包铺子，而竟在这里面，产生了平凡而伟大的平老静。

可见平凡单调，只是懒惰者之遁词。既已不平凡不单调了，又何须乎创造。我们是要在平凡上造出不平凡；在单调上造出不单调。

有人说：年纪太小，不能创造，见着幼年研究生之名而哈哈大笑。但是当你把莫扎尔特、爱迪生及冲破父亲数学层层封锁之帕斯加尔（Pascal）的幼年研究生活翻给他看，他又只好哑口无言了。

有人说：我是太无能了，不能创造。但是鲁钝的曾参，传了孔子的道统，不

---

[1] 清初画家朱耷（1626~1705）的别号。擅长画水墨花卉禽鸟，亦画山水，笔墨简括，形象夸张。

[2]《易经》即《周易》。这句话是说，周文王被关押时才把相传由神农作的八卦发展成为六十四卦的卦辞。春秋以后的儒家，把它作为重要经典之一。

[3]《正气歌》 南宋大臣文天祥抗元失败被俘，在狱中作《正气歌》，表现了宁死不屈的崇高气节。

[4] 即鲍狄埃创作的《国际歌》。苏联1917到1944年以《国际歌》代国歌。

[5] 通译苏伊士运河。1859年开工，1869年完成，系雷塞布所创办的"国际苏伊士运河公司"开凿的。

识字的惠能，传了黄梅的教义。惠能说："下下人有上上智。"我们岂可以自暴自弃呀！可见无能也是借口。蚕吃桑叶，尚能吐丝，难道我们天天吃白米饭，除造粪之外，便一无贡献吗？

有人说：山穷水尽，走投无路，陷入绝境，等死而已，不能创造。但是遭遇八十一难之玄奘，毕竟取得佛经；粮水断绝，众叛亲离之哥伦布，毕竟发现了美洲；冻饿病三重压迫下之莫扎尔特，毕竟写出了《安魂曲》。绝望是懦夫的幻想。歌德说：没有勇气一切都完。是的，生路是要勇气探出来，走出来，造出来的。这只是一半真理；当英雄无用武之地，他除了大无畏之斧，还得有智慧之剑，金刚之信念与意志，才能开出一条生路。古语说，穷则变，变则通，要有智慧才知道怎样变得通，要有大无畏之精神及金刚之信念与意志才变得过来。

所以，处处是创造之地，天天是创造之时，人人是创造之人，让我们至少走两步退一步，向着创造之路迈进吧。

像屋檐水一样，一点一滴，滴穿阶沿石。点滴的创造固不如整体的创造，但不要轻视点滴的创造而不为，呆望着大创造从天而降。

东山的樵夫把东山的茅草割光了，上泰山割茅草，泰山给他的第一个印象是：茅草没有东山多，泰山上的"经石峪"、"无字碑"、"六贤祠"、"玉皇顶"……大自然雕刻的奇峰、怪石、瀑布，豢养的飞禽、走兽、小虫和几千年来农人为后代种植的大树，于他无用，都等于没有看见。至于那种登泰山而小天下之境界，也因急于割茅草而看不出来。他每次上山拉一堆屎，下山撒一抛尿，挑一担茅草回家。尿与屎是他对泰山的贡献，茅草是他从泰山上得到的收获。茅草是平凡之草，而泰山所可给他的又只有这平凡之草，而且没有东山多，所以他断定泰山是一座平凡之山，而且从割草的观点看，比东山还平凡，便说了一声："泰山没有东山好。"茅草中有一棵好像是先知先觉的树苗，听他说"泰山没有东山好"，想到自己老是站在寸土之中，终年被茅草包围着，陡然觉得平凡、单调、烦闷、动摇，幻想换换环境。一根树苗如此想，二根树苗如此想，三根树苗如此想，久而久之成趋向；便接二连三的，一天一天的，听到有树苗对樵夫说："老人家，你愿意带我到东山去玩一玩么？"樵夫总是随手一拔，把它们一根一根的和茅草捆在一起，挑到东山给他的老太婆烧锅去了。我们只能在樵夫的茅草房的烟囱，偶尔看见冒出几缕黑烟，谁能分得出哪一缕是树苗的，哪一缕是茅草的化身?

割草的也可以一变而成为种树的老农，如果他肯迎接创造之神住在他的心里。我承认就是东山樵夫也有些微的创造作用——为泰山剃头理发，只是我们希望不要把我们的鼻子或眉毛剃掉。

创造之神!你回来呀! 你所栽培的树苗是有了幻想，樵夫拿着雪亮的镰刀天天来，甚至常常来到树苗的美梦里。你不能放弃你的责任。只要你肯回来，我们愿意把一切——我们的汗，我们的血，我们的心，我们的生命——都献给你。当你看见满山的树苗在你监护之下，得到我们的汗、血、心、生命的灌溉，一根一根的都长成参天的大树，你不高兴吗? 创造之神!你回来呀!只有你回来，才能保证参天大树之长成。

罗丹说："恶是枯干。"汗干了，血干了，热情干了，僵了，死了，死人才无意于创造。只要有一滴汗，一滴血，一滴热情，便是创造之神所爱住的行宫，就能开创造之花，结创造之果，繁殖创造之森林。

目录 Contents

目录 Contents

一　阡陌中走出伟人

徽州是历史上移民频繁之地，也是异质文化交汇生成动力之地，陶行知幼年便在这种动力激励下成长。

陶行知的故乡安徽省歙县。

文濬生于黄潭源

八百里黄山，流淌出一条小河，穿越崇山峻岭，向着东南方向的大海流去，人们希望它能承载丰收与快乐，美其名曰丰乐河。

辽阔的大海，溯钱塘而上，顺新安江向西，沿练江向北，环绕叠翠群峰，丰乐河与练江相汇于徽州古城。

出古城向西，路过五里栏杆，距城七华里地的丰乐河南岸，曾经是人烟稀少，山清水秀，茂林修竹，风景十分宜人的黄潭源村。

1891年10月18日（农历九月十六日），一个新的生命在这个村降生，因其父母所生长女不幸夭折，为图好养易活，希得观音菩萨保佑，给这孩子取乳名和尚，正名文濬。这个孩子即后来成为著名教育家的陶行知。

据陶氏家谱载，陶一世祖名明子公，原籍浙江绍兴府会稽县陶家堰，明正德五年（1510）迁居至安徽歙县西部古溪，到十一世祖舜廷公又移居古老的徽州府（今安徽省歙县）城西七里的黄潭源村。其时，该村人口稀少。陶氏定居后，因崇尚陶渊明而将其草屋题名曰“五柳堂”，草屋之畔称五柳巷（俗名陶家巷）。巷旁一小溪，溪水清澈见底，从西乡进城的人行桥下流过，注入丰乐河中。陶行知就在这钟灵毓秀的小村度过了他幼年和童年时光。

陶行知是陶氏第十六世，陶父母生育一子二女，仅他和二女美珠（即陶文渼）长大成人。

陶父名位朝，字筱山（笑山），号槐卿，乳名长生，为迁歙十四世祖允禄公四个儿子中的长子。陶父早年接管了祖上留下的一爿位于休宁县万安镇上的亨达官酱园，生意还算兴隆，后因经济萧条，经营惨淡，被迫转卖他人，曾一度回家种田维持生计，1900年到万安镇任管理田赋的册书，1902年解职回黄潭源村务农，1913年后曾在南京汇文女校任教。陶行知的母亲曹翠仂，安徽绩溪县人，除操持家务外，还下田耕作。她勤劳节俭，陶行知在母亲去世时曾写《吾母所遗剃刀》一诗：

这把刀！
曾剃三代头。
细数省下钱，
换得两担油。

陶行知为这首诗加注说："吾母治家，最为勤俭，剃头都是她一人包办。这把剃头刀现在是成了我们最可纪念的传家宝了。它剃过父亲的头，剃过我的头，剃过桃红、小桃、三桃、蜜桃的胎头。"

崇一兴起济世念

陶行知自幼聪慧，四岁便能随父识字，五岁时看到邻居家厅堂的对联，就在地上临摹字形，这情景恰巧被旸村蒙童馆塾师方庶咸秀才看见，视其为神童，非常喜爱，愿收为弟子。但父母或因家贫无力供读，或觉太小而未应允，直至次年（1897）陶六岁时，方秀才一再动员陶父，并免费代为开蒙，陶行知才得入蒙童馆就读。

1898年，陶行知随父到休宁县万安镇。由于陶行知识记能力很强，三刻钟内就能熟读并背诵《左传》四十三行，初显惊人才能，故深得外祖母外祖父及塾师、学友喜爱，外祖父意欲着意培养，入吴尔宽先生开办的经馆伴读。1903年后，因经济拮据，陶不得不辍学回家。他一面劳动，一面从父学习，曾多次到离家15里地的航埠头曹家经馆求教于歙县名士王藻贡生，到歙县城内上路街程朗斋秀才处学"四书"。

少年时期的陶行知。

徽州虽在崇山峻岭之中，但由于当地商人与移民较多，通过新安江水路与外界仍保持着频繁的联系。1876年（清光绪二年）就有浙江人章觉甫担任通士（翻译）带着英籍美国牧师唐进贤（Mr. Gibbs）来到徽州府城西街租用民房作礼拜堂传教。陶父在生活窘困中，胸积郁闷，参与了该教堂的活动并成为该教堂内地会会员，陶母为补贴家用在教堂内帮佣。教堂为扩大传教效果，创办起徽州中西蒙学堂（后改称"崇一学堂"），陶行知常去看望母亲，因此和学堂堂长唐进贤相识，唐见陶勤劳聪明，对他印象很好，当陶母请求

徽州中西蒙学堂师生合影，后排右二为陶行知。

接受儿子减免学费入读时，唐便应允了，1905年陶行知入该学堂就学。

崇一学堂坐落在歙县城内小北街，坐东朝西，清式砖木楼房建筑，三间两进，中有天井。前进为教学区，后进为生活区。学堂开设有国文、英文、数学、理化、医药常识、教义等课，学制三年。进崇一学堂是陶人生中的重要转折点。在这里陶行知开始接受西方新学，他勤奋努力，成绩过人，并喜爱运动，擅长跳高。接触西学让他看到了中西差距，因此曾在宿舍墙上写下："我是一个中国人，要为中国作出一些贡献来。"两年多里，他不仅在此学习，而且在通事章觉甫家搭伙，因而与章、唐交往很深，并首次接触了基督教思想，这成为他终生保持与教会联系的起因，也促成他产生行医济世的念头。

1908年，学堂因堂长唐进贤回英国省亲而停办，陶与其他同学三年的课程两年修完，首届毕业生16人，有陶行知、汪采白、姚文采、洪范武（有丰）、朱家治等。

陶行知特别爱好唐诗，因家贫无钱买书，就向同学汪采白的父亲汪纪修借来唐诗，边抄边吟。当他离开歙县时将书归还原主，主人有意考他："你读唐诗推重何人？"陶答："pai tu。"（歙方言音同"白读"）汪惊问："你读完唐诗怎么说是白读？"陶答："我指的正是白——杜啊！"汪顿时领悟："啊……原来你指的是白乐天、杜子美，好！我再问你，白、杜风格之异同？"陶答："白诗通俗晓畅，杜诗浓郁有力，多为感时忧国之作，皆能反映民生疾苦！"汪纪修高兴地说："孺子可教也！"继又自言自语道："后生可畏啊！"

走出徽州遇挫折

结束崇一学堂的学习，青年陶行知面临考验。对现实生活中贫困与痛苦的切身体验，对祖辈曾为高门望族的景仰，对异域生活的向往汇聚成强大的内动力。在崇尚读书的新安文化和崇尚开放的商旅生活影响下，在方秀才、王贡生、唐牧师这些爱才乐育的教师的提携下，1908年春，陶行知怀着美好的期望，从休宁县万安镇出发，一人乘船赴杭学医。到了杭州，陶考入广济医学堂。该学堂为教会所办，信教学生可在校免费实习两年，不信教的学生则需要交实习费。陶对非基督教徒学生明显受歧视的这条规定，深为不满，三日后就愤而退学。

陶行知离开杭州，孑然一身，前途茫茫，贫困的生活再次考验着这个年轻人。他只得返回徽州，专心学习了一年英文。但对美好生活的憧憬促使他再次走出徽州，投靠在苏州工作的表兄张枝白。但到苏州后见表兄在绣花庄工作，经济也相当困难，只好和表兄一起过着典当度日的生活。

1909年，唐进贤省亲后再回中国，筹划买下歙县原来所租房屋自建教堂，正流落苏州无以为生的陶行知，在街头巧遇唐进贤。唐得悉陶的境况后，便再次推荐他考入南京美以美会所办的汇文书院成美馆（即中学）。1910年汇文书院与另一所教会学校宏育书院合并，改名“金陵大学”。陶行知在完成预科学习后，直接升入金陵大学，成为金陵大学首届文科本科部的一名学生。

金陵求学结新缘

金陵大学是陶行知人生的新起点，也是他发挥才能的新空间。曾经的挫折使他深知穷人上学机会来之不易，因此刻苦钻研，勤奋学习，使得国文、法文、数学诸科成绩优异。同时，他十分关心时局，敢于发表独立见解，思想活跃。辛亥革命爆发后，受民族民主思想熏陶，信仰孙中山，主张民主共和，积极参加各种社会活动，热心宣传民族民主革命。

1911年下半年新学期开学不久，武昌起义爆发，沿江各地响应尤其热烈，金陵大学的教学活动因受革命影响中断，陶行知回到徽州任初成立的府议会秘书半年。其间，陶行知参与了余德民等人在屯溪阳湖余家庄的武装起义，并在华山岭参加了一次枪战。这次起义虽然吓跑了休宁县知事刘风绥，却被富户们拥立的夏慎大攫取了县政权。起义失败后，1912年陶行知又回到金陵大学继续其学业。

重返校园，陶行知以更开阔的视野对待学习，开始探索人生道路上的各种问题，主张不读死书，要与人民生活配合，要与国家大事配合，同学姚文采用“说做就做，见地远大”来形容陶。陶动员家乡同学张枝一、姚文采、方槐三、洪范五、朱家治等进金陵大学深造，鼓励并帮助他们解决各种困难。

孙中山让位后，袁世凯不肯南下就职，几经较量，革命果实很快落入袁世凯囊中。担任南京留守的黄兴经费支绌，陷于困境，只能倡“国民捐”以纾困，陶行知积极参与其中。1912年5月24日，陶邀请苏州东吴大学学生来南京联合举行运动会，以售票集资所得充“国民捐”，帮助南京留守机关解决财政困难。“是日，刘君仰枫主场内，陶君知行主场外，秩序井然，来宾2000余人，复蒙黄克强留守，赐借音乐，观瞻一壮”[1]。此外他还组织爱国演说会，倡议金陵大学原来只用英语的演说会（文艺会）增加汉语演说，开展社会福利及学术研究活动。

陶行知课余研究王阳明学说，受到“知行合一”和“知行并进”的影响，改名“陶知行”，并用“知行”作笔名在《金陵光》学报上发表文章。1912年12月21日，陶行知在一篇见证文字中说，由于感受到耶稣“爱人如己”原则的重要，“我从此成为耶稣基督的追随者”。后来他在写给哥伦比亚大学罗素院长的信中说：“1913年余成为一基督信徒。”

1913年1月，陶行知倡议金陵大学学报《金陵光》增设中文版。2月《金陵光》中文版（按总编号第4卷第1期）出版，陶任中文编辑，发表《〈金陵光〉出版之宣言》、《一夫多妻制之恶果》等文章，署名陶知行。9月任《金陵光》中文主笔，发表《伪君子篇》等多篇文章，针砭时弊：“天下非小人为患，伪君子为患耳。”并自我分析：“我之大病根，在喜誉恶毁，名之所在，心即怦然动，伪言行即不时因之而起。”还痛下决心：“虽行一不义而得天下，不为。”“意

[1] 程湘帆：《苏宁运动捐助会》，《金陵光》（中文版）第4卷第3期，1913年4月。

在自勉而兼以勉人也。”

陶行知在金陵大学博览群书，不仅文科成绩优异，理科知识也十分扎实，经常帮助同学解答数学上的疑难问题，受到师生们的赞扬。他总结出读书十诀：一序，由浅入深，循序渐进；二勤，业精于勤，荒于嬉；三恒，持之以恒，锲而不舍；四博，从精出发，博览群书；五问，不耻下问；六记，多动笔墨，多记笔记；七习，温故而知新；八专，专心致志，专一博广；九思，多加思考，学会运用；十创，触类旁通，敢创新路。1913年夏，在全校考试中总分名列第一，获江苏省教育司奖励。

金陵大学时期的陶行知（后排左三）与师友合影。

1913年，袁世凯就任大总统，以南京为主要据点的革命党人或被缉捕，或流亡国外，或受到舆论钳制。在南京城西北隅，金陵大学、城中会堂、金陵神学院三大机构所在区域连成一较为特殊的政治与文化区域，自由民主学术空气较浓。其间艾迪到校演讲《中华民国之将来》，陶行知担任翻译。艾迪以“中国近日所处之境遇，实自有历史以来最危险之境遇”破题，同时又定位为大有进步之门槛，论述青年应担之责任，抨击袁政府腐败，颂祷中华振兴，演讲赢得金大师生22次热烈掌声，演讲结束时，艾迪出示孙中山相片并挥舞五色国旗，获得二次“鼓掌如雷”。同学甚至教授们都喜欢和陶行知讨论学问，在图书馆旁的小房间里，同学们常听到司徒雷登与陶行知高谈阔论的声音。这年金陵文艺晚会上辩论“中国能否建立民国”问题，陶行知参赛并获胜。陶行知的人生观奠基过程便是在这样一种相对自由民主的环境中完成的。

1913年陶行知与汪纯宜结婚，之后全家迁至南京。自此以后，从阡陌中走出的陶行知，就再也没能回到故乡。但他对故土一直魂牵梦绕，认为世界上只有瑞士才能和故乡相比，“每次读渊明公的《归去来辞》，就想回来走一趟”，以至他写出饱含感情的诗——《题黄山游记》：

少年生长黄山边，足迹未到黄山前。
黄山之神如有灵，应已记过万万千。
我身未到黄山巅，我心已见黄山之尊严。
三十六峰似曾到，峰峰与结梦中缘。

陶行知与妻汪纯宜（右）、妹文渼（左）合影。

泰岱匡庐虽奇异，比我梦中黄山远不及。

人生为一大事来，丈夫志在探新地。

屈指三万六千场，归老黄山终有日。

此日终须到，此约今日立。

黄山与我愿毋违，看取方子之书助相忆。

二　探索后立志教育

陶行知在人生中选择教育，既是机遇，也是体验与理性选择的结果。

1914年赴美留学途中，陶行知（前排左一）与同船的留学生合影。后排右一为陈鹤琴。

出道共和声渐响

1914年，陶行知从金陵大学毕业，面临着人生又一次选择。

此前，广济医学堂的遭遇扑灭了他行医济世的梦想，金陵大学的学习生活也让他放弃了因为看到身边有太多类似姐姐那样早殇的病人就去当医生的直接思维方式，开始思考更深层的社会问题。也许上苍冥冥中早已安排好他沿着这条路走下去，终成为医治人心而非人身的巨匠。

1914年新年，陶行知在《金陵光》第4卷第8期发表新年社论《民国三年之希望》："希望民国文官，不贪财、不因循、不争门户，戮力经襄国事……希望民国武臣，严纪律、重人道、不矜功、不嚣张，为义战，不为暴戾……希望内乱永平，寇贼绝迹，使农工商贾，各安其业……学子……早日蔚为国家栋梁材。"

陶行知的毕业论文《共和精义》凸显出他人生选择的逻辑。全文贯穿了倡导民主共和，反对专制横威的思想，认定"自由、平等、民胞，共和之三大信条也"。强调"法律之内有自由，道德之内有自由"。平等则是在政治上、生计上、教育上立平等之机会，俾各人得以自然发展其能力而为群用。民胞指"畛域铲除，博爱心生，国人以兄弟相视"，"民胞"乃共和之大本，必具"共同目的，共同责任，共同义务"。主张共和应重视个人之价值，唤醒个人之责任，予个人以平等之机会，谋国民全体之福利，应"视人民为社会之主体"，强调"政府者人民之政府"，而共和发生危险的原因在于国民程度不高、“媚民政客”与“选举理事”式的伪领袖存在、“一党自画”的党祸难防、乌合之众的多数横暴现象出现。

怎样才能防止共和的险象呢？陶行知把目光投向了教育：

人民贫，非教育莫与富之；人民愚，非教育莫与智之；党见，非教育不除；精忠，非教育不出。教育良，则伪领袖不期消而消，真领袖不期出而出。而多数之横暴，亦消于无形。况自由平等，恃民胞而立，恃正名而明。同心同德，必养成于教育；真义微言，必昌大于教育。爱尔吴（即爱尔威）曰：“共和之要素有二：一曰教育，二曰生计。”然教育苟良，则人民生计必能渐臻满意。可见教育实建设共和最要之手续，舍教育则共和之险不可避，共和之国不可建，即建亦必终归于劣败。罗比尔曰：“吾英人第一责任，即教育为国家主人翁之众庶是已。”故今日当局者第一要务，即视众庶程度，实有不足。但其为可教，施以相当之教育，而养成其为国家主人翁之资格焉。

陶行知认为教育的关键在于清除专制荼毒，启发人的自觉，他在大学毕业论文中基本确定了为实现民主共和而从事教育的人生大方向。

1914年6月22日，金陵大学举行毕业典礼，陶行知在该校当年20名毕业生中以第一名的优异成绩毕业于金陵大学文科哲学心理系，并以优秀毕业生的资格被推选在毕业典礼上宣读论文。代校长文怀恩颁发美国纽约州立大学承认的文科学士文凭，江苏教育会副会长黄炎培应邀参加毕业典礼并授中文文凭，陶向黄面赠所编《金陵光》，自此陶、黄二位结为深交，共同为教育事业奋斗。1946年黄炎培在陶逝世后所写的《哭陶行知先生》诗中，首句即称颂陶行知为“秀绝金陵第一声”。

金陵大学毕业后，校长美国人包文对陶十分器重，亲自找他谈话，鼓励他继续赴美深造，并答应给予部分资助。陶行知心里也有“乘风破万里浪”

的雄心壮志，他心仪的目标是到哥伦比亚大学学教育，可是，出国留学费用成为他所面临的障碍。

为了筹措留学费用，他只得厚着脸向各位亲友借钱。当他多方托亲访友借款遭到婉言谢绝时，有人便说他是“十叩柴扉九不开”，他苦恼，他反思：既然十叩柴扉九不开，那么百叩柴扉不就有十扇开了嘛？抱着这样渺茫的希望，他不懈地向师友求助，最后终于筹足了赴美学习的全部旅费。

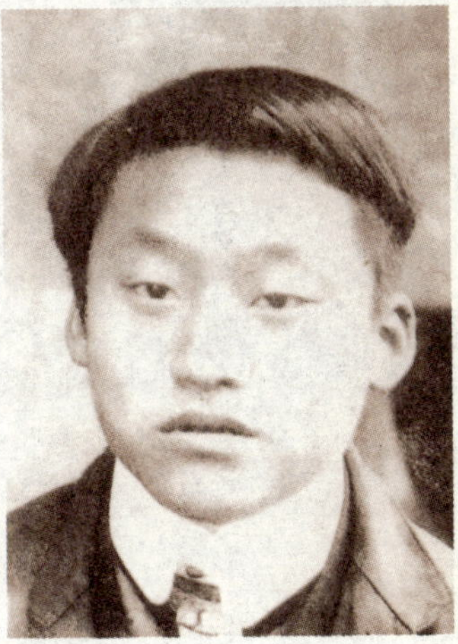

在金陵大学学习时的陶行知。

破浪学海向哥大

1914年8月15日，陶行知从上海招商局码头登上“中国号”邮船赴美留学，同船的有近百名清华派遣生，其中一位是后来成为挚友的教育家陈鹤琴。船出吴淞口时，陶行知激情迸发，创作了生平第一首诗——《海风歌》。

经过三个星期的航行，9月7日到美国旧金山。由于他的费用不够，不能直接进哥伦比亚大学学习，便继续向西，约于9月14或15日到达伊利诺州（即伊利诺伊州），入伊利诺大学研究院攻读政治学。陶行知在该校所修课程为：政治学和公法研究、市政、美国的性质、教育行政管理、教育研究方法、中学课程、教育心理学研究、政治学和公法

1915年陶行知在伊利诺大学与孙科等人合影。

讨论、欧洲大陆政体、美国的外交、美国对外贸易和殖民地贸易以及单位、等级与规范。其中教育行政管理的授课教师是柯夫曼。他热心辅导，循循善诱，使陶更加坚定了从事教育的志向和决心。如果说金大毕业论文奠定了陶行知人生选择的大方向，柯夫曼则是陶行知从事教育事业的专业启蒙老师。陶认为学习市政将来只能做官，不能真正建立民主共和的国家，而在中国最不缺少的就是官员，于是当他在伊利诺获得政治学硕士后，便转学到哥伦比亚大学，直奔他的理想目标，专门研究教育。

1915年1月，陶行知在美国得知父亲逝世的噩耗，想起了自己初次离乡去杭州时父亲送上船的离别场景，"悲之极，不得已借事勉强忘之，下课后即到图书馆中看书，不敢回寓，每至深夜始返。但梦中不能自主，悲怀一动，凄凉甚矣"。数年后尚难释怀，便以《长相思》词调写《追忆美国得父殁耗后之生活》词悼念：

我欲忙，我欲忙。忙到忘时避断肠，几回心内伤！

我欲忘，我欲忘。忘入梦中哭几场，醒来倍凄凉！

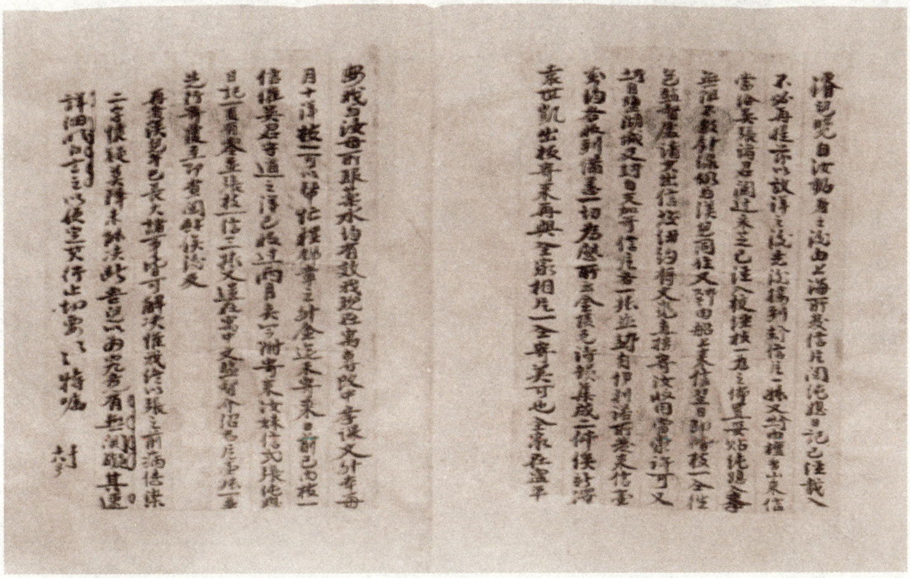

1914年陶位朝写给陶行知的信。

无法排除的思乡念父情怀，沉重的家庭负担，经济状况的困窘，全都转化为发奋的力量，以求学有所成报答亡父于九泉之下。直至4月，陶得悉长子出生，情绪才稍得欣慰，给孩子取乳名“桃红”，学名“陶宏”。

在伊利诺的第二个学期，陶行知开朗活跃的个性开始显露，出任学生俱乐部干事。1915年6月18日至27日，他参加了基督教男青年会于日内瓦湖举行的夏季大会，这次活动使他受到极大启迪，便矢志以教育管理为终身事业。在日内瓦湖，他给母亲写了封短信并附寄一张照片，信中劝母亲游山健身。

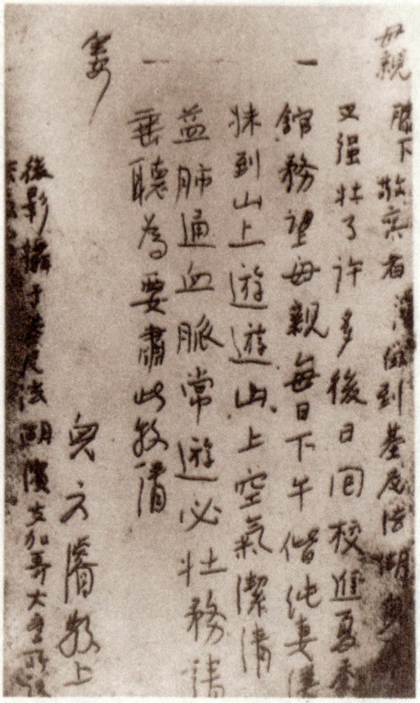

母親膝下 敬禀者
又强壮了許多 後日回校 進夏季
一館務 望母親每日下午偕纯妻帶
妹到山上遊遊 山上空氣潔清
益肺通血脈 常遊必壮 務請
一 要聽為要 肅此敬請
安
兒 文濬 敬上

陶行知在芝加哥大学天文台前留影。照片背面是他写给母亲的信。

来美前即选定哥伦比亚大学为在美之最终目标的念头，因资力不济而未能及时实现，一年后再次发酵。恰在陶行知决定到哥伦比亚师范学院之前不多时，中国政府同意给予陶行知部分奖学金，再加上其他各种援助，使陶行知有了足够的勇气。他再次查阅美国所有高等学府的情况，得知哥伦比亚师范学院教授声誉之隆，学科设置之丰，求学生源之广之优，其他学校无法比肩，无愧是世界上研究教育的最高学府，再次认定哥伦比亚大学师范学院是最适合自己人生选择的去处。

1915年秋，陶行知如愿以偿进入哥伦比亚大学师范学院攻读教育专业学位，与同年到哥大学哲学的同乡胡适同学，直接就教于美国著名教育家杜

胡适留学日记中所留陶行知与张彭春的合影。

威、保罗·孟禄、克伯屈，通过哥大的学习，进一步坚定了他献身教育的人生目标。

志立教育造民主

确定了人生目标，陶行知便全身心投入其中。1915年12月，他写信给黄炎培表明自己的人生定向，并请求黄帮助搜集自己的博士选题中涉及中国教育的资料，同时询问江苏教育最急要的问题。黄炎培回复称这也是自己“怅触于心，极愿掬以奉告者。盖江苏最急要之问题，无过于教育与职业之联络”。慨叹当时“所谓教育者，不唯不能解决世界最重要之生计问题，且将重予生计问题之困难”，“窃愿集合同志，竭吾今后数十年精力，谋所以补救”。黄的回信引发了陶行知对职业教育的系统思考，写成《生利主义之职业教育》。

1916年2月，到纽约生活半载后，陶渐感费用之高超出所料，原来准备的费用不足供顺利完成学业，经孟禄博士介绍，他获得利文斯通奖学金资助。陶行知在2月16日致罗素院长的信中道：“余今生之唯一目的在于经由教育而非经由军事革命创造一民主国家。鉴于我中华民国突然诞生所带来之种种严重缺陷，余深信若无真正之公共教育，真正之民国即不能存在。……再经两年之培训，余将回国与其他教育工作者合作，为我国人民组织一高效率之公共教育体系，以使他们能跟着美国人步伐，发展和保持真正之民主国家，因为这是唯一能够实现的正义与自由的理想之国。”

这段话包含着陶行知的切身体验和对人生选择的深刻思考：1905年起始的清末预备立宪因1911年的辛亥革命而中断，1911年11月2日清廷宣告解散“皇族内阁”，任命袁世凯为内阁总理大臣，1912年底和1913年初，中国举行了有史以来的首次国会议员选举，1913年4月，中华民国第一届国会产生，10月中国进行了第一次总统选举，领导革命的孙中山等人却无力左右局面。在陶行知亲身参与的徽州府议会里，新建立的政权孱弱，领导起义的余德民等人败走。这些都使他感到新建民国犹如沙塔，存在着种种严重缺陷，单纯武装斗争的结果只能是“无量头颅无量血，可怜购得假共和”，因此建立一个真正民主国家最为根本的途径是教育而非军事，唯有教育才能改变人心，才能实现真正的正义与自由的理想。

陶行知在哥伦比亚大学修习了美国公共教育管理、学校与社会、教育史、教育哲学、财政学、进步社会的教育、中学原则、教育社会学实习、国外学校系统的社会基础、教育社会学研究等课程。

1917年7月26日，哥伦比亚大学师范学院教育长保罗·孟禄博士致函哥大哲学博士学位评议委员会主席伍德布里奇博士，说明陶行知属于特殊情况，已完成了学术性研究工作，并正在撰写一篇题目获得认可的论文，需要回到中国搜集论文主体及注释资料，鉴于他将要从事中国政府的教育工作，不可能再返回美国，建议任命一个特别委员会为陶行知取得博士学位安排一次初试，待他回国搜集有关资料完成博士论文后再授予博士学位，并提议8月2日（星期四）作为考试日期，哥大同意了保罗·孟禄博士的提议。陶行知回国后确实收集资料写了博士论文，但其论文放在东南大学口字房办公室里，正当他在全国各地推行平民教育时，1923年12月12日晚，口字房失火，陶行知的博士论文及相关资料均化为灰烬。有人劝他通过回忆再写，但陶认为做点实在的教育工作比一纸学位证书

陶行知在美国伊里诺大学留影。

1917年陶行知（右一）在哥伦比亚大学时与胡适（左二）等人留影。

更有价值，因而没再补写，也就没能得到哥伦比亚大学的博士学位，而只是获得都市学务总监资格文凭。直到后来，因为陶任中华教育改进社主任干事一职，为中国科学教育的推进作出了贡献，同时晓庄学校与中国科学社合作对生物科学的研究成绩卓著，1929年12月，上海圣约翰大学才授予他荣誉科学博士学位。

1917年8月，陶行知离美回国。在轮船上他和同学们畅谈志愿，曾经豪迈地说："我的志愿要使全国人民有受教育的机会。"一介书生，无钱无权无势，却立下如此宏愿，实令人惊诧。他不仅这样说，而且毕生始终不渝地朝着这个目标去做。

三　传应世界新教育

陶行知回国后，抱着建立民主共和国家的宏愿提倡新教育，改造旧教育。

陶行知（前排左六）与南高师教育科第一级毕业生合影。

引入新知兴旧邦

1917年9月，陶行知受聘于南京高等师范学校，开始了他的教学生涯。他先任教员兼教务助理，1918年成立教育专修科后任主任教员，并代理教务主任。1919年10月，原教务主任郭秉文升任校长后陶任教务主任，主讲教育学、教育行政、教育史、教育心理、教育统计等课程。由于他办事认真，对学生要求严格，同学们称他为“老虎教务长”。

陶行知对新教育的提倡是站在中国立场上对整个世界新教育运动的呼应。19世纪工业革命后，欧洲兴起了新教育运动，倡导学生个性的自由发展，这一运动在美国形成进步主义教育思潮。陶行知在美国留学期间，威尔逊总统倡导新自由政策，他接触频繁的老师杜威是当时美国进步教育运动的思想家和领军人物，提出了“儿童中心论”，主张“教育即生活，学校即社会”。在哥大这个进步主义教育重镇里学教育专业的陶行知直接感受到这股潮流，自然将它运用在对中国教育的变革之中。陶行知以民主主义的眼光审视中国和世界教育，通过讲课、写文章介绍世界教育发展的新知和新思潮。他曾撰文介绍过裴斯泰洛齐、赫尔巴特、福禄贝尔、詹姆斯、杜威、桑代克、克伯屈、伯克赫斯特等人的教育思想，介绍过学校设备与卫生、戏剧与教育、道路与教育、活动教授的课堂、杜威的教育学说、普鲁士教育改革等。

1919年3月12日，陶行知写信给胡适道：“三个礼拜前听说杜威先生到了日本，要在东京帝国大学充当交换教员……我觉得又惊又喜。”惊的是“我两三年后所要做的事体，倒日本先做去了”。喜的是“杜威先生既到东方，必定能帮助东方的人建设新教育，而他的学说也必定从此传得广些。且日本和中国相隔很近，或者暑假的时候可以请先生到中国来玩玩，否则就到日本去看看他也是好的。”于是联合南北，共同写信邀请杜威来华讲学。正好校长郭秉文即将去日本，陶与郭商定，由郭到日本时当面请杜威来华。陶又应胡适之约为《新中国杂志》写了《杜威的教育学说》一文。

3月31日，陶行知再次给胡适写信，说接到郭秉文从日本来信，杜威不仅一口答应到中国来，而且“除今年之外，还愿意留中国一年”。商讨如何安排好接待。后决定由江苏省教育会、北京大学、南京高等师范学校等五个文教团体联合邀请杜威来华讲学。4月30日午后，杜威与夫人阿丽丝和女儿罗茜抵上海，胡适、蒋梦麟、陶行知代表各团体前往欢迎。5月1日，陶行知陪杜威夫妇参观申报馆，与经理史量才等合影留念。

1919年5月，陶行知（后排右二）、胡适（后排左一）陪同杜威夫妇参观申报馆时留影。

此后由陶行知、胡适、凌冰等分别陪同杜威至各地讲学并分担口译。杜威夫妇对“五四”学生运动兴趣浓厚，他一边讲学，一边观察中国社会。哥伦比亚大学准予杜威教授一年的假，以后又延长到两年，从1919年5月到1921年7月，他在中国待了两年又两个月，足迹遍及中国当时22省中的直隶、奉天、山东、山西、江西、湖北、湖南、浙江、江苏、福建、广东等11省以及北京、天津、上海等城市。杜威在各地演讲，胡适等人挑选了几位很好的记录员把全篇讲词记下来，送给报纸和杂志发表，各报刊全文刊登的讲词总共有58篇，后结集成《杜威五种长期演讲录》单行本出版发行。在1921年杜威离开中国前已出版到第十版，以后几十年也不断再版，内容包括：近代教育的趋势三讲、社会哲学与政治哲学十六讲、教育哲学十六讲（京）、伦理学十五讲、思想的派别八讲、美国民主政治的发展三讲、现代的三位哲学家（詹姆士William James，伯格森Henri Bergson和罗素Bertrand Russell）三讲。1920年4月6日起，杜威在南京高等师范学校讲学3个月，授教育哲学十讲（宁）、哲学史十讲、试验的伦理学三讲，由陶行知主持并翻译。这次讲学在中国造成了广泛影响，最直接的影响是1922年适应儿童个性发展的新学制的确立，渗透到中国文学、语言、历史、哲学乃至自然科学等方面。胡适在杜威回美国时说：“我敢预定：杜威先生虽去，他的影响仍旧永永存在，将来还要开更灿烂的花，结更丰盛的果！”

1920年6月24日，陶行知应邹韬奋之请，校阅其所翻译的杜威《民本主义与教育》一书，并对部分内容作了改译，介绍给商务印书馆作为《大学丛书》之一出版。

1921年7月，陶行知刚欢送杜威回国，又于9月5日与黄炎培、郭秉文一道到上海码头欢迎保罗·孟禄来中国作科学教育之调查与讲学。6日，他们商谈了调查计划；7日下午，参观沪江大学，并与该校校长刘湛恩陪同孟禄游览吴淞；10月7日，孟禄在南京江苏省教育学会讲《共和与教育》；17日，在南京教育界200余人的讨论会上就义务教育、普及教育、学制、分科制师范生是否寄宿等问题答问；22日，孟禄在苏州第一师范讲《旧教育与新教育之差异》；28日，陶行知、汤茂如、王卓然与孟禄乘船由上海去香港，29日晨抵广州，参加已于27日在广州召开的全国教育会联合会第七届会议；31日，孟禄对与会代表作题为《平民主义在教育上的应用》的演讲，当晚孟禄与代表讨论中国学制问题，随后开谈话会三次；11月13日，陶行知等陪孟禄自广州到福州，14日孟禄在省教育会讲演《科学教育》；23日在浙江省教育会讲演；24日，孟禄到北方，在京、津、太原、东北调查讲学。

1921年12月23日，实际教育调查社与孟禄科学教育调查告一段落，在北京召开了中国教育调查讨论会，并研究改进办法，自教育总长以下各省教育行政负责人，各省教育会负责人和教育学术团体代表以及指定的几所大学校长，教育系主任和特邀代表共千余人出席会议。陶行知代表中华教育改进社主持讨论会，孟禄报告调查所得并参加讨论，内容涉及中小学教育、教授法、课程、教育行政、教师职业、成人教育、特别教育、学校建筑与卫生、私立学校与政府承认等问题。直到1922年1月7日孟禄离开中国，陶行知一直陪同孟禄到各地做调查，历时四个月，在孟禄作讲座时担任口译，孟禄在中国的活动由陶行知、胡适、凌冰编辑成《孟禄的中国教育讨论》一书于1922年4月出版。这次陪同孟禄对中国教育比较全面的调查成为陶行知独特教育思想和理论形成的重要基础。

此后，陶行知依杜威推荐，以中华教育改进社名义邀请美国俄亥俄州立大学推士教授、哥伦比亚大学师范学院麦柯尔等人就理科教学、教育测量等专题到中国进行调查和指导。

陶行知还通过积极参与国际教育活动传应新教育。鉴于1923年即将召开世界教育联合会成立大会、世界成人教育大会，陶行知1922年3月对中国参与国际教育运动发表意见，批评政府“不早些从事准备，那世界真要以为中

孟禄等调查九省教育后，在北京召开讨论会共商改进中国教育之方案。图为与会者合影，前排左三为陶行知，左七为孟禄。

国没有教育了。世界以为中国没有教育犹事小，若中国真无教育可说，那就真要惭愧了。”觉得一方面要有人办教育，一方面还要有人分门别类地观察、调查、研究各种教育之消长和真相，报告国人，使彼此有所参考。国际教育运动一定要参与，要靠自有的成绩，靠彻底的自明：“第一要自己晓得自己，第二要自己晓得别人，第三要别人晓得自己。自明、明他、他明，是解决二人以上问题的根本办法。”“要想在国际的教育上得到第一流的位置，我们必须在教育上有第一流的贡献。”

为了积极参与国际教育会议，陶行知以中华教育改进社的名义着手准备材料，当时推定蔡元培、郭秉文、陶行知三人为参会代表，后来陶因筹备教育改进社年会而不能参加，郭秉文当选为世界教育联合会副会长，将中国的新教育运动信息传向世界。

陶行知此后又被中华教育改进社诸董事推荐出席第二届、第三届世界教育大会，陶虽都未能出席，但与东南大学教授程其保共同撰写了介绍中国教育情况的英文报告《民国十三年的中国教育状况》提交给第二届大会，该报告收入美国哥伦比亚大学师范学院国际教育所编的《1924年世界教育》之中。

调查试验新教育

陶行知认定改革旧教育，建立新教育，要以调查为基本依据，以试验为根本方法，试验主义是中国教育破旧立新的最佳工具。

1917年，陶行知支持南京高等师范学生建立教育研究会，被推选为该会指导员。在该会成立大会上陶演讲《教育研究法》，他将正当之领袖和健全之公民比喻为共和国长城，认为教育家之天职在“考察吾国共和之长城造乎未造，所造者完乎不完；何者应改弦更张，何者应补苴修正”。向大家推荐观察和试验方法。1918年春节期间，陶行知指导该会准备7份表格，请各会员调查家乡教育情况。3月14日，陶行知依据大家的调查在该会第二次演讲《江苏市乡教育状况之一斑》，又以《试验主义之教育方法》为题写文发表在《南京高等师范学校教育研究会会刊》第1期，以杜威集成教育哲学、桑代克集成教育心理学，德国的教育学术大进皆因以试验为据，主张“试验者，发明之利器也”。批评中国教育拘于古法，慕于新奇，专事仪型，凭空构想，一知半解，武断从事。断言“欲教育之刷新，非实行试验方法不为功”，“非试验的教育方法，不足以达救国之目的也”。

陶行知还受江苏省教育厅委托，担任县视学讲习会主任。1918年5月，他在讲习会上作了《江苏学务委员之调查》的报告。9月27日，陶行知再到南高师教育研究会演讲道：“国之盛衰，视乎教育；而教育之新旧，视乎研究。守陈法而不革，拘故步而自封，则亦造成旧国，不适于新势而已。”并对政客教育家、书生教育家提出批评，认定唯有以科学之方，新教育之事，教育才有大昌之时。11月26日，陶行知再次就“都市教育调查法”到该会演讲，强调调查得教育真相，才能对症下药，并就调查的细节作出详尽指导。

1917年从美国留学回国时的陶行知。

1919年2月，他在《新教育》第1卷第1期发表《试验主义与新教育》一文，批判中国教育的“五旧”：依赖天工、沿袭陈法、率任己意、仪型他国、偶尔尝试。提出要以“役物而不为物所役，制天而不为天所制”的试验探其奥秘，常保其新；以试验获得发明，则陈法自去，教育自能刷新进步；试验必使所思者皆有所凭，所断者皆有所据；真试验必“有计划，有方法，视阻力为当然，失败为难免，具百折不回之气概，再接再厉之精神。成败虽未可必，然世界实由此而进步，教育亦由此而进步”。4月14日，陶行知发表《试验教育的实施》，认为要法有四：应注意试验心理学；应设立试验的学校，试验的时候一要得人，二要有缜密的计划，需撤销一切障碍，使它得以自由试验；应当注意应用统计法；应该注重试验的教学法，最要之点就是如何养成学生独立思想的能力。目的在于养成会试验的教育家和国民。

7月22日，陶行知在浙江第一师范学校毕业生讲习会上对“新教育”概念作了系统阐述。新教育是要在20世纪新世界中造成一个富而强的共和新国家，要培养好领袖和新国民。要“自新”而不是被别人“新”，要“常新”而非一时新，要形式与精神、内外一致的“全新”；教育是继续经验的改造，其作用是使人天天改造，天天进步，天天往好的路上走；就是用新的学理，新的方法，来改造学生的经验。新教育的目的，一方面使学生具有利用天然界的能力，一方面谋人类共同的幸福，“就是要养成‘自主’、‘自立’和‘自动’的共和国民”。

新教育的方法要注意符合目的、依据经验、共同生活、积极设施、注重启发、鼓励自治、全部发育、唤起兴味、责成效率，要用最简便、最省力、最省钱、最省时的法子去收最大的效果。新学校不要使学生在校内是一个人，在校外又是一个人，要造成共和国民的根基。新学生的“学”是要自己去学，“生”是生活或是生存，学生所学是人生之道，每天的一举一动都要引到最高尚、最完备、最能永久、最有精神的地位。新教员不重在教，重在引导学生怎么样去学。对于教育要有信仰心，有责任心，有共和的精神，不可摆出做官的态度，事事要和学生同甘苦；有开辟的精神，有试验的精神。新课程需要从社会与个性两个方面加以衡量，从社会方面要问是否合乎世界潮流与共和精神，从个性方面要问是否为学生所需要。新教育还需有新的教科书，要按照目的去考成。

1921年，针对中国中等教育的弊端，陶阐述中学教育实验的必要，认为学理在经验上发现，两者分不开，而中国中学里将这两者分离，“若想改良中学教育，亦非从实验着手不可”。

1919年陶行知在南高师与教育科学生送别外国友人时留影。

生利主义职教良

陶行知认为，相对于世界新教育，中国的实业教育与职业教育不良。鉴于此，他与黄炎培等人联合倡导发展职业教育。

1918年1月15日，陶行知以职业教育社评议员和特约撰述的身份在《教育与职业》第1卷第3期上发表《生利主义之职业教育》，界定了生活与教育的关系："生活主义包含万状，凡人生一切所需皆属之。其范围之广，实与教育等。"阐述"职业教育应以生利为主义。生利有二种：一曰生有利之物，如农产谷，工制器是；二曰生有利之事，如商通有无，医生治病是。”主张“凡养成生利人物之教育，皆得谓之职业教育；凡不能养成生利人物之教育，皆不得谓之职业教育。”办好这种教育的条件是要有生利主义之职业师资、学生、课程、设备。生利主义之职业教师需要有生利之经验、学术、教法，其中生利之经验为根本之资格；生利主义之职业学生的选择“不在适与不适，而在最适与非最适”，标准在于才能与兴味，“对于一业，才能与兴味皆最高，则此业为最适”，“选最适之业而学者，生大利不难”。若能师生选择得当，“教学咸得其宜，则国家造就一生利人物，即得一生利人物之用。将见国无游民，民无废才，群需可济，个性可舒。然后辅以相当分利之法，则富可均而民自足矣”。

南高师教育科师生同杜威夫妇合影。

1918年5月23日和6月4日，陶行知参加南高师教育研究会第八次和第十二次常会，专门对职业教育设施法进行系统讨论，认为了解社会需求，调查毕业生之出路，为职业教育设施之最要根据，“学校之兴不特为造就人才而已，亦所改良人才使社会因之而发达。不然，则职业学校可以不设矣。”分设职业科之前，宜设实习科做职业科之先导。

陶行知主张这种职业教育须先从培训教育工作者开始。1920年夏，鉴于中小学教职员的职业素质较低，陶行知倡议南京高等师范学校利用该校教师及设备的优越条件举办暑期学校，以提高全国教育行政人员和中小学教师的职业能力。他亲自主持，约请梁启超、胡适、任鸿隽、陈衡哲等作学术演讲，各省选送学员1300多人，由于条件限制实际入学学员1041人，自7月12日开始至8月20日止，历时月余，为高校开办暑期学校之始。1921年，南高师第二期暑期学校尚未开办，四方来学者即踊跃异常，因校舍不足而限制名额，但仍收1000人。暑期学校在南高师及其他高校延续发展对发展各类职业教育发挥了较大作用。

男女同校教学做

陶行知在南高师曾担任工读协助研究和改良考试等委员会主任，学生自治、暑期学校和女生研究等委员会委员。他主持教务后将所习课程分为必修和任选两类，实行学分制和选科制，提倡各系科参观学习以扩大知识面；特聘美国专家麦克乐任体育主任，开展各项体育比赛；支持戏剧研究会到校外演出新剧；组织学术演讲。为使学生对南高师办学方针有全面准确的理解，约请学监刘伯明讲德育大纲，体育主任麦克乐讲体育大纲，他自己讲智育大纲。

1919年9月，胡适发表《大学开女禁问题》。12月17日，陶行知依据中国女子高等教育最不发达，中等学校毕业后女子几无上进之路的实际，在校务会议上提出《规定女子旁听办法案》，提出“各科功课，有宜女子旁听者，可否通融办理，容其旁听，遂其志愿”，并提出具体办法。该案1920年1月14日临时校务会议议决组织委员会讨论；4月7日下午第十次校务委员会专门讨论，张子高代表招收女生委员会将委员议决案说明理由后由主席郭秉文将原案逐项宣付讨论，陶行知报告了赴京与教育部接洽的情况：“兼收女生问题宜注重三点：一、须规定女生入学资格以期程度相当；二、须备有宿舍使学生起居妥善；三、须有相当女职员负指导责任。如筹划妥当，暂行试办。”报告毕主席请大家表决，多数赞成，学校当即决议请招收女生委员会草拟下学年兼收女生详细办法，再交校务会议讨论。[1]尽管当时保守的人斥之为洪水猛兽，北大和南高师还是相约试行男女同校。4月21日第11次校务会议决招收180名女生，但受各种因素限制，1920年夏南高师仅正式招收了8名女生，南高师成为中国人自己办的高校中第一所招收女生的高等学校。

1921年11月18日，陶行知积极支持并参加南高师教育研究会辩论中等学校应否男女同校问题。他们回顾了自南高师、北大得风气之先开放女禁以来，南高师附中、北京师范大学附中、江苏第一中学高二班、广州执信中学、湖南岳云中学等校实行男女同校后，社会上研究并呼吁中学男女同校的人一天天多了起来。辩论会就中学男女生在生理、心理、智育、体育、德育、理论、事实上详加讨论，认为中学教育应实行男女同校，教育机会均等。

1922年3月，陶行知在《新教育》第4卷第3期上发表了《女子教育在学制上占领地位之十五周年纪念》，强调女子教育的重要性，认为1907年3月8日颁布女子师范学堂、女子小学堂章程是“第一次女子教育在学制上占领地位，

---

[1]《南大百年实录》编辑组：《南大百年实录》（上卷），南京大学出版社2002年版，第85～87页。

南高师首届男女同校的8位女生合影。

更是中国女子教育值得纪念的一天”，指出女子教育依然存在的缺陷和急待解决的问题，明确普及女子教育是全国人民应担负的责任，但受过教育的女子更是当仁不能让的。1922年颁布的新学制对男女同校不再限制，但因保守势力反对，中学男女同校还是社会吞不下去的一根鱼刺。为此，陶行知于1923年1月在《新教育》第6卷第1期发表《为反对中学男女同学的进言》，认为在社会无法大量设立女子中学的情况下，中学男女同校势在必行，并以求精神食粮为喻反问那些反对者：“既不能为女子另外开饭，又不许男女同桌吃饭，是不是要看他们饿死呢？”

在教学上，他发现所有学校里先生只管教，学生只管受教，把一群天真活泼的孩子都变成了书呆子和字纸篓，因此认定有改革的必要。在南高师的一次校务会议上，陶行知讲述了这番道理，公开提出要用“教学法”代替“教授法”，却遭到全体出席会议人员的抵制和反对。陶行知坚持己见，毫不退让，与这些反对者辩论两个多小时，但结果还是被校方拒绝。他因此不接受

“教育专修科主任”的任命，以示不妥协。1919年2月24日，他应主编蒋梦麟之约，在《时报·教育周刊·世界教育新思潮》发表《教学合一》一文，批判教学分离、重教太过的流弊。陶认为，“先生的责任不在教，而在教学，而在教学生学”；“教的法子必须根据学的法子”；“先生不但要拿他教的法子和学生学的法子联络，并须和自己的学问联络起来。做先生的，应该一面教一面学”，因此要教学合一。五四运动后，学校受新文化运动的冲击和影响，南高师的教授们无暇坚持，5月中旬陶行知在排课时将南高师全部课程中的“教授法”均改为“教学法”，为改革中国旧教育迈出了重要的一步。

1922年，新学制颁布后，陶行知进一步主张：“事怎样做就怎样学，怎样学就怎样教；教的法子要根据学的法子，学的法子要根据做的法子。”由此产生了教学做合一的理论，主张教学做是一件事，不是三件事。先生拿做来教，方是真教；学生拿做来学，方是实学。做是学的中心，也就是教的中心。

陶行知还提倡学生自治，1919年10月，他在《新教育》第2卷第2期发表《学生自治问题之研究》，认为德育注重自治与智育注重自学、体育注重自强是自动主义的三个部分，学生自治是学生结起团体来学习自己管理自己的手续，能养成自己管理自己的能力，有自己立法、执法、司法的意思。他进一步认为：“养成服从的人民，必须用专制的方法；养成共和的人民，必须用自治的方法。”“自治可以养成我们对于公共事情上的愿力、智力、才力”，可以作为修身伦理的实验。学生自己共同立的法比学校所立的更加尽情，更加易行，也更加深入人心，能适应学生之需要。学生自治还能辅助风纪进步，促进学生经验发展。要避免将学生自治当做争权的器具，不可误作治人，不是与学校对峙，不可闹意气，因此应有相应的范围和标准。

变革管理结社团

为推进新教育运动，教育社团应运而生。

1918年12月22日，北京大学、南高师、暨南学校、江苏省教育会、中华职业教育社等联合发起组建中华新教育共进社，成立大会于当日在江苏省教育会召开，陶行知代表南高师参与组建，并任该社机关刊物《新教育》月刊的南高师编辑代表，同时负责该刊师范教育文章的审稿，1919年1月16日经教育部备案更名为新教育共进社。

1920年11月25日，南高师教育研究会就《教育厅长由民选拟由官委》举行辩论，陶作为评判员对官委与民选各自的利弊进行分析，主张将科学应用到教育行政上去，这个问题有继续研究的价值，等到充分研究之后再下判断不迟；继续研究应注意参考各国制度及趋势，比较各省的教育会会长和教育厅厅长，每一制度发生必使舆论代表和行政时效各得其所。

1921年7月，陶行知发表《地方教育行政为一种专门事业》，主张要以专门的目光研究它，要以专门的学术办理它，需要专门研究计划、师资、课程、经费、设备、考成、劝学等方面的问题。主持地方教育行政的人员除了品行端正，还需要有哲学、文学、近世文化史、科学精神与方法、社会问题、经济学、美术等普通学问以使目光远大、同情普遍；工具学问方面在国文之外至少学习外国语一门以与世界潮流接触、与外国同志印证，要掌握统计法以明了自己所办事业真相，解决相关问题；专门学问方面至少须学教育哲学、教育概论、教学法、教育心理学、中等学校组织及行政、初等学校组织及行政、地方教育行政问题、学务调查及报告法、学校建筑与卫生，旨在使办学者能拿教育方法去达教育目的。他断言中国推行义务教育必从培养改良地方办学人员入手。1921年夏，陶行知与胡适、梅光迪、光明甫等十人联名发出《改造安徽省教育会宣言》，主张："只有把会长制改成委员制的一个方法，最为适当。因为会长制是武断的，是官僚式的，是不合现代潮流的，所以容易激起纷争。委员制是合议的，是分权的，是可以罗致各方面人才于一堂的，所以容易成功，容易进步。"

在陶行知的鼓吹促进下，教育行政机关改革成为1921年10月底在广州召开的第七届全国教育会联合会上与学制问题并列的两大议题，并通过了《县教育行政机关组织大纲》与《特别市教育行政机关组织大纲》，吸纳了陶在会前所提的将劝学所改为教育局、市乡教育分治、改县视学为指导员等意见。

1921年7月，陶行知与范源濂、蔡元培、张伯苓、严修、袁希涛等在北京组织实际教育调查社，推范源濂为社长，蔡元培为副社长，决定聘请美国教育家孟禄博士来华调查科学教育实际情况，该社的主要工作是配合孟禄的实际教育调查。

1921年12月中旬，实际教育调查社邀孟禄开讨论会。16日，新教育共进社、《新教育》杂志社、实际教育调查社的当事人都自动要把三个机关合并为中华教育改进社，公推陈宝泉、李建勋、马叙伦、朱经农、陶行知为章程起草员。21日，三社代表联合会讨论通过简章草案。19日至26日，实际教育调查社在调查了九省教育之后，邀集各地教育界代表到京开会，讨论改进教育方案，并与孟禄交换意见，于23日组建中华教育改进社，通过社章，以"调查教育实况，研究教育学术，力谋教育改进"为宗旨，成立董事会，推蔡元培、熊希龄、张伯苓、汪兆铭、黄炎培、郭秉文、李建勋、袁希涛和范源濂等九人为董事，杜威、梁启超、严修、孟禄、张謇、张一麟、李石曾为名誉董事，范源濂任董事长（1922年7月梁启超接任董事，蔡元培任董事长）。

1921年陶行知（右三）参加实际教育调查社第一次调查与孟禄（右四）等人留影。

23日的中华教育改进社成立会也是孟禄与中国教育界同仁的饯别会，陶行知就孟禄所做的科学教育调查发言，提出教育革新运动须具开辟与试验精神，愿到那人不肯到的地方去服务，对于教育问题才有彻底的解决，对于教育原理才有充分的发现，但这并非短时间所能奏效的。若想教育日新月进，就须继续不已地去开辟，继续不已地去试验。

1922年1月，因《新教育》原主编蒋梦麟赴美，陶行知从第4卷第2期起接任主编，并将《新教育》定为中华教育改进社的机关刊物，延聘中外教育家42人担任编辑，特约各国教育界代表报告最新教育消息。2月7日至14日，中华教育改进社在上海召开董事会会议，陶行知被聘为该社主任干事，并通过了他与黄炎培起草的《中华教育改进社筹划全国教育费委员会简章》，决定在暑假前先行筹备，筹备期内临时事务所暂设在南京东南大学。3月，陶行知到山东与教育界接洽将于7月3日至8日在济南举行的中华教育改进社第一届年会会址，征集该社会员，并协助教育厅集合教育界人士发起山东教育调查会，曾在南高师暑期学校肄习陶行知讲授的教育调查课的该省学员40余人均参加调查会，负责调查了解济南、青岛乃至全省的学校，用科学方法调查山东教育实况，研究改进办法，供年会讨论。3月28日，陶到北京，住胡适家。

4月12日，中华教育改进社总事务所在北京正式成立，从此中国近代第一个集教育研究、调查、编辑、推广四项任务于一身的机构开始真正运转，陶行知的日常生活和工作也就往返奔波在南京和北京之间，大约三分之一精力放在南高师，三分之二的精力放在改进社。直到1923年7月，南高师同意他辞去学校之职，保留教授名义，给予无薪长假，陶才举家迁往北京，全力从事中华教育改进社的事务。中华教育改进社一建立就开展了生物学、数学、物理、英语、国文、公民、体育等教学研究，进行智慧与教育测验标准修正，开展女子教育、教育经费问题、国民音乐等研究。

中华教育改进社旧址。

中华教育改进社为中国新教育建立了比较坚实的研究与组织基础，胡适、陶行知、郭秉文、蒋梦麟几位崭露头角的教育改革少壮派与蔡元培、范源廉、黄炎培、袁希涛、张伯苓等革新元老派汇聚成一股力量，无怪乎1922年新春陶行知除旧革新的激情迸发，写出《放爆竹》一诗：

一个个的放，一声声的闹。

它把新的惊起，把旧的吓跑。

放，放，放，不住的放，

放到旧的不敢再来到。

放，放，放，不住的放，

放到新的不会再睡觉。

潜心投入新学制

进入20世纪，中国在短短二十年间改换了四次学制，1913年颁布的学制缺点依然较多，1919年全国教育会联合会提议对学制进行修订，1921年10月至11月该会第七届会议在广州召开，第三次讨论学制改革问题。11月上旬，陶被推为该会"中国新学制"起草委员之一，留在广州参加讨论提出《辛西学制草案》并广泛征求意见。从此他与蔡元培、胡适等人开始了新学制制定的浩繁工作。12月8日，陶应邀出席江苏省教育厅召开的《学制系统草案》讨论会。

1922年1月，陶行知主编的《新教育》第4卷第2期出"学制研究专号"，发表他写的《我们对于新学制草案应持之态度》、《评新学制草案》、《中国建设新学制的历史》等文章，全面深刻地分析了中国学制发展沿革，认为学制应当包含三种要素：社会之需要与能力、个人之需要与能力、生活事业本体之需要。对于学制草案应持的态度是：虚心讨论、研究、试验，以构成面面顾到之学制；最忌抄袭，最初仿效泰西，继而学日本，民国4年取法德国，近年特生美国热，都非健全趋向，对于国外学制的经验，应该明辨择善，绝不可舍己从人，轻于吸收；欢迎新学制出现的时候，也得回过头来看看掉了东西没有，避免“非旧制遭过分之厌恶，即新制遭过分之欢迎”，使旧制中优点处于不利之地位；切不可存学制一定即了事的观念，学制虽是个重要问题，但只是前程万里的第一步。

总之，只有透彻地研究自己的需要和问题，才能确有把握地制定出一套真正适合中国国情并为中国服务的教育制度来，对于外国和本国以前的经验，“去与取，只问适不适，不问新和旧。能如此，才能制成独创的学制——适合国情，适合个性，适合事业学问需求的学制”。

1922年10月，陶行知赴济南参加全国教育会联合会第八届会议，修订1921年11月该会广州会议所拟订的《中国新学制草案》，并对本年9月教育部学制会议修正案作最后修正。经过多次讨论与修改，11月12日，中华民国政府大总统颁布了《学校系统改革案》，即“六、三、三、四”新学制或“壬戌学制”，该案列有七条标准：适应社会进化之需要，发挥平民教育精神，谋个性之发展，注意国民经济力，注意生活教育，使教育易于普及，多留各地方伸缩余地。新学制阶段划分基本符合中国儿童和青少年年龄特征，课程标准没有男女差别，学校系统比较简明，较前一学制更多体现出民主与科学的精神，成为百年来与中国教育实际最为切合的学制。这个学制沿用到1949年后取消了中学的学分制、文理分科和职业选科的部分。

新学制颁布后，陶行知是热心宣传者和率先实验者。他参与了1922年以来成立的各种新学制课程起草委员会的工作，忙于拟定新的课程，旨在在新学制框架内充实新鲜教育内容。新学制课程由全国教育会联合会第十次会议表决批准，然后提交教育部公布。

1923年1月31日，陶行知与黄炎培、陈筱庄赴安庆，参加安徽省实行新学制讨论会。2月2日，陶行知在讨论会上提出了实行新学制的普遍原则：须有实验改造之精神；适应本省进化需要能力；注意教育机会均等之趋向；采取效率主义；规划分别缓急轻重逐渐进行之程序。后来陶行知进一步将良好的学制归纳为“单轨出发，多轨同轨，转轨便利”。

协力建设好政府

新教育不只关在校园里，陶行知曾批评：“我们办教育，竟无补于国家之大局，岂不是最令人反省的一件事？如何办理教育，使它与国家命运息息相关，是我们教育界的根本问题。”基于此，他自觉地把争取教育民主与争取政治民主结合在一起。

1919年5月初，南京学界联合会筹备会下设评议部，议论如何抗议巴黎和会。5月4日，北京学生反帝活动的消息传到南京后，陶行知与刘伯明等组织南京学界联合会筹备会立即动员南高师与全市爱国师生热烈响应北京学生爱国运动，走上街头，散发传单。

5月7日上午，全市中等以上学校代表会议在青年会召开，后因到会人多改在鸡鸣寺举行。决议通电北京政府，要求立即释放被捕学生，组织“国耻纪念筹备会”。9日，南京各界6000余人在小营演武厅召开国耻纪念大会，陶行知、刘伯明、钟叔进等发表演讲，阐述国耻历史并表明誓雪国耻的决心，痛斥卖国贼与日本帝国主义，拒绝签订《巴黎和约》，要求取消“二十一条”，当场即有学生咬破手指沥血疾书“还我山东”。会后举行爱国示威游行，要求惩办卖国贼，释放被捕学生。当日下午，江苏省议会举行国耻纪念大会，陶又代表南高师赴会，并在会上发表演说，要求归还青岛，拒绝各种密约。

5月10日，陶行知与各校代表会见英美两国领事，表明中国人民强烈要求归还青岛的立场。13日，南京20多所中等以上学校各选择代表4人参加南京学界联合会成立大会，确定联合会的宗旨是“提倡服务社会，发挥爱国主义精神”，通过了会章，选举陶行知为会长。14日，陶出席了有南京绅、商、学各界万余人参加的国民请愿大会，下关码头工人拒绝装卸日货，南京总商会坚决抵制日货。20日，南京各校学生为响应北京学生爱国运动而自行罢课，陶身为南高师教务长，不怕政府压力，仍以学联界联合会会长名义领导各校学生进行爱国运动。

此时，南高师校长郭秉文在美国，校务由陶行知和学监主任陈容代行，陈极力反对学生游行和罢课，陶、陈争辩，陈辞职离校，校务由陶暂行代理。6月2日，南京各校学生因陈容等人反对罢课，并以辞职要挟，陶遂脱离学界联合会，学生独立组成南京学生联合会，聘请陶为顾问。10月中旬，南高师为在爱国运动中忧愤国事致劳病故的该校学生祝其祥等2人举行追悼会，陶行知到会并演讲勉励学生。

1919年11月7日，在全国各界联合会筹备会的推动下，南京学生联合会发起成立南京各界联合会筹备会，陶行知以欧美同学会代表身份被推为会长。15日，日本驻福州领事馆为破坏抵制日货运动，派出便衣警察和浪人殴打表演爱国新剧的学生，16日又打死打伤学生多人，酿成“福州惨案”。12月8日，陶参加南京各界4万余人为“福州惨案”举行的抗议集会，被推为大会副主席，并被公推为教育界代表与另一商界代表一道向江苏省军民两长请愿。

1920年1月23日，参与巴黎和会的中国代表陆征祥等顺应民意拒绝签字，回国后路经南京，陶率南高师学生到车站欢迎；29日，天津学生游行示威被反动当局血腥镇压的消息传到南京，2月1日，陶支持南高师学生约集各校学生分队示威游行，并做反帝演讲。当时的天津学生代表刘清扬南下发动各地支持天津的学生运动，在南京拜访了陶行知，陶给他留下的印象是“冷静、沉着、诚挚、亲切、正直。他满怀着对青年的真情，并给以正确的指示”。

为争取教育经费独立运动，反对将教育经费移作军费，1921年6月2日，安徽各校学生结对前往省议会请愿，遭到安徽督军马联甲残暴镇压，伤50余人，安徽省立第一师范学校学生姜高琦、安徽省立第一中学学生周肇基伤重死亡，造成安徽“六二惨案”。6月3日，陶行知与皖籍旅外知名人士通电声援安徽学生反对军阀镇压民主运动，支持学生正当要求。

当年暑假，陶行知应邀赴安庆暑期讲习会讲学，针对“六二惨案”和当时正在进行的安徽第三届省议会选举当局把持贿选，以《民权行使法》为题宣传法治、民主，鼓舞斗志，进行合法斗争，并鼓励芜湖籍南高师学生暑假返乡投入斗争，推动成立芜湖旅外同学会，分头到各地调查选举舞弊。恽代英曾率宣城师范4名学生前往安庆听陶的讲座。安徽省第三届省议会选举有40余县起诉作弊，但各县法院均以案件太大为由相互观望，直至无为县首先有为，判决该县选举无效，各县才纷纷援例判决，迫使当局将由其把持的第三届省议会宣告无效。

1922年5月14日，《努力周报》第2期及各大媒体发表由胡适起草，由陶行知、李大钊、蔡元培、王宠惠、梁漱溟、丁文江、汤尔和、罗文干、胡适等16人联合署名的《我们的政治主张》，要求有一个“好政府”充分运用政治机关为社会全体谋充分的福利，充分容纳个人的自由，爱护个性的发展。“好政府”的三个基本原则是宪政的、公开的、有计划的。第一步下手的工夫是：好人须有奋斗精神，须要有决战的舆论。具体主张是：南北两方议和；裁兵、裁官；采用直接选举制；根据国家收入统筹支出，实行彻底的会计公开。

四个月后，北洋政府直系吴佩孚支持王宠惠署理国务总理组阁，上述16人中，罗文干任财政总长、汤尔和任教育总长，加上哥伦比亚大学毕业的顾维钧博士出任外长，一届内阁中就有四位洋博士，其中三位参与发表《我们的政治主张》，人们期望的“好政府”似乎已得到，可以实行“好政府”的主张了，便组织了每星期五举行一次的政治讨论会。开了好几回会，王总理的大政方针老是不宣布，大家不耐烦了。在陶行知参加的一次会议上，蔡元培为主席，胡适提议：“根据《我们的政治主张》，我们请王总理宣布他的大政方针和计划。”王登台后乱七八糟地说了一个多钟头的牢骚话，最后特别响亮地说：“胡适，你要我宣布计划，我没有计划！没有计划就是我的计划。”“好政府”这出戏在蔡元培的建议下从此闭幕。

1922年11月，陶行知为东南大学经费问题分别找到他们，但王宠惠“近来牢骚满肚”，王、罗二人“均不甚满意于汤”，罗文干官气十足。陶说：“这几分钟的谈话，令我气极了。我曾见过他三次，一次比一次坏，好好一个罗钧任（罗文干字钧任），于今竟成这样。可惜，可惜。中国如同急水滩头的一个船，这班把舵的人和水手，都只晓得手忙脚乱的瞎急瞎叫，怎样得了啊！”这个深刻教训也使陶行知反思如何在保持独立思想和人格的前提下去建立理想的社会和政府。

四　向平民的路上奔流回来

陶行知从平民中走出到美国留学，成为大学教授，早年艰苦求学以及受助于人的经历养成了他助人为乐的品质，也奠定了他为民立言的思想基础。新文化及五四运动使平民思想深入人心，陶决心既要打通层层叠叠的“横阶级”，也要打通深沟坚垒的“纵阶级”，使人人接受平民教育。

南京平民教育动员大会盛况。

分析理路向平民

军国民教育曾在欧洲和日本快速膨胀，给人类带来巨大灾难，对中华民族的伤害尤重。陶行知意识到民主共和是人类发展的大势所趋，他在1919年3月撰写的《普鲁士教育之基本改革》中系统分析了德国的教育变革，认为它在打消旧宗旨的同时，一面提倡平民主义，一面脱离宗教的束缚，取消分阶级的学校，实行男女同校，注重学问自由。进而他将眼光转向通过日本模仿德国的中国教育上："最重军国民主义的阶级制度的学校，一变为平民的共和的学校，岂不是世界的一个大大的幸福么？现在这军国阶级主义的祸根，既然为一阵狂风拔得干干净净，我很希望它在东亚的枝叶，不久也要凋落了；我更希望当这军国、阶级两主义凋落的时候，那抄袭德国精神的国家也能回心转意，培植平民主义的教育，使它能够开花结果，为东亚放一异彩。"这段讲德国的事实，盯着日本的走向，关注中国现实的话寓意极为深刻。

1919年3月31日，陶行知在《时报》上介绍了杜威"拿平民主义作教育的目的，试验主义作教育的方法"的一贯主张。4月21日，他发表《第一流的教育家》一文，文中描述了常见的三种教育家：政客的教育家，他只会运动、把持、说官话；书生的教育家，他只会读书、做文章；经验的教育家，他只会盲行、盲动、闷起头来，办……办……提出必定要在敢探未发明的新理、敢入未开化的边疆两种要素当中得了一种，方才可以算为第一流的人物。要晓得国家有一块未开化的土地，有一个未受教育的人民，都是由于我们没有尽到责任。

中国教育未发明的新理在哪里？未开化的边疆在哪里？陶行知意识到当时中国缺乏民主，集中反映在人民不能平等享受教育权，因此平民教育就是最大的新理和最广阔的边疆所在。1919年5月3日至4日，杜威来华第一场在江苏教育会的演讲便以《平民主义与教育》为题，主张世界问题的最后解决在于普及平民教育；5月7日第二场在浙江教育会的演讲以《平民教育之真谛》为题，认为教育之精神在民主与共和，其宗旨在使人人有被教育之机会，其方法则在尊重个性。杜威的这些演讲与陶行知的想法不谋而合。

1919年夏，陶行知组织南京高等师范学校暑假留校学生20余人，调查研究失学成人补习教育问题。学生三人为一小组，跑遍了南京的旅馆、茶馆。他们访问车夫、小贩，寻求推行平民教育之途径。陶行知还在南高师开设平民夜校一所，工友、家属每晚上学一小时；在附近的成贤街、四牌楼、唱经楼、鸡鸣寺等处成立平民识字班或平民读书处。他与学生们一起编辑平民识字课本，边教、边编、边改，油印发给学生。通过两个多月的试验摸索出了平民识字教育的初步经验。

1921年夏，陶行知在安庆暑期演讲会上说中国教育有三桩不平均的地方：女子教育、乡村教育、老人教育。10月他讲《师范教育之新趋势》，认为“乡村教育不发达，可说已达极点。我国人民，乡村占百分之八十五，城市占百分之十五”，而乡村的学校只占百分之十。怎样才可以使乡村的儿童受同等的知识，享同等的待遇，这是师范教育的发展方向。

1922年，陶行知在调查南京教育后写出《南京教育谈》和《市乡教育分治于南京教育》两篇文章。除了一般的情况介绍外，文章特别关注“南京人民的子女对于教育是否已享有平等的机会”这一问题。1923年11月12日凌晨，他在汉口南洋宝酒楼写给他妹妹的信中，对自己的人生选择作了一次反省，表达了对平民身份的认同和对创造一个四通八达社会的向往：

知行近日买了一件棉袄，一双布棉套裤，一顶西瓜皮帽，穿在身上，戴在头顶，觉得完全是个中国人了，并且觉得很与一般人民相近得多。

我本来是一个中国的平民。无奈十几年的学校生活渐渐地把我向外国的贵族的方向转移。学校生活对于我的修养固有不可磨灭的益处，但是这种外国的贵族的风尚，却是很大的缺点。好在我的中国性、平民性是很丰富的，我的同事都说我是一个“最中国的”留学生。经过一番觉悟，我就像黄河决了堤，向那中国的平民的路上奔流回来了。

平民教育的宗旨是要叫种种人受平民化。一方面我们要打通层层叠叠的横阶段。如贫富、贵贱、老爷、小的、太太、丫头等等，素来是不通气的，我们要把他们沟通。又一方面我们要把深沟坚垒的纵阶级打通。纵阶级的最昭著的是三教九流七十行，江南江北、浙东浙西、男男女女等等都有恶魔把他

脱下西装，穿上平民服装的陶行知。

们分得太严。这种此疆彼界也非打通不可。民国九年，南京高师办第一次暑期学校的时候，胡适之、王伯秋、任鸿隽、陈衡哲、梅光迪诸先生和我几个人在地方公园里月亮地上彼此谈论志愿，我说我要用四通八达的教育，来创造一个四通八达的社会。我这几年的事业，如开办暑期学校、提倡教职员学生之互助、提倡男女同学、服务中华教育改进社，都是实行这个目的。但是大规模的实行无过于平民教育。我深信平民教育一来，这个四通八达的社会不久要降临了。

改进社里谱新章

中华教育改进社于1921年12月23日成立。社章规定总事务所设在北京，主任干事陶行知于1922年3月底到京着手组织，4月12日正式在京设总事务所。成立之初，改进社暂借前几道美术学校办公，不久即迁西帝王庙内，后又迁至石驸马大街22号。在此前后，北洋政府曾想任命陶行知为武昌高等师范校长，也曾有人联络聘他回金陵大学任校长，陶行知却选择了改进社，在这个舞台上以开阔的视野审视中国教育问题，演奏出从泛义的新教育向目标更为明确的平民教育、科学教育转化的非凡乐章。

改进社是当时中国最前沿的教育家群体展示才干、共同合作的舞台。因董事不驻会办公，故由主任干事陶行知当家。为提高工作效率，陶行知提倡科学工作法，确定了八点“办公原则”：唯事的，非唯人的；科学的，非墨守成规的；效率的，非浪费精力与时间的；教育的、进步的，非保守的、倒退的；美术的，办公室布置适宜，文件柜整洁；卫生的，设备合于卫生，工间宜略休息；兴趣的，办公事有兴趣，能增加工作效率；互助的，开诚布公，合作互助，将改进社与官僚衙门区分开来。改进社总事务所约50人，1923年下半年后还

中华教育改进社第一届董事部常委合影（右三为陶行知，左三为蔡元培）。

包括中华平民教育促进会总会在内。职员们在一起感到是同学，学习的机会多，面向全国做了不少实事。

改进社以调查教育实况、研究教育学术、力谋教育改进为宗旨。在国无宁岁，教育发展受阻之际，矢志教育改进，通过“请进来、走出去”的方式开展教育交流活动，敏锐地跟踪世界教育新潮，并据此反思国内教育症结与寻求解决策略，在全国推行智力测验、教育测验和道尔顿制等，引领着当时国内新教育运动，加速了中国教育现代化步伐。改进社依社章召开了四次年会。

1922年4月14日，陶行知与胡适、陈筱庄共同拟定改进社第一届年会规则，致函全国各省市调查教育状况，并于7月3日至8日在济南召开第一届年会。会议如期举行，全国18个省区、47个都市参会。陶行知在开幕典礼上分调查、研究、编译、推广四项报告社务，倡导同心协力，不问党派，抛弃地方主义，效法武训的办学精神。7月5日，为发展中国固有文化，呼应“山东问题”的解决，由主席蔡元培提出，陶行知与王柏秋共同提议《创办青岛大学案》并获通过。陶还与蔡提出《国立大学与省立大学分别设立案》，认为教育界的人把教育问题看得太普遍、太浮泛了，都犯了一个博而不精的毛病，分门别类的专深研究才是教育进步之母。6天的会议共议决推行平民教育、女子教育与接洽调查庚款用于教育等119个议案，代表了现代中国教育界的思潮信仰。9月6日，陶根据年会上讨论学制改革的意见向教育部提出八条议案。到1922年底，改进社有机关社员119个，个人社员479人，贵州、新疆、热河、四川、西藏等省区尚未有社员。

1923年8月20日至26日，第二届年会在清华学校举行。到会社员及来宾700余人，熊希龄与陶行知联名发表书面欢迎辞。欢迎辞在总结上年成绩后慨叹教育自教育，国运自国运，提出如何办好教育使之与国家命运息息相关，是我们教育界的根本问题。陶报告社务时提出本社方针务求在教育进行上得有合作之机会，重在分析研究；社务重在教育调查，调查研究所得经专家传播与提倡而力量大效益广，并提出《地方教育行政机关应编教育概况统计案》等提案。

1924年7月3日至9日，第三届年会在南京东南大学召开，改进社与东南大学教育科合办全国教育展览，向包括南洋华侨学校在内的全国学校征集展品。力谋收回教育权、促进内蒙古教育、推进平民教育成为会议重要的议题，陶行知、范静生、章太炎、马寅初等作了学术演讲。陶行知任干事一职任期届满，董事会议决定请陶连任。全国教育展览会成为这届年会的看点，徐则凌（养秋）、陶行知任会长，经费由改进社负担，展览内容分教育行政以及各级各类教育共30组，为中国历史上第一次举办如此大规模的教育展览，使与会代表能用最短时间就近参观了解全国教育状况。

1925年8月17日至23日，第四届年会在中国义务教育策源地山西太原举行，到会2000余人。陶行知在开幕之日发表的感言中说：“中国要想得到国际上之平等地位，非办教育不可。”本届年会满、汉、回、蒙、藏均有代表参会，“可算是全家五个兄弟团圆了”，他深信五族教育之机会均等是五族合作、共和之基础。陶行知认为改进社的精神为合作精神与科学精神，改进社所办事业为科学教育与乡村教育。会上，陶等人提出组织国家教育政策委员会、筹备成立中华女子教育促进会、统一学校统计报告时期、请山西省行政长官指定一相当之县城办教育统计等提案。会议约请袁观澜、叶恭绰、马寅初、黄炎培等人演讲。陶行知在学术会议上演讲《中国教育政策之商榷》，提出了22项政策，主张“正式学校教育为国家之公器，应超然于宗教、党纲之上”，保护教育机会均等，鼓励专家研究试验符合国情适合生活需要的各种学校教育等。

学术研究是改进社的中心工作，张仲述博士任中学课程改造研究，初等教育委员会任小学课程改造研究，改进社接受美国学术团体的捐款请美国科学家推士实施调查和改良中国理科教育的计划。此外尚有31个学术委员会，分门别类地研究教育之各种问题。调查包括分年度进行全国的教育调查；选点进行地方的教育调查，如无锡、济南、南京、北京等。

1922年9月10日，由陶行知主持，邀集东南大学、南京高等师范的教授多人与美国教育心理学家麦柯尔共同讨论智力与教育测验计划的进行；18日，召集北京大学、北京师范大学有关教授学者，与麦柯尔讨论智力与教育测绘计划的进行，商定测验地点以北京、南京为南北两大中心，麦柯尔博士完成心理测验等24种测验的编造。改进社除编辑《新教育》月刊外，中等教育委员会参加了中等教育协会主办的《中学教育季刊》，初等教育委员会编辑了《初等教育季刊》。1922年12月17日，依七次董事会决议，由主任干事陶行知主持筹备教育图书馆及教育陈列所，获得捐洋21万元的基金。改进社曾致函国内外各大书局征求图书，先后收到大量中外图书，因而在总事务所设立了教育图书馆。

筹集经费成为改进社的一件难事，除社费外亦有一些社会捐款，如黎元洪捐洋1000元，教育部捐洋1000元，周子庚捐洋1000元。此外，交通部发各路火车，通火车之地的社员都可享受免票；招商局有轮船折价，通轮船区域的代表都可享受。然而，收社费却不容易，东南大学在交社费上就遇到麻烦，陶行知不得不于10月28日和11月14日两次写信给校长郭秉文催交社费，申明“吾校在这个团体中，万万不能失信”。

为了推进女子教育，改进社成立不久就创设女子教育委员会，朱其慧任主任委员，陶兼任该委员会副主任委员。当时适逢清华学校决定停送女生赴美学习，该委员会两次向清华和外交当局提出抗议均未得到答复。1922年12月27日，陶参加该委员会会议商讨办法，随后代表改进社向英文报纸《北京导报》记者发表谈话支持抗议。1925年在改进社第四届会议上他又与人联合发起筹备中华女子教育促进会，以求在更大范围促进女子教育，以致那段时间中国女子教育进步很大。1923年1月，陶领导改进社举办国民音乐会，以“国民音乐”陶冶国民精神。

北京女师学生在街头演讲平民教育。

为让世界了解中国新教育运动，谋求中国教育在世界的应有位置，筹备参加1923年6月28日至7月6日在美国旧金山举行的万国教育会议成为改进社的一项重要任务。1923年2月，陶行知用英文撰写《中华教育改进社之历史、组织及事业》作为会议资料。改进社国际教育组（后改为“国际教育委员会”）专事国际教育相关事宜，4月25日，该委员会联合北京国际教育研究会召开联席会议，就《万国教育会议宣言书》中的提议，以及中国代表的应对方案详细讨论。陶行知在会上介绍了参加万国会议的准备情况，会议决定推举知名人士分别担任具体事项：程湘帆、张仲述等研究公民学问题；朱经农、陶行知等研究教科书问题；张伯苓、郭秉文、胡适等研究互换教师及免费学额问题；袁希涛、陈筱庄研究促进义务教育问题；汤爱理等研究交换印刷品问题；王仲达、欧阳祖贻研究世界恳亲会办法。决定推举蔡元培、范源廉、黄炎培、郭秉文、张伯苓、胡适、汪兆铭、陶行知八人出席会议，定于6月4日由沪乘船起程，并预定于8月20日以前回京在第二届年会通报会议情况，但陶因筹备第二届年会而未赴会。改进社为此次会议准备的材料多达17种，其中包括陶行知所写的《中国之教育行政》、《中华教育改进社之历史、组织及事业》以及他与薛鸿志共同完成的《中国教育之统计》，其他参与写作者包括胡适、刘伯明、陆志韦、郭秉文、朱经农、廖茂如、朱斌魁、黄炎培、郑宗海、俞庆棠、庄泽宣、晏阳初、麦克乐、麦柯尔、戴志骞、梁启超、张彭春、邹秉文等当时中国教育各个领域前沿的专家。中国代表的大会发言与提案引起与会代表高度关注，代表团领队、改进社董事郭秉文当选为万国教育会议副会长，并且成功争取到第二届年会在中国举办的机会（尽管后来实际开会地点移至加拿大，但当时中国受关注的情况可见一斑）。这届年会上还表决并一致通过了关于改进社加入世界教育联合会的提案。

1923年3月6日，改进社召开会议讨论英、日两国庚款问题，到会的有新任董事长熊希龄（蔡元培此时辞去董事长，仍任董事）、陶行知等九人。陶反对英日两国利用庚款进行文化侵略，他与汤中被推举起草对各国退还庚款用途的总办法。1924年8月7日，改进社设立的全国教育经费委员会在东南大学开会，熊希龄、蔡元培、陶行知等24人到会，会议讨论了庚款使用及收回教育权问题，议决致函政府，请政府交涉取消《日本对支文化事务协定案》。年会第一次学术会议讨论了范源濂、陶行知等提议组织日本研究会的提案，以避免以往国耻纪念蹈空之弊。1925年7月28日，陶被聘为中华教育文化基金董事会干事部执行秘书，掌管美国庚款分配工作。

1924年底，陶行知主持制订改进社下年度工作计划，提出“适合本国国情，满足生活需要”的方针。

1925年底，国内政局和社会环境的动荡使陶感到中国教育和改进社都进入到艰难时期。12月4日，《新教育评论》第1卷第1期在《本刊之使命》中提出“我们愿意大家借这个机会把各干各的教育界渐渐的化为一个通力合作的教育界”，谁寻着真理，双方都应当乐意承受。“讲理的人应当‘毋意、毋必、毋固、毋我’。而‘我’关尤宜打破。”并撰写《四年前的这一周》，称1921年12月19日至26日是中国教育界最可乐观的一个时期，当时三个机关自动组合起来建立中华教育改进社的决心“到现在几乎没有机会再见了。现在教育界的四分五裂是无可讳言的”。而这四年当中，物价暴涨，教师薪金却逐渐拖欠，教师尚不能维持生活，又如何能维持专业的精神？他对教育界由于经费冲击造成的危机，以及通力合作精神与专业精神业已消磨殆尽最堪痛心，希望年终大家共同创造一个新纪元，给教育界一个新生命。

1926年春，陶行知被推为改进社国家教育改革委员会及促成宪法中制定教育专章委员会委员。6月，改进社参加在美国费城举办的世界教育博览会，展品获得一大奖，郭秉文电告：“此次教育产品参展成功，实为我国教育在国际上之荣誉。”恰在此时发生“三一八”惨案，抗议者死伤200余人，陶行知奋起控诉当局“杀人如虎”。当局还打算对百余名文教界进步人士加以捕杀，并

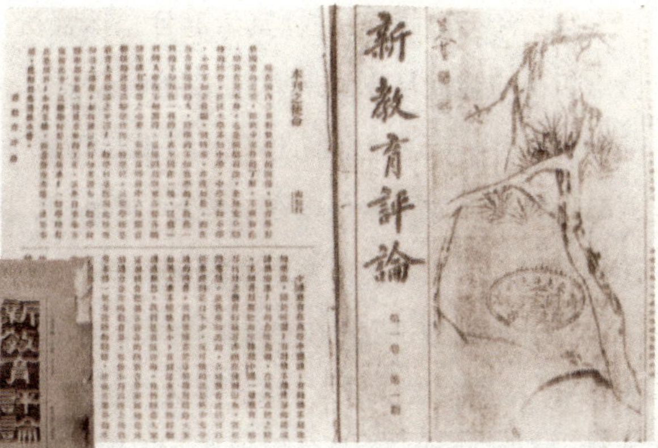

陶行知主编的《新教育评论》。

内定了黑名单，文教界人士纷纷南下广州或沪宁，陶在这股潮流中怀着乡村教育的理想回到南京。改进社崇尚自由、理性，党派政治色彩较淡，1926年有人问及改进社的“色彩”，陶行知于12月27日郑重回复：“本社是透明的，不是白的，不是黑的，不是红的，不是灰的——是透明的，水晶样透明，使各种光、各种颜色都能透出真面目。”

北伐战争开始后，中华教育改进社事实上已无法开展活动。1926年12月14日，陶行知给改进社同事凌冰（济东）的信中道：本社“已是山穷水尽，这是事实，谁也不能否认”。“我们应当在山穷水尽的时候，找出一条生路来！本社之所以山穷水尽是因为中国教育已到山穷水尽了。我们倘不能为中国教育找出生路，决不能为本社找出生路。所以我们要拼命的为中国教育找生路，即所以为本社找生路。”陶与赵叔愚等人发起成立改进社乡村教育同志会，全身心投入办乡村教育，“在杀机四伏中努力进行。我们已经看见光明，前途有无穷的希望”。

1927年4月5日，改进社紧急通告全体社员："本社本年全体大会照山西大会议决应在武昌或杭州举行，刻因时局未靖，交通阻梗，无法筹备，由董事会建议本年暂行停止，特此奉达。"此后即未举行过年会，社务无形停顿。4月6日，张作霖派军警包围东交民巷，搜查国、共两党的北方领导机关，逮捕李大钊等共产党及国民党左派共60人，《新教育评论》主要编辑高仁山亦同案被捕并壮烈牺牲。陶在《新教育评论》2卷20期讣告天下并征求高先生教育遗著，以悼念这位战友，该刊不久亦被迫停刊。改进社在北方的事业被迫终结，但直到1930年4月12日晓庄被封闭，陶行知都还花一定的时间和精力在改进社的社务上。

平民教育像传教

1922年改进社第一届年会上，将推行平民教育作为重要议案，引发了陶行知开始以此为舞台成立中华平民教育促进会以大力推进平民教育之实践。

1923年5月，陶专程参观晏阳初在浙江嘉兴开办的平民教育试验，陶、晏两人第一次握手。该试验用少数教师教平民学校多数学生的方法办了两所平民学校，招生200余人，只有中学教师四人，两人轮流主领一校，每两周交换一次。两校运用心理学原理，采用幻灯教学，大班上课，每班百人以上，学习效果显著。同年7月21日，两校举行毕业典礼，特自北京请来陶行知、朱其慧参加盛会。学校分别授予男女毕业生140余人文凭，各地各界前往参观的1000余人都十分感动，拍成活动电影供他处放映、学习。第二年，两校扩大招生规模，成绩更好。

陶与朱其慧、晏阳初等人旋即在上海开办中华平民教育促进会筹备会，推朱为筹备主任，陶、晏二位为筹备干事，陶和朱经农为编辑。该会研究在全国推行平民教育的方法，即要以最少的经费于数月间使每人得受基础之普通教育。5月27日，陶、朱、晏三位与袁希涛、黄炎培等正式发起组织中华平民教育促进会。会后以陶、晏、朱三人的名义向有关人士发函："日前平民教育促进会筹备会开会，想在十年之内使十二岁以上，二十五岁以下一万万不识字之人民，受一千基础字所代表之共和国民的基础教育。"征求对编辑教科书的意见。5月，筹备会还在北京虎坊桥模范讲习所、西单京师第五讲习所、北京师范大学、清华学校办起四所试验平民学校，前两处用挂图教学，后两处用幻灯教学，分别积累经验，供别处参考。6月，陶和朱其慧、晏阳初、朱经农等平教会发起人声称要以"佛不入地狱，谁入地狱"的献身精神推行平民教育。陶行知与朱经农合编了《平民千字课》。

1923年6月20日，陶行知与朱其慧、蒋维乔、王伯秋等组织南京平教会，发表宣言，募得经费1.5万元，办二男一女三所试验平民学校，每校各50人。8月5日，11所平民学校联合开学，学生千余人，来宾千余人；至12月，计有126校，学生5000余人；年内两届毕业生960人，南京试点拍成活动电影供他处仿行，为全国性组织成立之先导，武汉等地也相继建立平民学校。8月中旬，陶以改进社名义致电各省教育厅、教育会和办理平民教育的机关团体，选派代表于8月下旬在北京举行中华平民教育促进会总会成立大会。8月20日至26日，陶行知在改进社第二届年会报告社务时着重提出：本社董事部赞助中华平民教育促进会所进行之一切。26日上午，改进社二届年会在清华学校闭幕，下午平教会总会在改进社举行成立大会，讨论通过组织大纲及宣言，公推朱其慧为董事长，晏阳初为总干事，陶行知为董事会执行书记及安徽董事。会议决定每省设董事二人，总会设在改进社内，为改进社事业之一部分。

1923年9月，《中华平民教育促进会宣言》发表，提出"共和国基础之稳固，全看国民受过相当教育”，希望一万万不识字青年在百忙中每天抽一点工夫来受四个月的平民教育。所教功课是1000个基础字依着国语文法、教育心理原则、共和国民所需要的知识编成的96课，每天学一课。所用工具有课本与影片两种，并用所教千字作基础编成各种平民丛书、杂志、报章，使平民能利用既得之工具继续增加学识与提高技能。

平民教育总会拟定了一个体现陶行知风格的宏大规划，包括聘请专家对平民教育各种问题分工研究；到各地办理平民教育的各种试验；推动各地和各界成立平民教育会；平民获得掌握1000个常用字的基本教育后再进行以职业教育为主的教育。此后，一场规模宏大的平民教育运动在全国各城市展开。由于推动得力，各方面积极响应，不久就有18个省32个城市成立了平民教育会分会。陶、晏二位一起到上海、去杭州、跑南京，陶还到安徽、江西、湖北、内蒙古、河南等地推进工作。

晏阳初任职的基督教青年会不让晏去专任平民教育会总干事，陶得知此事后写信给朱其慧：“关于总干事一事，闻青年会有复信说明该会不能让晏阳初先生应聘之理由。知行觉得此职除晏君外实无相当人才。务请再具恳切之函向青年会交涉。”直到1924年9月，晏氏才正式到北京就职。

1923年下半年到1924年上半年，陶的日程几乎都被平民教育填满，演讲、筹措经费、民主推选推广平教会、商议改良教学……他利用一切可能的机会，邀请各省代表成立平民教育会，开办平民学校。陶常用千字课本中的文字给那些读千字课的人写信，这样既是对他们的关注和鼓励，也能考评他们学习的效果。他写信给妹妹说：“最近一星期来，我脚迹所到的地方就是平民教育所到的地方。店里，家里，旅馆里，饭馆里，学堂、私塾里，甚至于和尚庙里，我都去劝过平民教育，并且很有效验，很有乐趣。我过几天还要到军队里，工厂里，清节堂里，监狱里，济良所里去推广平民教育。”并希望妹妹也能约集同志在北京这样去推广平民教育。陶行知还在家里设立笑山平民读书处，鼓励儿子教祖母识字，称这为“连环的教学法”。1923年11月初，陶从安庆赴南昌推行平民教育，他会见省督，提出由省长命令署内不识字之人限期读书；8日，参加南昌全城平民教育运动集会游行，去监狱对400名犯人演讲平民教育；11日，离南昌赴武昌，与由北京赴武汉的朱其慧会合，一同在武汉三镇宣传平民教育。在13日至28日间，协助成立湖北平教会，朱、陶在大会演讲后分区游行演讲，在军、警、政、商、工、学及住户纷纷设立平民学校或读书处。所需《平民千字课》由督军署翻印免费供给，令不识字的军民一律受教。陶、朱亲到各校考察，提出改进意见。陶具函湖北省长请定全省平民教育经费每年2万元，得政府同意，饬财政厅指拨。陶还到襄樊、沙市、宜昌等地推行平民教育。

陶行知6岁的次子晓光（小桃）教祖母识字。照片四周为陶行知亲笔题诗。

陶行知还热心向胡适、郭秉文、郑晓沧、推士等多位大学教授及其夫人、熟悉或不熟悉的人写信推广连环教学法，并附寄《平民千字课》。他给自己定下每天必写一信的任务，并鼓励安徽四女师到乡村推行平民教育。他鼓励推行女子平民教育，游说梁启超、胡适、熊希龄做了平民读书处的处长。他到蒋梦麟家动员他办平民读书处的时候，蒋梦麟忙得很，面露难色，陶问："中国最高学府，北京大学代理校长家里可以容得不识字的人吗？"蒋笑笑说："错是不错。"陶说："既是不错就要干。你如无暇，我来代你训练助教，只需老兄下一声命令：'从今天起，家里的人不识字的都要读书，识字的都要教书。'我就有办法。"蒋将自己的世兄蒋仁裕和门房李白华叫进来，陶行知就一五一十地教了他们一回，他们即很高兴地去教老妈子和车夫，蒋大哥摸摸胡子对陶行知说："你很有传教的精神。"

1923年12月上旬，陶行知在各地推行平民教育后回到北京，到北京师范大学平民教育社演讲，系统地介绍了自己在长江流域推行平民教育运动的性质、组织与方法，认为平民教育之目的在使平民一面读点书，一面得一点做人做国民的精神，把公民和读书的精神化合在一处，鼓励大家做活罗汉，救苦救难，渐渐使学校周围的人，北京全城的人，以至于全中国的人都能识字。12月23日下午2时，改进社举行二周年纪念大会及羊市大街平民教育期成会成立会，会场上遍插"平民之光"、"努力读书"、"读书最乐"等旗帜，到会来宾500余人。羊市大街平民读书处学生及石驸马大街平民学校试验班学生都到会。改进社总事务所设立的平民读书处66处，其中门牌三号、四号、五号、七号四所平民读书处的劝导员及处长均由陶担任，其余为该社工作人员担任。

经陶行知等人推动，江苏各县多起来响应，1923年12月22日南京平民教育促进会扩大组织，成立江苏平民教育促进会，另设常务董事促进全省工作，并由省署拨付经费。至次年8月，全省60县中有48个设立了促进会，并开办平民学校，其余12县也在筹备中。陶南北奔走，公而忘家，逢年过节往往在旅途中，余暇写诗：“上车过旧年，下车过新年。年年车上过，也算是过年。”陶行知的目的是使教育变成空气，人人得其呼吸；变成阳光，人人得其照耀；变成雨露，人人得其滋润。

1924年1月3日，陶行知写信给朱经农，表达对《平民千字课》加印30万部的欢欣，认为要想普及平民教育，第一件事就要便民，让人到处可以买《平民千字课》。为了尽可能扩大平民教育，陶将《平民千字课》的版税亦用于平民教育。一次姚文采代他从商务印书馆拿来一万元版税，妹妹文渼因为家用很急，和哥哥商量留四分之一，陶行知却回答：“妹妹，你脑筋就缺少这四分之一啊？如果加上了这四分之一，不是更美好吗？”最终还是全部用于平民教育。

1924年1月7日，陶到张家口推行平民教育，8日召开了平民教育筹备会会议，9日与政学各界领袖开会商讨推行办法。当日，他用16课的生字给读了16天《千字课》的母亲写信，陶母完全能读懂，他将这个例子登载在《申报·平

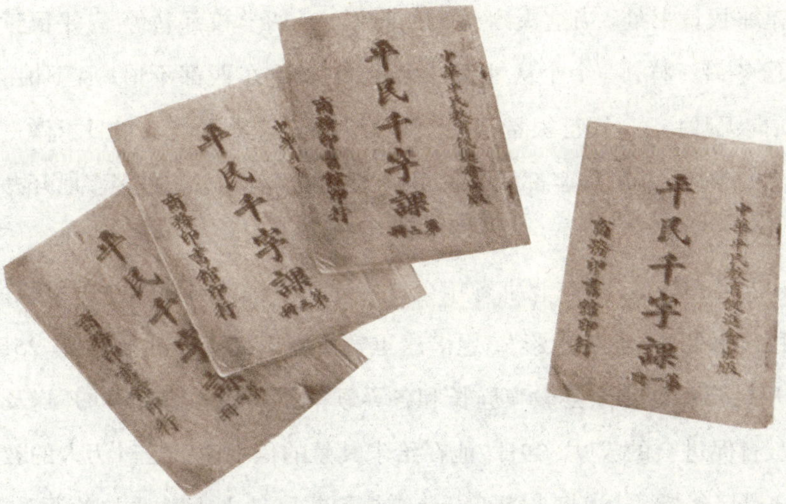

《平民千字课》总发行量达300万册。这是陶行知送给母亲用的四册课本，上面写有“母亲读的”字样。

民周刊》上，以激励更多人参与学习。10日上午，陶行知在蒙古族学生代表会上讲演平民教育，出席察哈尔全区平民教育促进会成立大会；午后蒙古族学生开欢迎会，陶演讲并说明五族一家之精神。11日，他向张都统、张道尹、郑教育厅长建议施行平民教育办法，均被采纳，其中一部分于当日令行，当晚10时离开内蒙古回京，热心平民教育诸君和全体蒙古族学生均到站送别，陶精神上得到未曾有的愉快，回京后给朱其慧写信说："前五日已得他们来信，蒙古平民教育第一先锋队已经出发了，他们先在自己的蒙古包里办起，逐渐推广到亲戚朋友那里去……知行现已深入蒙边教育之梦，志不在中原了。夫人闻此消息，得无笑他野吗！"并说自己得了一个蒙古名字"麦勒根亚布达拉图"（意为按智慧行动的人）。

1924年新年，陶接到南京朋友温佩珊夫妇寄来的结婚25周纪念请帖，1月16日回信表达不能到府祝贺的歉意："特在北京石驸马大街设立平民读书处两所，称为世珍尔淑（即温佩珊夫妇的名字）第一、第二平民读书处，以示祝贺。"并将古人"岁寒三友"（松、竹、梅）改为"岁寒四友"，"这第四个朋友即是平民读书处。当这天寒地冻的时候，一切学校都暂停了，平民读书处还是像冬笋一样，一个个从地里冲出来。它什么东西都不怕，风不怕，雪不怕，所向无敌！……知行很希望先生和夫人在这个最可纪念的日子做一件最可纪念的事体，并请宾客都做一桩最可纪念的事体，这就是多多地开办些平民读书处。"

1924年3月2日，陶在北京青年会宣传提倡平民读书处的办法和经验，主张平民读书处"不要带色彩"，想借这里宣传主义或宗教都不妥当。25日，他又赴开封分别对90余县教育局长和各界领袖讲平民教育，协助开封及河南平民教育促进会的成立。29日，他在给朱其慧的信中说："三十万人的教育种子可算是已经撒了……将来能否开花结果要靠本地人士时常去施灌溉、加肥料、防害虫，才能有相当之收成。"4月14日，陶给西村平民学校学生胡映莲写

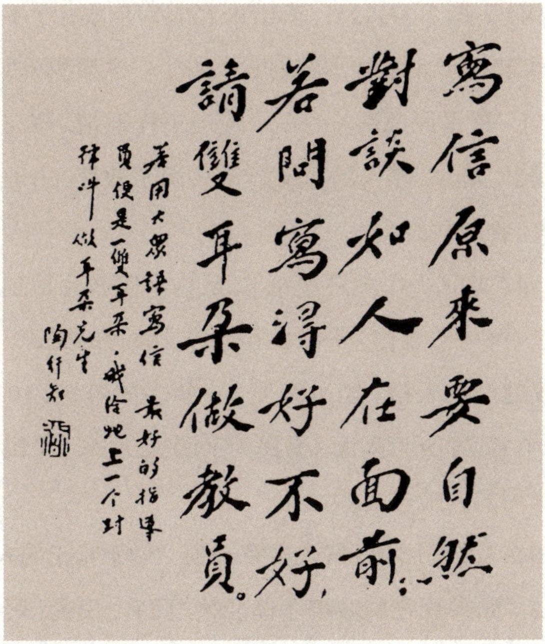

耳朵教员诗。

信，教他们用请双耳朵做教员的办法学会写信，写好了请自己的耳朵做先生，耳朵喜欢听是好信，并将这一方法编成诗。

为了让平民识字后能巩固，陶又发起办《平民周刊》，刊登一流作品，开创真正的平民文学。1924年5月24日，陶与北京及全国文学、教育界知名人士钱玄同、郁达夫、赵元任、高仁山、陈鹤琴、王伯秋、庄泽宣等组织平民文学委员会，征求会员，编辑出版平民文学书刊。6月29日，得申报总经理史量才的赞助，《平民周刊》创刊，陶又开始写短小精悍、通俗易懂的平民文章，用短文讲大道理，如8月9日《北京大学要求人权》道："中央或者省政府，近来往往不依法律，随便发布通缉令拘拿人民。这是共和国所不能容的。现在北京大学向政府要求，非依法律确实证明为现行犯，绝不能任意通缉。人权不保，何以为国？我们希望政府反省。”8月12日，陶给朱经农写信提出《平民周刊》要为平民说话：“借时事发挥平民精神，培植国家观念。”“不能单取‘对平民说话’的方针，还要加上‘代平民说话’一条。”应冯玉祥邀请，陶与许士骐编《军人千字课》，并摄制幻灯片，深入冯军推行士兵识字教育。由于部队实行强迫教育，士兵进步快，收效好。

1924年10月7日，陶行知发表《平民教育概论》，认为平民教育是到民间去、到乡下去的运动，需要官民一致合作。平民教育是普及教育的先声，希望处处读书，人人明理，养成健全的人格。经过陶等人一年多的奔走，1924年底平民教育活动开展到20个省区，50万人读《平民千字课》。后来《平民千字课》发行到300万册，参加学习的人应在此数之上。

1925年1月17日，陶行知在《平民周刊》发表文章，道：“做个真正的人，第一要有思想。”2月7日又说：“如果现在的政府不能合乎‘民有、民治、民享’的条件，我们国民就应当万众一心地去谋改造。”同月21日再次发表文章，说：“我们中国的民意大都是被动的。国事之坏，就坏在只有被动的民意，而没有主动的民意。”为给农村平民提供继续巩固与学习的机会，平民教育会于3月1日出版《农民》小报，十天一期，每期售铜元一枚，是当时世界上最便宜的报纸，也是中国农民报的创始。6月20日至28日，平民教育会总会派代表参加北京各界“五卅惨案”后援会，并发出通电，号召全国各城镇乡村平民教育促进会、平民学校师生，筹划援助罢工工人并合力促进平民教育运动。

1925年秋，平教会在全国20余个省区设立分会，广开平民学校与平民读书处。此时，有职员说晏阳初寄往外国信件中有Russian字样，朱其慧和陶行知来到会所要求审阅全部工作文件，由此引发任平民教育会总干事一年的晏阳初与陶行知、朱其慧产生分歧。陶向改进社董事会建议将平民教育会分立出去，不再属于改进社事业范围，不再合署办公，他也辞去改进社总干事职务，改就中华文化教育基金会工作。后经改进社董事会再三挽留，陶不久又回改进社工作。平民教育会总会从改进社分立出去后到河北定县建立了实验区。

1927年5月22日，陶利用在北京为晓庄学校筹款的间隙参加了定县北齐村利用韩祖庙会开展的平民教育活动，当时平民教育会认为村民最需要的是扫除文盲、普及农业科学知识、培植公民资格、提倡农业科学，负责人冯梯霞提出“打倒贵族式的农业”，陶建议补充“提防书呆子的农业”，认为平民教育会和改进社所进行的乡村教育，出发点虽不同，但是相成的，同是努力要运用科学的方法建设符合本国生活之教育。

科学精神方法倡

陶行知提倡科学，尤重科学精神与方法。

1915年陶行知在美国留学期间即感到科学教育应从儿童抓起，同年10月，胡适与任鸿隽在美国发起成立科学社，陶后来亦参与其中，并于1917年3月在《留美学生季报》上发表《遗传论》。1918年，陶主持南高师教育科后，将科学教育列为教育科的基础课程，并亲自为学生讲遗传学。此外还开设了心理学和教育统计、教育测量、科学发展史、生物学，心理学又分普通、教育、儿童、实验、心理学史等科。

孟禄到中国调查，诊断出中国教育病得最厉害的是中学，尤以科学教育为最不良，这一结论更促使陶极力推行科学教育，他除利用暑期学校对教师进行科学教育外，还利用一切可能的形式进行科学教育。

改进社成立后，陶出面邀请推士、麦柯尔来华推进科学教育的开展、教育心理测验的制定，主张提倡科学，应贯彻至全教育系统。改进社议决推士调查大纲，并依据实况向各校或相当机关陈述改良意见；麦柯尔先后在南京、北京各半年，进行调查。改进社通过了《推士考察及改进中国自然科学教学之计划》和《麦柯尔之研究调查计划》。

推士向改进社提交的计划，一是个人事项，主要有：调查自然科学、教学、房室、设备等情况；报告所参观学校的现状，分析存在问题的原因，提出改良教学法、教师训练、课程等建设性建议；在所参观的学校，通知科学或教育团体开联席讨论会或讲演会；在南京、北京围绕"适用于中国现状之自然科学教学原理"作短期讲演，并组织学生科学会。另一个是合作事项，主要了解自然科学教师的情况；收集适合于自然科学教师、学生的通行教科书以及杂志的书目提要；制订中等学校各种科学所需仪器用品标准的手册；召集高等师范学校理科教员会议专题讨论如何培养中等学校理科教员办法；辅助改进社及中国科学社推广事业。推士在华两年，先后到过10个省、24个城市，考察了190所不同类型的学校，从事讲演、研讨会等不同形式的学术宣讲活动共176次。在其总结性报告《中国之科学与教育》中，除阐述科学教育的重要性外，着重指出了中国科学教育的缺陷及科学教育课程的匮乏，对中国教育之改进、科学教师之训练建议良多。推士在华的考察与学术宣讲活动成为国人反思与改进科学教育的重要契机，深化了国人关于科学、科学教育对社会发展的功能的认识。

紧随推士之后，陶邀请美国教育测量专家麦柯尔来华帮助编制各种教育测验和训练相关人才。1922年9月，陶分别在南京和北京邀约东南大学、南高师和北京大学、北京高师的有关学者与麦柯尔共商智力测验的实施计划，10月29日陶应邀参加南开大学主办的科学教授讨论会。1923年上半年，麦柯尔来到北京，会同北大、北高、燕大、女高四校心理学教授和学生，演讲并编造心理测验。在华期间，麦柯尔先后在南京、北京与来自全国各地的教育、心理专家合作完成多种测验；依托改进社筹备的暑期教育心理测验讲习会，对来自直隶、奉天、山东等17个省区的近300名学员进行培训。此外，麦柯尔还承担了改进社参加万国教育会议材料之《中国之教育心理测验》的写作任务，并向改进社二届年会作《教育心理测量》演讲，演讲中，他热情称赞了中国教育心理测验专家的牺牲精神以及改进社在推动中国教育心理测验深入开展中的核心作用。美国以二十年的时间和百余名大心理学家研究所得的结果却被中国四十多位心理学家于短时间内利用了，改进社做的这番伟业开了中国教育史上一个新纪元。

1923年1月初，陶在北京大学教育研究会上演讲《教育与科学方法》，反对简单用古人或外国人的方法，它将杜威思想分析的方法分为觉得有困难、找出困难之点、想出种种办法来解决、在种种方法中选择一种、通过实验验证五步，通过这五步才能解决一个问题。强调使用这些方法时要求是客观的、量化的。在教育研究中要重视组织、教材和工具，主要的工具是统计和测量，认为每人都存用科学方法去办教育的决心，每人都去研究或解决一个小问题，不出三十年中国教育准有好的成效。

1924年2月26日，为改变科学教育贫弱的现状，陶行知寄希望于科学教育师资问题的解决。改进社致函各省教育厅、大学专科学校及中学校，为提倡科学教育，改进社与清华学校、洛氏驻华医社定于7月10日至8月15日在清华学校举办科学教员暑期研究会，会长为清华学校校长曹云祥，副会长为改进社主任干事陶行知，所有课程均聘请国内外专家担任，共分生物学科、物理学科、化学学科三科，每科分成英语、汉语两组。8月上旬陶到清华了解科学教员暑期研究会的进展情况，并征求各方面意见。该会连续举办到1926年。

改进社还邀请“道尔顿制”创始人柏克赫司特女士、设计教学法发明者克伯屈来华讲学。1925年8月18日，柏克赫司特在改进社四届年会上作《道尔顿制概要》的演讲，阐释自由、相互影响即共同生活、时间分配三原理。其中“自由”强调以学生为中心、教育适应儿童个性、教师对于学生给以精神上身体上之自由发展。“相互影响即共同生活”从大处讲要求学校与社会一致，但并不是学校仿照社会，而是必须照社会的原理实施教育；从小处讲即要求学生与学生、教员与教员、学生与教员之间发生联系，学校、班级应是教员学生合作的场所。“时间分配”是道尔顿制最重要的原理，要求学生自动自主作业、将作业划分成若干单位，并建立起作业与时间的对应关系，教员注意依据学生的敏捷与鲁钝分配作业任务及适时指导。道尔顿制非仅方法上改良，实为精神上的改良。在道尔顿制下的师生关系是有感情的，是有联络的，而且学生作业是自由的，有伸缩余地的，绝不受机械的压迫。陶在柏克赫司特女士演讲前介绍说：“要以她的创造的精神作参考，发明中国的道尔顿制才好。”凡想试验的，必先审查是否具备条件，率尔尝试，怕是要做道尔顿制的罪人的。

克伯屈先到广东，后到厦门、上海、北京，与朱经农、程其保等人讨论中等教育、初等教育问题，并在上海的大夏大学，北京的教育部、清华学校、燕京大学、北师大、女大等处发表讲演，让国人亲聆了“设计教学”的理念。改进社还聘请麦克乐负责中等学校的体育研究，邀请美国生物学家柯脱博士来华作学术讲演，这些活动一次次地使中国教育界得到助益和启示，也一步步促进了中国教育逼近科学，推动中国教育汇入国际新教育运动的进程。

1925年1月，以汪精卫为代表的国民党鼓吹“党化教育”，鼓动策划北洋政府免除郭秉文东南大学校长一职。陶行知1月16日在《申报》发表致教育部电：“国家教育经费出于各党人民共同担负之赋税，断不能视为一党之武器……大学为研究学术之机关，对于各党党纲政策，均应抱持虚心研究审查批评之态度，与党化运动绝对不能两立。既是大学，即不能党化；既受党化，即不成其为大学。”9月，陶与高仁山、赵廼传、查良钊、孟宪承、汪懋祖、王希曾等发起创办《新教育评论》周刊，郑重声明：“不愿意掺杂任何个人的问题，也绝对没有任何党系的作用。”深信“现代国家的教育，要本着民治的精神、科学的态度，去建设他的制度，分析和估定他的内容，发明和实验他的方法，而考核他的效果”。

1925年11月14日，陶行知在参观南师大附小吕镜楼老师的课堂教学后给他写信道：“儿童好奇，科学教育应从儿童时代下手。”11月，陶行知到长沙对学生演说：学生求学第一步就要有科学的精神，要改造社会必具有委婉的精神，应付环境必具有坚强人格和百折不回的精神。不同于当时情绪型的科学提倡，陶倡导科学实证的重要，将批判精神、民主精神和科学精神融为一体，使他的教育改革实践和思想，达到前所未有的深度和广度。

1926年7月9日至8月7日，在极为严峻的政局下，改进社与清华大学合办研究会，但不是由改进社具名，而是由陶行知与马叙伦、曹云祥（清华校长）、高仁山、凌冰等联名发起。陶行知被推为研究会书记，主持

1923年陶行知与长子陶宏及次子陶晓光合影。

这一届科学教员暑期研究会。10月10日，陶在上海，长子陶宏在北京，他寄给儿子一本《电磁学》，并在书上写了首《攀知识塔》："一二三，三二一，一二三四五六七，看谁找得真知识？"诗后附言："与桃红作科学忘年竞赛。"

1931年后，他又倡导科学下嫁运动，将科学教育推进到新的高潮。

出长公学启后生

任安徽公学校长时的陶行知。

1923年，安徽旅宁同乡为解决子弟上学困难问题，联络安徽同乡会、同学会创办私立南京安徽公学。陶行知对此予以支持，两会推陶行知、姚文采、夏辅宜、李希白、洪范五等10人组成筹委会，公举夏辅宜、孙洪芬、桂望之、李希白、姚文采、苏民生、洪范五、查敬吾、孙宗诚、刘乃诚为校董，夏、孙为校董会正副主席；公推陶为校长，姚文采为副校长，以安徽会馆在宁房地产收入为经费，报苏、皖两省省长公署及教育厅立案。公学先以经过修缮的会馆为校舍，继迁1873年安徽绅士集资修建的上江考棚（后为南京六中）。选聘南高师、东南大学、金陵大学毕业的皖籍高材生为教师，招收安徽失学青年，试行三、三制新学制。

9月15日，在1915年停办的安徽旅宁中学基础上创办的南京安徽公学开学，招收高一级1个班40人，初一级2个班90人，因原旅宁中学中正街校址已被河海工程学校租用，故暂借水西门登隆巷安徽会馆做校舍（一年后才迁回）。陶校长在开学典礼上报告筹备经过道："安徽旅宁前一辈的人，对于后一辈的少年，发生了一种学问上的同情心，才有安徽公学的产生。"所以该校最注重师生亲近，以人教人。教职员愿意和学生共生活，共甘苦。要学生做的事，教职员躬亲共做；要学生学的知识，教职员躬亲共学；要学生守的规矩，教职员躬亲共守。深信这种共学、共事、共修养的方法，才是真正的教育；人与人的隔阂完全打通，才算是真正的精神交通，才算是真正的人格教育。他告诫教师必须力求长进，一面教，一面学。要教学生向前进、向上进，非自己努力向前进、向上进不可；告诫职员安徽公学是个贫穷的学校，光阴与钱都有限，该用才用，不该用必不用，用必尽其效；主张摒弃新旧宽严之见，只问是非好坏，必使学生得学之乐而耐学之苦；勉励师生用科学的精神追求真理，做学问最忌的是玄想、武断、尽信书，以差不多自足，以一家言自封；要求极力地锻炼学生观察、知疑、假设、试验、印证、推想、会通、分析等种种能力和态度去探求真理的泉源；用科学的精神研究学问，用美术的精神改造环境，用大丈夫的精神处世应变；要做"人中人"，必须有独立的意志，独立的思想，独立的生计和耐劳的筋骨，耐饿的体肤，耐困乏的身，去做那摇不动的基础。

安徽公学开办后即成立学生自治会，开展社会服务工作，创办平民夜校，招收公学附近水西门、朝天宫一带失学成人80余人。任课同学观摩校长的示范教学，学生自治会正副会长均任教。公学中学生不懂教育原理及教学方法，曾指定一老年车夫站起来回答问题，陶发现后即让学生予以改正。

1924年7月3日至9日，改进社三届年会在东南大学召开。会间，陶行知向

安徽公学旧址（今南京市第六中学）。

与会者请教了中等教育之宗旨、任务等问题，诸位认为普及国民义务教育是亟待解决的大事，中等教育面向青年当以德智体三育为先，青年学子要明白读书，明理做人。治学修身乃应落实在“名”与“实”的统一上，“实”为关键。陶据此确定“实”字为公学校训，请东南大学“学衡派”古文大家撰写校训91字训文：“实说文训富从宀内有贯贯货贝也段为诚实充实之用取实为训用段谊即用本谊以宀象校以贯求学顾名而思谊德性宜竺实也知识宜富实也身体宜健实也胥于宀内贯之矣实至名归实事求是是为校训吾侪青年勉企毋忘。”译意是：“实”字，《说文解字》注释说：“富也。从宀，内有贯。贯：货贝也。”

借作诚实、充实之用，取“实”作为校训用，段（玉裁）注释的意思就是用的本义。现在以“宀”象征学校，以“贯”象征求学。顾名而思义，（学生）的德性应当笃实，知识应当富实，身体应当健实，（这三者）全部在宀内贯穿包含。这三个方面的要求做到了，在治学之名上才能算实事求是，这就是校训。我们这辈青年，要经常勉励自己，时刻不要忘记校训。会间陶邀请熊希龄参观公学并为校训题字。秋季开学，五米高的校训碑矗立在学校训育室前花园中，上刻熊书散盘金文体“实”字，下部后面刻写了91字训文。

8月14日，陶在新学期开学前给副校长姚文采写信说公学用最少的钱办到这样好可算是近年来中等教育很精彩的一个试验，可喜之至，“但最危险的时期将要到了！秋季招收新生三班，新生数与旧生数相等，训育上要起最困难的问题”，认为“教职员和学生共甘苦，共生活，共造校风，共守校规”是改进的大关键。希望姚住校一个月，以示表率，“我或可以帮助你们打头一个礼拜的战。开学期定了之后，请即告诉我”。

新学期开学之际，直系的江苏督军齐燮元和奉系的浙江督军卢永祥为争夺上海管辖权开战，姚文采写信给陶说不停战就停办学校。1924年9月15日陶回信道：“中途停学和临阵脱逃是一样的可耻。纵使开花炮把安徽公学炸碎了，我们也是要奋斗到底的。如果有一个教员、一个学生，我们就可照常上课，就算安徽公学不死！”他十分赞同姚文采说的“爱安徽公学如爱亲生子”，还写诗《每事问》：“发明千千万，起点是一问。禽兽不如人，过在不会问。智者问的巧，愚者问的笨。人力胜天工，只在每事问。”在全校师生中传颂，在校长室里放了一本“人生问题簿”，倡导学生大胆提问。

1925年，陶在学校中对初中语文、数学、外语等课程教学试行“能力分组”，高中试行“文理分科”和设选修课。分科后课程的教学要求提高，如理科用外文版代数课本，英语课师生全讲英语，理化实验增多。学生中还组织文学、墙报编辑、音乐、美术、戏剧等小组。

陶行知与姚文采在北京合影。

1926年，陶行知请东南大学教授、著名学者吴梅（瞿庵）来校作校歌。学生集中于学校大礼堂，由学生会主席江兆虎领唱：“龙眠潜霍隔江青，童冠集群英。十年时事成荆棘，弦歌地变成了军声。今日重栽桃李，一堂如见澄平。客愁乡梦不须生，相对读书灯。南朝自古多才彦，论游学最好金陵。漫听八公鹤唳，行看万里鹏程。”歌词镶嵌了八皖多处地名，激昂振奋、意蕴深刻，充分表现了陶等人在时局艰难中办学、努力培养人才的创业精神。

1926年7月，学校首届高、初中学生毕业。而上半年高二学生因不满国文教师方园圃的教学采取了驱逐、罢考等行动，被学校勒令退学。事后退学学生致函陶请求复学，陶8月中旬回复："对于诸生之遭遇，深致悲悯。但退学之判决，未能稍有变更……故校章者，实学校所立之大本，而余与诸生共守之约言，非经法定手续，莫能擅废。"经校务会议讨论，仍维持原判。

1926年秋季开学，学生增至400人，共8个班。陶为学生制作了校服、校徽。校服衣领上有圆形"皖中"二字；校徽为三角形，蓝底白字，上边环列"南京安徽公学"，中间为"实"字，全校以"实"字统领教育质量，校园气象一新。也就在这一年，陶对公学发展和办学规模有了更长远的考虑。12月19日，他与姚文采拟《南京安徽公学生长程序》，将学校发展共分七个时期，拟于本校三十周年完全实现，即建立起中心小学、中心幼稚园、女子中学、师范学校以及大学、研究所。强调依据青年及现代实际生活，运用科学方法，彻底改造本校之课程、教材、教法，以实现适合国情之中学教育；依据效率原则、协作精神改造组织系统及行政方法；依据美术精神，师生共同改造学校环境；最高目标是创设研究所，培养有独创力之学术人才。

根据这一计划，第一时期所提出的办学方针都得到了实施。1926年陶与姚文采均亲住校内，师生同甘苦。虽生活简朴，图书仪器却必求丰富。教师们悉心研究，编写教材，力求与教育目标配合：孟宪承、梁任公、张伯苓等编辑国文；孙洪芬编辑化学；查良钊编辑物理；秉农山、方炳文、姚文采编辑生物；洪范五主持图书馆。教员人才齐备，盛极一时。陶还撰联语"义则居先，利则居后；恕其所短，敬其所长"悬于校内，勉励同人。

1927年3月，国民革命军攻克武汉后沿江而下，直鲁联军十几万人据守南京外围，一时人心惶惶，秩序混乱。陶召开护校会议，提出抱着"救人不救财"的宗旨，在校门口挂上红十字会旗帜和"妇孺收容所"的牌子，收容了300多名妇女和儿童，并为他们办起临时幼儿园、小学和平民学校、临时看书处，晚上还办同乐会给大家解闷。陶听说革命战士在前线受伤缺医少药，就立即召集会议，决定结束收容所，组织战地救护队，陶亲任领队，与副校长姚文采、校医余光中及十几个学生到南郊上方桥救护北伐军战士。这些举动是“社会即学校”思想的体现，激励安徽公学学生树立关心时事、积极参与社会的社会责任感。战乱中学校屡遭驻军骚扰，破坏严重，经过师生员工努力修护，逐渐恢复旧观。1927年夏，南京特别市教育局成立，学校又呈请核准立案，按期改选校董会，推荐刘海萍、苏民生、刘觉凡、叶元龙、桂望之、曹葛仙、常宗会、周寄高、洪范五、孙宗诚、李希白等为校董，刘海萍、苏民生、刘觉凡担任常务校董，陶行知、姚文采连任正、副校长。

1928年，陶本打算辞去校长一职，但师生竭诚挽留，终留下。学校聘请王西澂来校担任教导主任，协助陶、姚两位校长改革学校工作。学校以晓庄精神进行改造，成立了生活改造委员会和下乡运动委员会，成员由正、副校长和师生代表组成，代替校务委员会共同管理学校工作。此外，还成立了由师生代表组成的“人民法庭”，专门处理学生中发生的重大事件。学校还一度取消过训导处，以大力推行学生自治，实行民主管理。正是因为有先进的教育思想和办学理念，南京安徽公学才成为当时设备齐全、校风端正、纪律严明、成绩优良的颇负盛名的私立中学。

1929年，王西澂等人曾试图将安徽公学迁到晓庄附近的乡间，但加上工人也只有36人愿意，加上董事会的反对，此想法未能实现。6月24日，陶写信给王西澂，认为他的理想、计划很值得一试，不如痛痛快快地创办一个新学校来试验。

1929年9月，南京特别市教育局统一学校名称，南京安徽公学更名为“私立南京安徽中学”。此时陶因致力晓庄学校坚请辞职，经校董会决议，由姚文采继任校长。姚创校伊始就追随陶，长期负责学校的具体事务，对陶的教育思想耳濡目染，贯熟于胸。他请张二树老师写了“继往开来”四字贴在大礼堂里，依照陶原定的办学方针、教育措施行事。1947年陶逝世周年纪念日，学校将大礼堂（原上江考棚的明恕堂）改名为“行知馆”以示纪念。

一片乡情寄“长城”

陶行知在家乡生活时间很短，却怀有深深的乡情。

1923年春，他与一位绩溪同乡游南京牛首山，写赠诗《后记》说：“吾乡称绩溪为绩溪牛，人以为侮辱，我以为是尊敬。因为牛是农家之友，没有牛，我们哪里来的饭吃呀！”此后，这种乡土气息充满其诗文，如“下乡拜年与牛大哥同铺”、“牵着牛大哥去耕别人田”、“一闻牛粪诗百篇”。

1923年9月12日，陶独自一人游八达岭长城，回到青龙桥候车，遇合肥籍车站工人刘君，饭好菜香后，刘出示明朝永乐年间的长城砖，上有“中部”二字。外国人曾想买，他不愿卖，却定要送给陶。陶“想四女师新校舍不久总要建筑，用此砖来点缀点缀，也是千载一时之盛事”，便不客气收下来，送他一元钱的回礼。当晚8时给安徽休宁第四女子师范学校校长程仲沂写信，并寄送长城砖为该校奠基，嘱咐“教育是共和国的保障。我们四女师既得万里长城之砖，自能在造就人才、保障共和的路途上进行了。不过为这块砖计，既入黄山，就不能出洋了。要说他是为贵校牺牲，亦无不可。务必请先生好好的待它。”20日，陶收到程的回信，程认为体健、天才、财力是做学问的三要素，陶答复认同前两个，否认后一个。认为体健是人生的最要目的，也是学问的最要目的，学生是学习人生之道，学以厚生则可，学以伤生是断断乎不可；天才是做学问的根据，教育万能之说是自欺欺人的话，但是天才有时是很不容易看出来的，时机未到，天才隐在里面，专靠主观、武断，以致差之毫厘，失之千里，是常有的事。认为只要有志于学问或是有志于子女的学问，经济的难关是可以打破的。穷苦和学问是好朋友，富贵和学问是仇敌。

陶对家乡更大的期望在于普及教育以建立起民主共和的“长城”，他极其热心地在家乡推行平民教育。安徽四女师教员金鸣岐在京时，曾多次参与平民教育会议，临行时陶托她带挂图一套，教科书一包，以备试验之用。1923年陶从南京到安庆，决定把歙县试馆所有收入全用在歙县的平民教育上。10月18日，陶到安庆开展全省平民教育运动时，在给妹妹的信中道：“我对于安徽负有特别的责任，不能不勇猛进行。”10月30日，他又写信给金鸣岐，详述为三千万兄弟姊妹开一求知之路的行止，说明随时随地随人可以办平民教育，有一分力量做一分事就有一分效果，门不敲不开，最后胜利都由奋斗得来。11月底，陶又到芜湖与徽州旅芜同乡会共同拟定《徽州推行平民教育办法》。1924年1月2日，陶看到报上关于芜湖学徒永汇、金祥两人读《千字课》的报道，便用课本第一册的生字写信去向他们和那里的先生们拜年。

为了在家乡屯溪隆阜推行平民教育，陶和13岁的积极分子吴立邦不断书信往来，陶每次写的信都很长。1924年1月5日，陶说接到吴的信“如同吃甘蔗一样，越吃越有味”，“要想一世到老都有青年的精神，就要时常与青年人往来，所以我很愿意和青年人通信，尤其喜欢和小孩子通信”。小朋友的信是精神的泉源，在回应吴关于老太婆顽固时，陶说：“我们在社会上做事，要预备碰钉子。我在这几个月当中也碰了四五个钉子，碰钉子的时候，有两个方法解决：第一是硬起头来碰，假如钉子是铁做的，我们的头皮就要硬到钢一样，叫铁钉一碰到钢做的头皮上就弯了起来；第二是要把我们的热心架起火来，把钉子烧化掉。我们只怕心不热，不怕钉子厉害。”2月6日，陶回复对方提出的拜师的要求时，说明相师相学的道理，“如果你愿意做我的老师，我一定愿意做你的老师”。3月26日，陶在南下的火车上再次给吴立邦写信，回答他所问“徽州土产”问题，认为：“我们只问好不好，不问土不土。你现在新拜的那位老师，身子虽在外面，骨子里也是徽州的土产。我们徽州的土产本来不错，你看朱晦庵、江慎修、戴东原诸位先贤，哪一位不是土产？现今的胡适之先生，从头到脚也只是我们家园所出的土产。”并将自己前一天在徐州旅馆写的诗抄给他：

人生天地间，各自有禀赋。
为一大事来，做一大事去。
多少白发翁，蹉跎悔歧路。
寄语少年人，莫将少年误。

1924年1月20日，陶给歙县知事汪镜人写信，赞誉其所发表的造林、禁赌、禁烟、天足、教育的《歙民五训》为亲民要举，并介绍了浙江一位县知事四个月里开办一百多个学校的例子，提出：“先生不妨进一步做一个强迫设学的试验。先拣比较有把握的地方入手，等到风声传出去了，进行必定势如破竹。”2月8日，陶给安徽教育厅长卢绍刘写了一封长信，希望他“不但要做数万学生之教育厅长，简直要做一位三千万人民之教育厅长。换句话说，我希望先生做一位平民教育厅长”。痛陈在江苏推行平民教育时，“回看故乡饥民嗷嗷待哺，不忍之情，油然而生，就帮助本省父老在安庆、芜湖两个地方，立了两个平民教育的厨房。各县正在闻风兴起的时候，安徽马少甫将军诬为过激党（指共产党），暗示停顿”。并提出推行平民教育十项建议：消除马少甫之误解，恢复安徽省公署和教育厅的平民教育，视察监狱的平民教育，恢复平民教育促进会，教育厅长为会长，训令省视学分赴各县提倡平民教育，训令县知事提倡平民教育，训令全省学校兼办平民教育，通令私塾采用《千字课》，召集全省教育行政人员、县教育会代表会议议决平民教育之方针及分期进行办法。

1925年2月中旬，陶行知被安徽省教育会公推为列席善后会议教育委员会的代表，下旬又当选为该委员会理事，他多次参加会议，直接推动了争取教育经费独立、制定教育基金专款和小学教育由国家补助薪金等议案的成立。但由于善后会议只是大小军阀的分赃会议，主持者关注的是地盘和军费的重新分配，教育委员会实为象征性摆设，吵吵嚷嚷数月之后不了了之，曾经寄予一定希望的陶十分失望。

陶行知不只关心家乡的教育，还关心家乡的交通，积极参与1925年徽州旅杭和旅沪同乡发起修建屯溪到昌化公路的活动，希望全徽人民大合作。1927年1月4日，他发出给徽州同乡的公开信《徽州人的新使命》，认为徽州有瑞士的天时地利，但没尽瑞士之人事，“唯独有自立、自治、自卫能力的民族，才能享和平的幸福”，提出徽州全体人民团结起来，振兴全徽的教育，开采全徽的矿产，革新全徽的农村，发展全徽的交通，培养全徽自立、自治、自卫的本领，以谋全徽人民的幸福。把徽州人民做成国家有智慧，有实力，有责任心的国民。

五　试验理想觅曙光

平民教育运动实际上依然是在城里普及教育，而城市只占中国很少一部分，广袤的乡村对轰轰烈烈的游行和运动尚未有闻问，陶行知感到乡村比城里更需要教育，1926年后，他不仅将眼光转向乡村，而且投身到了乡村教育中。

晓庄师范大礼堂——“犁宫”。

教农携手下乡村

1921年12月，陶行知在一次陪同孟禄的讨论会上表示："中国的农民占85%，设立师范学校，宜顾全农家子弟。"

1924年7月下旬，陶与赵叔愚教授一起到南京郊外参观燕子矶国民学校，很受感动，这所学校不但教学生读书，并且教学生做事，改造学校！改造环境！认为它是一所"用钱最少成绩好的活学校"。创造这一新纪元的是校长丁超夫妇，丁超夫妇带领师生将在关帝庙里的校舍安排得妥妥当当，又将树从学校门口栽到燕子矶顶。村民不讲卫生，他就带领学生一回一回地扫，直到村民自觉维护清洁卫生。如此全校无事不举，大家分任，没有听差，学生肯做事，会做事，又省钱，得到社会的信仰。陶说："省钱不为稀奇，省钱而有这样的成效，却是难能可贵的。"回南京的路上遇上大雨，陶、赵二人浑身湿透，赵却连说："值得！值得！值得！"陶则作诗为乡村人民请命：

男学生，女学生，结了婚，做先生。那儿做先生？东村或西村。同去改旧村，同去造新村。旧村魂，新村魂，一对夫妻一个魂。

1924年8月9日，陶行知在《平民周刊》撰文祝贺农民联合会成立，指出："农民所尽的义务最多，所享的权利最少。""我们觉得现在农民所最需要的是自立，自卫，自存。……农民是目的不是工具。我们是替农民指导正路的，不是要农民一味闭着眼，跟着我们走的。真正的农民合作或联合，要立在教育的农业和农业的教育上。”

1925年8月，陶行知在改进社四届年会的学术演讲中说：“提倡以乡村学校为改造乡村生活之中心，乡村教员为改造乡村生活之灵魂。”并组织改进社的特约乡村小学——南京燕子矶小学与明陵小学等相互参观，取长补短，以提高教育质量。12月6日，陶参加北师大教育系发起成立的乡村教育研究会成立会，会上，他主张先试办小学，再试办乡村师范学校，以为改良乡村生活之中心。

1926年1月8日，他发表《师范教育下乡运动》一文，文章提出了“乡村师范学校负有训练乡村教师，改造乡村生活的使命”的观点。3月，改进社下设乡村教育研究部，聘请东南大学乡村教育教授赵叔愚、金陵大学农业教授兼农场主任邵德馨（仲香）为研究员，两人共同调查沪宁路沿线优良乡村学校现状，筹办试验乡村师范，图谋乡村教育之改进。9月，改进社聘请丁超对沪宁一带乡村学校进行考察以作为改进的依据。9月中旬，江苏省教育会邀集研究及办理乡村学校的人员在南京贡院开会，陶提出乡村标准学校最需要的是“要有农夫的身手，教师的头脑，社会改造家的精神”的校长。10月5日，依据丁超的介绍，陶、赵、邵到江宁县立师范参观，当看到尧化门小学校长宋鼎带着学生整理校景时，宋对陶说：“你所说的乡村标准校长的三层资格，我们就拿到这里来实行了，我们每天天没亮就起来过着农夫的生活，大家都快乐得了不得。”陶对此佩服不已，以致徐卓夫校长要他对学员演讲，陶没说两句就眼泪滚了下来，全堂肃静无声。他看到学校让教员和学生穿着围裙轮值在厨房做饭，以适应教师到乡村任教的能力需要时，便向全国县立师范提出：“不会种菜，不算学生；不会煮饭，不得毕业”的口号。并意识到“办师范更应学小学”，“中国的师范教育过了二十多年的黑夜生活，到现在居然要天明了，要看见阳光了，要吸收朝气了，真是快乐啊”！称该校为中国师范教育开了新纪元，是服务中国乡村生活改造的“天将明的中国师范教育”。

1926年10月5日，陶给妹妹文渼写信请示用母亲的寿礼办乡村幼稚园：“为全国幼儿教育筹募百年基金，使一切寿礼尽归训练幼儿师资及开设模范乡村幼稚园之用，事为善举，似属可行。尚望代为委婉请示。”9日，陶依据丁超的调查又到无锡河埒口开原乡第一小学自由参观。他注意到这所小学的表册很系统，很有意义，其中儿童所好教科之统计、儿童志向之统计、毕业生状况之统计、学生自治事业均很有新意。学生的自治组织称为新民村，新民村里设有村民大会、村务会议、村政厅、村议会、裁判所，村长就是校长。学校为陶举行的欢迎会，是由学生自己筹备、自己主持的。陶在欢迎会上就“知难行易”和“知易行难”的道理向学生演讲，觉得“真是我平生第一次最可纪念的经验”，认为“开原第一小学最大的特长就是有最敏捷、最切实的方法引导学生组织积极的活动”。

陶行知的妹妹陶文渼热心乡村教育，在晓庄创设了农妇工学处。图为陶文渼在田间。

同年11月21日，陶发起的改进社特约乡村学校在明陵小学召开成立大会暨第一次研究会。陶与王柏秋、赵叔愚、邵德馨、丁超以及各乡村学校教员参会。陶提出这个会议的目的在于分工研究，共同改进。要做三件事：读书；参观学校（参观费由陶去筹）；分科研究，把研究所得编为教材。会员就个性喜欢研究的科目分别签名，会议决定研究会每月召开一次。会议请赵拟订研究会章程，最后由陶作《我们的信条》的报告。陶说，从事乡村教育的同志“要把我们整个的心献给我们三万万四千万农民。我们要向农民‘烧心香’，我们心里要充满那农民的甘苦”，必须有一个“农民甘苦化的心”才配为农民服务，才配担负改造乡村生活的新使命，必定能够叫中国个个乡村变做健全的自治单位。这是我们绝大的机会，也是我们绝大的责任。并提出教育是国家万年根本大计、生活是教育的中心、教育应当培植生活力、教学做合一、乡村学校应当做改造乡村生活的中心等十八条信条，与会者一致通过。

1926年12月3日，《中华教育改进社改造全国乡村教育宣言书》发表，提出：“乡村学校做改造乡村生活的中心，乡村教师做改造乡村生活的灵魂。我们主张由乡村实际生活产生乡村中心学校，由乡村中心学校产生乡村师范。乡村师范之主旨在造就有农夫的身手，科学的头脑，改造社会精神的教师……我们已经下了决心，要筹募一百万元基金，征集一百万位同志，提倡一百万所学校，改造一百万个乡村。”12日，陶在上海邀请改进社在沪社员在职工教育馆召开乡村教育讨论会，袁观澜、黄炎培、赵叔愚等30余人到会。赵报告了拟设试验乡村师范学校第一院计划，陶报告一年来考察所得，说“乡村教育是改进社会最重要之事业”，并作了《中国乡村之根本改造》的著名演讲，直击中国乡村教育问题，并提出未来发展方向：

中国乡村教育走错了路！他教人离开乡下向城里跑，他教人吃饭不种稻，穿衣不种棉，盖房子不造林。他教人羡慕奢华，看不起务农。他教人分利不生利。他教农夫子弟变成书呆子。他教富的变穷，穷的变得格外穷；他教强的变弱，弱的变得格外弱。前面是万丈悬崖，同志们务须把马勒住，另找生路！

生路是什么？就是建设适合乡村实际生活的活教育！……活的乡村教育，要教人生利。他要叫荒山成林，叫瘠地长五谷。他教农民自立、自治、自卫。他要叫乡村变为西天乐园，村民都变为快乐的活神仙。以后看学校的标准，不是校舍如何，设备如何，乃是学生生活力丰富不丰富……这种活的教育，不是教育界或任何团体单独办得成功的，我们要有一个大规模联合，才能希望成功！那应当联合中最应当联合的，就是教育与农业携手。中国乡村教育之所以没有实效，是因为教育与农业都是各干各的，不相闻问。教育没有农业，便成为空洞的教育，分利的教育，消耗的教育。农业没有教育，就失了促进的媒介……那最应当携手的虽是教育与农业，但要求其充分有效，教育更须与别的伟大势力携手。

这一演讲显示他依据深思熟虑的理论，抱着远大的抱负走下乡村。

晓庄开创新时代

陶行知意识到中国乡村教育走错了路，便从基础的基础着手，培养乡村教师做改造乡村生活的灵魂，办起了中国现代教育史上放射光芒的晓庄试验乡村师范学校。

1926年，陶开始筹划创办试验乡村师范学校，他借助南京安徽公学在人力、物力等方面的大力支援，开始筹措经费、寻找校址、聘请教师。他找到南京燕子矶附近老山下依山傍水，桃林似锦的小庄村，陶对同行的赵叔愚说：“老山太老了，这名字不好，不如叫劳山。小庄也应改叫晓庄。我们在这里创

陶行知（右）与赵叔愚（左）到燕子矶选择校址。

办试验乡村师范，在劳力上劳心，中国的教育必将从这里破晓，放出曙光。”校址由是选定。

1926年12月17日，《新教育评论》第3卷第3期发表署名陶知行的《试验乡村师范学校第一院简单草案》，文章明确了办学的宗旨、目标、课程、学生要求等各项内容，并以南京燕子矶小学、尧化门小学、明孝陵小学作为特约中心学校。12月31日，江苏省教育厅函复改进社准予设立试验乡村师范学校：“事关改进乡村教育师资，自当尽力赞助。”

1927年1月1日，试验乡村师范筹备会在南京安徽公学召开，陶与第一院筹备主任赵叔愚，第一中心小学校长丁超，第二中心小学校长宋鼎，第三中心小学校长钱向志等议决筹募开办费、经常费、聘请指导员及3月15日开学等事宜，陶任主编的改进社乡村教育同志会会刊《乡教丛讯》亦创刊。3日，陶应徽社之请在青年会演讲时说，试验乡村师范学校的目的是依据乡村实

晓庄师范特约中心小学 —— 燕子矶小学外景。

际生活造就乡村学校教师、校长、辅导员，主张："中心小学是师范学校的主脑，不是师范学校的附属品；中心小学是师范学校的母亲，不是师范学校的儿子；中心小学是太阳，师范学校是行星。师范学校的使命是要传布中心学校的精神方法和因地制宜的本领。"该校各科教师称为指导员而非教员，他们指导学生教学做，与学生共教、共学、共做、共生活。学校准备了田园200亩供师生耕种，荒山十里供师生造林，以最少量经费供师生动手自造茅草屋居住。教师不仅是教书，学生不仅是读书，他们是到这里来共同创造一个学校。从院长直至学生，谁不能造成茅草屋谁就只能永久住在帐篷里。试验乡村师范的精神，可以拿本校校旗之意义来说明：旗之中心有一个小圆圈，里面有个"活"字，代表所要培养之生活力；圈外有个等边三角，代表教学做三者合一；三角上面有一个"心"放在当中，表示关心人民甘苦之意；左边有一支笔，右边有一把锄头；三角之外有一大圆圈放射光芒，好比是太阳光；四面有一百个金色星布满全旗，代表一百万个学校，改造一百万个乡村，使个个乡村都得到光明，合起来造成中国伟大的光明！总之，“乡村教育的生路是：我们要从乡村实际生活产生活的中心学校，从活的中心学校产生活的乡村师范，从活的乡村师范产生活的教师，从活的教师产生活的学生、活的国民”。新建学校的蓝图已经明晰。

1927年1月10日，试验乡村师范学校招生广告于各报章杂志刊出，报考资格中除文化要求外，强调“愿与农民共甘苦，有志增进农民生产力，发展农民自治力者，皆得投考。倘有志兴办乡村小学者，为预储师资起见，选择合格学生，保送来校投考，尤所欢迎。少爷、小姐、小名士、书呆子、文凭迷最好不来”。15日，陶到无锡河埒口开原乡第一小学参加改进社特约乡村教师第三次会议。这天他回复清华学校大学部学生操震球请求报考试验乡村师范的来信：“您在清华学校好比是天上的天使，皇宫里的王爷，现在要发宏愿，放弃养尊处优，回到人间，过我们茅草屋的生活，这种‘佛不入地狱，谁入地狱’的精神，简直要叫我们五

晓庄师范时期的陶行知。

体投地的佩服。”把甘苦利弊明明白白地告诉他，希望慎重考虑再行决定。16日，《试验乡村师范学校答客问》在《乡教丛讯》上发表，说明试验就是用科学的方法去探新的生路。学校暂定收20名学生，只要有一个合格学生学校都是要开办的。

2月4日是大年初三，为准备初四举办的试验乡村师范学校立础礼，陶当晚住在农民陆建祥家，用稻草搭地铺，与耕牛同睡一室，他在家信中乐观地写道：“晚上打地铺，睡在稻草上，暖和的很，比钢丝床还有趣。我们六个人睡在一铺，一位是我自己，一位是钱向志先生，三个安徽公学的校工，还有一个，你们猜是谁？猜得着的将来可以多吃一块糖……你们怕是猜不着的，待我说来：他是一条耕田的水牛，睡在我们旁边，脾气很好，也很干净。第二天教育厅长到了，陪客的也是这条牛大哥。”5日即正月初四，恰是立春，试验乡村师范学校举行校舍立础礼（即奠基礼），同时举行城乡平民团拜，江苏省教育厅长江问渔等一百多人从城里带来五六百件玩物给乡村孩子；乡下来了二百多人，其中一百多位是小孩子，陶说他们得了玩物都笑嘻嘻的像个活神仙。

2月10日，改进社聘请的试验乡村师范学校董事在上海功德林开第一次董事会，陶行知主持并报告以小学为中心办师范的主旨，赵叔愚报告第一院筹备情形，详细叙述了指导员人才物色、校址选择、经费筹措以及学生招考等事宜。会议接着议定组织大纲、董事会简章、会计规程、本年一至六月预算等，推袁观澜为董事长（后董事会改选，推蔡元培为董事长，王云五为副董事长）、王云五为司库、江彤侯为监察部长、陶为董事部书记兼校长、赵叔愚为第一院院长兼研究部部长。第二院专收女生（后改为幼儿师范院），须到下学期开办。

曹聚仁读过《答客问》后，“深觉乡村师范的办法，真是中国教育的还魂丹”，他父亲从清末即以乡村生活为训练方法，得悉陶行知的做法“欢喜极了”，曹聚仁介绍自己学生中立志乡村教育的王琳报考。陶2月11日回复曹道：

“人生得一知己，可以无憾，既承嘉许，自当力图实现，以副厚望。”在给王琳的信中说：“纸上谈教育或农业，原来与纸上谈兵一样，何能发挥效力！你说‘洋八股’依旧是一个‘国粹’老八股，离开整个生活，以干禄为目的，也是千真万确的。我们现在要打倒的就是这八股教育，干禄教育。我们决定不再制造书呆子和官僚绅士。你愿意舍身从事适合农村生活的教育，我们是十二分的欢迎，我们可以共同为中国教育寻觅曙光，为中国教育探获生路。”2月中旬，陶委派钱向志在晓庄附近的佘儿岗筹办晓庄小学作为师范的中心小学，3月5日晓庄小学开学。

3月1日，陶行知与赵叔愚联名在《乡教丛讯》上发表《告来本院应试的同志》，交代了具体事项和招考日程：“三月十日报到，十一日上午考试国文、常识测验、智慧测验；下午演说及辩论；十二日上午垦荒施肥，下午修路；十三日揭晓；十四日办理入学手续；三月十五日开学。”因当时正值北伐军进逼南京，“临了，还要告诉诸位：本校誓与村民共休戚。村民既须在枪林弹雨之下耕种，吾校断不因时局不靖而辍学，故投考开课均照公布之日期办理，决不变更。”11日至12日，陶主持试验乡村师范学校的招考，考场设在燕子矶头的茅草屋里，在通往南京的“三路交通，俱已断绝”的情况下，仍有13人冒着战火，从镇江、苏州、上海、杭州、安徽、江西、湖北及北京等处冲破重重困难来到晓庄，大家都很高兴，学校也很欢迎。考试前体格检查，国文试题是《孟子说“劳心者治人，劳力者治于人”这话对吗》，因时局不稳，所有考卷阅后都藏入地窖里。演说的试题20个，头一天就公布了，在考试前五分钟由学生抽定一题临时准备即登台演说，限五分钟，讲完与否都得下台，指导员评分，中心小学的师生和附近的农民都来听讲。劳动考察则用白粉为每个考生划一块荒地，各人拿着山锄挥锄开荒。考生们先是汗从额角上渐渐渗出，继之喉间喘气作响，再是薄脆的手皮所浸出的鲜血染红了锄柄。13日，陶在家信中道：“当这风声鹤唳草木皆兵的时候，只望有三个人来，已是天字第一号，如今三上加十，恰是基督十三门徒之数，大家都为我们庆贺。还有二十多人请假补考。来到的人都非常有精神，真是可喜！”并说安徽公学、燕子矶小学和试验乡村师范已与红十字会合作，严格训练，准备救助战争伤员。

3月15日，试验乡村师范学校举行开学典礼，师生们一早就从燕子矶小学出发，大家穿着草鞋，有的扛着帐篷，有的拿着绳索，到了晓庄搭成四座帐篷，供来宾休息，用木料搭成高台，向农民借了张八仙桌，几条长板凳排列着，会场布置得十分简朴。参加者除13位学生和指导员外，还有江苏省教育厅长江问渔、安徽公学校长姚文采、东南大学教授陈鹤琴等人，更多的是附近的农民从各村敲锣打鼓前来祝贺，男女老少，穿着新衣，挤满了会场。爆竹一响，锣鼓齐鸣，与北伐军的枪炮声汇成一片，校旗慢慢升起，庄严肃穆。

陶行知校长发表了热情的演说：“晓庄异于平常的学校有两点，一无校舍，二无教员。大凡一个学校的创立，总要有房屋才能开课。我们在这空旷的山麓行开学礼，实在是罕见的。要知道我们的校舍上面盖的是青天，下面踏的是大地，我们的精神一样的要充溢于天地间。所造的草屋，不过是避风躲雨之所，本校只有指导员而无教员，只有比较经验稍深或学问稍好的指导者，所以农妇、村妇、渔人、樵夫都可以做我们的指导员，因为我们很有不及他们之处。我们认清了这两点，才能在广漠的乡村教育的路上前进。”接着小学师范院赵叔愚院长、来宾、指导员演说，学生代表致答词。接着举行了几个中心小学儿童的表演，武术指导员表演武术。开学典礼在《尽力中华》的歌声中结束。陶以十分愉悦的心情，在一牛栏旁摆好几张八仙桌招待来宾、农友代表及师生吃饭。饭菜很简单，仅是青菜豆腐，但大家都兴高采烈。

试验乡村师范开学之时也是学校建设开工之日，学员和指导员立即投入到紧张的建校劳动中。学生们自己扫地、抹桌、弄饭、洗碗、打补丁，脱了鞋袜穿着草鞋种田地，组成红十字救护队，为乡下小学生种牛痘、医秃头疮。师生们在辛勤的劳动中喊出了几句诗：

拔茅草，搬石块，自己的学校自己开。

互相教导，互相信赖，读书不做读书呆。

分析过去，抓住现在，创造将来。

3月24日，北伐军进驻南京城，晓庄师生和南京市民一起走上大街热烈欢迎北伐军。其时，英、美、日、法、意等帝国主义国家猬集长江的舰队借口保侨，疯狂炮轰南京，打死打伤两千余中国人，造成了震惊中外的“南京惨案”。晓庄学生参加了江苏省和全国的学生联合会，积极协助组织农民协会，开展反对土豪劣绅的斗争。在配合北伐军与市民深入调查时，发现土豪缪子欣通敌，收购粮草接济溃军，查获并扣留停泊在燕子矶江边资敌的两船柴草粮秣。经与农民协会商定，把民愤大的土豪劣绅抓起来开大会公审。

晓庄学校只有1000元的开办费，为筹措经费，3月31日晚陶来到上海。上海正电网密布、杀机四伏，第一晚陶就差点无处住宿。4月2日，陶行知在给乡村师范全校同志信中道：“这个学校不但要做中国教育革命之出发点，并且要做世界教育革命之中心。这是我们全体同志的学校，不是一个人的学校。……上海杀机四伏，倘使外国炮火把我顺便轰死了，这封信就算做我的遗嘱。倘诸事办理就绪，仍得生还，必当穿着草鞋与诸君共同耕种，并从事增进农民之生产力与自卫力，以为全世界农民解放之准备。”陶一面办学，一面筹款，他常常是“量出为入”而不是“量入为出”：先计划做多少事，要用多少款，一面动手做，一面去筹款。同时对一桩事总有两个预算：一个最高的，一个最低的。能够达到最高的预算固然很好，达到最低的预算也还可以减省一点做得成功。学校条件虽然艰苦，但大家都能泰然处之。李楚才在写真晓庄生活的《破晓》中说：“我们倘然饿死，也是为乡村教育而死。”

5月16日，陶从北京到上海看到王琳两封因经济困难请求贷学金或以工助学的信居然搁了一个多月，心里万分不安，他回信道：“学生因经济困难退学是最悲惨的事情，平日以师生同甘共苦相号召的乡村师范，见此情形而袖手旁观，也是不可思议的。我们因经济困难的缘故而失去同志是最可耻的。老实说，从下个月起，我也和你一样了，半个钱薪水也拿不到了。我预备翻书过活，日里为乡村教育努力，晚上翻书，这就是我的预定的计划。我决不想走近路。你万一没有别的法子，我每月多写两千字也够助你成功了。你放心，我们二十几个人，每人少吃一口不就够了吗？”

为使学校有一个稳固的经济基础，陶两地四处奔波，并想出使有钱人乐意出钱，有力者愿意尽力的各种办法。晓庄缺少房子，陶就用在一省募集的捐款称“省款”，在一县募集的称为“县款”的办法，先后建起浙江馆、安徽馆、河南馆、休宁馆。如果是大家出钱建立的，就来一个民主的命名，先由大家对每一所房子尽量提名，再来一次命名大会，表决通过。自开学后，他在外筹款进行得比较顺利。战争发生时，学校组织红十字会与妇孺收容所，增进了学生的办事及为地方服务的能力，后鲁军溃军过境时，该地幸免于难，当地人士因此对学校感激不尽。

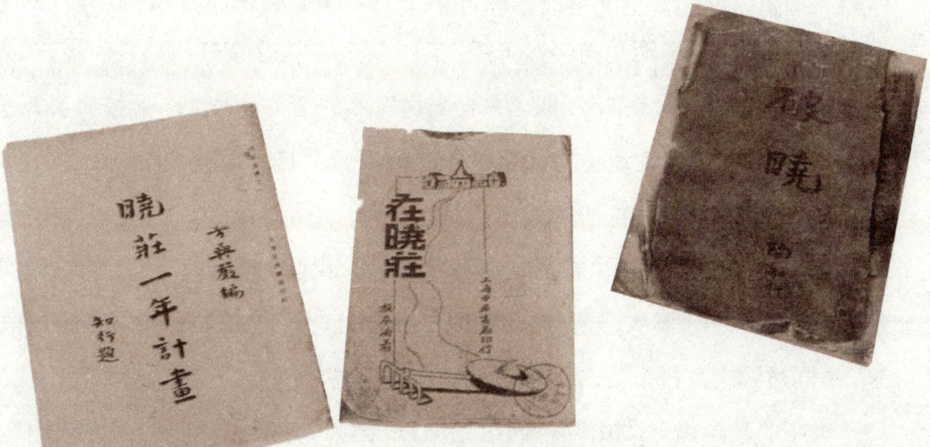

晓庄师范学生编著的部分书籍。

晓庄生活不宽裕，却很民主，寅会是晓庄师生工友“同甘共苦，共同立法，共同守法”一天民主集体生活的开始。寅会时有三五分钟的“精神讲话”，不是先生训话，而是师生工友的思想交流与结晶的发掘、传播。由于方式生动、活泼，鼓励着每个人奋发前进的情绪和意志。会上大家报告、讨论一天工作的分配和学习的计划。早操后，全体动员做清洁，工友因有其他紧要事务可以不参加。早餐后各人依照个人计划配合着公众计划，进行紧张、愉快的生活、工作、学习。每星期六下午或晚间举行生活周会，检讨和总结本周全校性的生活、工作、学习并做下周的计划。一切通过集体来计划和以民主的方式进行，以培养学生自动、自觉遵守民主纪律的习惯。虽然，开始犯过不少平均主义和浪漫式民主的错误，但参加者都是学校主人的意识毕竟已经养成。学校里的事都经过民主议定，陶在举行寅会的“犁宫”大门两旁挂上“和马牛羊鸡犬豕做朋友，对稻粱菽麦黍稷下功夫”的对联。

6月上旬陶行知一回校，就和师生们一起盖茅屋，同生活，同劳动，同学习。学校建厕所命名为“黄金世界”，建厨房命名为“食力厅”，建图书馆命名为“书呆子莫来馆”，让人一见即知警惕不要做“书呆子”。女生宿舍在桃园边，定名“桃花村”，象征着女青年的蓬蓬勃勃。幼稚园在樱桃园畔，定名“樱花村”，象征着幼儿的轻盈可爱。后来陶全家从北京迁到晓庄，盖了一座与普通农舍无异的茅草房，取名“五柳村”。“犁宫”建成后，学校寅会形成制度，每日寅时师生轮流主持10至15分钟讲话。6月15日，陶在家信中说自己：“快乐得像活神仙一样。整日打赤脚、穿草鞋，自由得很。昨天竟这样走进城和穿马褂的先生们一块儿吃饭，别有兴味……我们大家抱了一个方针：应守纪律的地方，绝对服从；应当自动的地方，绝对自由。时局太平了，家搬到南方来，一同过这个乡村生活，那就格外快乐了。”

晓庄的教学做计划由师生们讨论编订，因为到穷乡僻壤当小学教师不会烧饭便要饿肚皮，就设烹饪教学做。7月10日，晓庄信用合作社建立，陶发动学生与周围的村民交朋友，创设农村改造设计会和民众学校，并将会朋友作为一项制度。8月14日，南京市教育局局长陈剑修、学校教育课课长陈鹤琴、局内职员及全市各校校长教员30余人到晓庄参观。陶校长在欢迎会上致词："既有国民政治上的革命，同时还须有教育上的革命。政治与教育原是不可分离的，二者能同时并进，同时革新，国民革命才有基础和成功的希望。"并报告晓庄创设经过，主张全部生活是"教学做"，实际生活就是全部课程。他批评拉东洋车的教育："自各国回来的留学生，都把他们在外国学来的教育制度拉到中国来，不问适合国情与否，只以为这是文明国的时髦物品，都装在东洋车上拉过来，再硬灌到天真烂漫的儿童的心坎里，这样儿童们都给他弄得不死不活了，中国也就给他做得奄奄一息了！"陶坦承自己从前也是东洋车夫之一，现在觉悟到这是害国害民的事，是万万做不得的，而需要在中国实际生活里面找问题，在实际问题上一面工作，一面极力谋改进和解决之道。

晓庄师范在燕子矶办的民众图书馆。

1927年9月，晓庄师范招收第二期学生，方与严等九人先后入学，并首次招收了两名女生。指导员除陶行知、赵叔愚、陈鹤琴外，还有吕镜楼、邵仲香、杨效春、马绍季、于振声、韩凌森、宋鼎等。10月2日，蔡元培与著名天文学家、中央观象台台长高鲁等到校参观，蔡氏到校就董事长职。在欢迎会上蔡作了题为《教学做合一是很自然的》的演讲，他说："我挂了一个空董事长的牌子，第一件事晓庄重视教学做合一我就没有做到。但我是极相信教学做合一是至理，而且是很自然的……诸位到此，都抱有大志研究乡村教育，这是我非常赞成的。我不能和诸位共同生活，很抱歉，但我在旁边，当极力帮助诸位成功，祝诸位努力。"蔡给予鼓励，并书写《十八信条》，以后悬挂在"犁宫"壁上。

11月7日，陶在寅会上说，王国维在《人间词话》里所说的三境界是晓庄产生的"催生娘娘"，鼓励学生树立先天下之忧而忧的高远志向，看清并铭记人民的隐痛，为人民牺牲了一切终不懊悔！并认为"从事乡村教育的同志，都要经过这种境界"。9日，他把农民所喜闻乐见的山歌调改成《锄头舞歌》，作为晓庄校歌，教育农民锄去野草好长苗，求出头，争自由，来革命，要奋斗。

12月2日，晓庄全体同志写信提出办一个活的新年展览会，决不以陈列馆的物品为范围，生活所表现的地方就是展览会的地方。最好的展览品，就是一个一个的活人在社会里所表现之精神，最好的是与农民合作之事业：合种的田，合修的路，合办的消防，合享的娱乐，合编的山歌。新年时家家贴着学生所书的春联，岂不是一个最好的展览吗？再次便是晓庄自然环境之缩影：晓庄地质、晓庄昆虫……晓庄十八景三十六景之照片是很有趣味的，题词要有诗意。最后乃是学校的历史、现状与计划。

1927年12月，时任河南督军的冯玉祥电约陶行知出任河南省教育厅厅长，陶回电说："晓庄事业，我要用整个的身子干下去。"冯再三邀请他帮规划教育，推行部队识字运动，并答应捐一笔款给学校。而当时任河南教育厅厅长的凌冰和陶是好友，他也要陶到河南去一趟，只要能够去，就是一天也

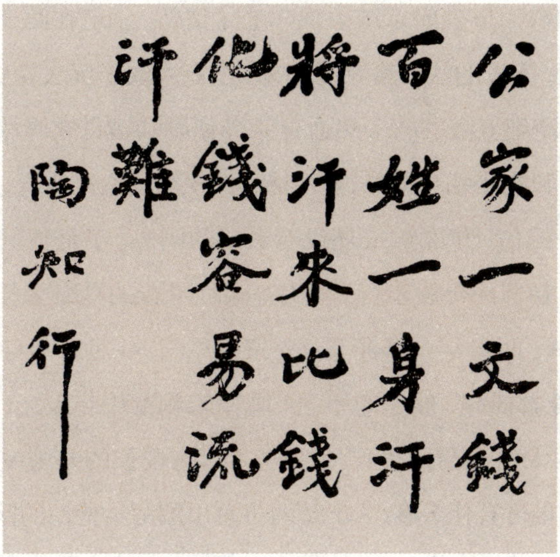

陶行知手迹。

好，而且允诺为晓庄造一所房子作为报酬。如此诚恳的邀请，陶是不能不去了。但晓庄初创，校务繁忙，事多任重，去否意见不一，他不愿擅专，就召集生活会议讨论，表决结果，多数主张去，但要求限期该月21日前回校，如过期就要处罚。当时正值战事，交通随时可能中断，这是一个过分苛刻的条件。12月5日，陶与许士骐启程赴开封、郑州等地实地考察，襄助冯氏及教育厅厅长凌冰制订普及军人识字教育计划。13日，他给晓庄全体同志写信，说冯玉祥在进城的中山门上写着："一文钱都是百姓的血汗，不准妄用。"称赞这才是真正的革命精神啊！

12月21日，到了陶行知应该回校的日子，太阳已经快落下去了，大家正在散步，好事者正谈论着看陶迟回受处罚，话声刚了，远远就见陶先生笑容满面在山边出现了，大家欢呼着拥上去。此行获得的捐款在晓庄增盖了河南、陕西、甘肃三馆。当年方与严以学生身份负责生活指导部考核股的工作，陶平时离校都要向他请假，如果因事进南京城去偶尔忘了请假，一定在路上请人代他补假。校长如此守法，学校的法自然尊严起来，没有人敢于玩法弄法了。

1927年冬，从贵州颠沛到上海的两个热血青年孙铭勋和戴自俺偶然看到《试验乡村师范答客问》和晓庄招生简章，感到新奇，便写信给陶校长，大约5天后即收到陶热情欢迎的信，并说学校还没有贵州的同志。于是他们就从上海到南京，在一个大雪初霁的早晨步行到晓庄。通往学校的马路旁挂着白底黑字的十八信条标语牌，两青年一条条看，一条条思索，一种神圣感油然而生。走不远遇到一位身着棉袍、腰系布带、头戴罗宋帽的中年人，正手执一把大竹扫帚在扫雪，两人便上前问道："请问先生，陶校长的办公室在哪里？"对方反问："你们找他可有什么事？"于是两位拿出陶写给他们的回信，不料对方把帽子往上一推露出整个脸来："我就是陶行知。好，我扫完这一段，到办公室去谈。"两位青年人要帮着扫，陶不放手接着扫。这样的人格魅力像磁石一样一下子将两位青年人吸引住了。

1928年春节，陶校长提议开展向村民送春联活动，大家推举陶校长担任指导，陶要求春联须有新内容，能迎合农民的心意，每人至少创作一幅，书写两幅。同学们新作的对联有："天人共欢喜，日月自更新"；"民意即天意，今年胜去年"；"一村读书者，尽是种田人"；"山中有佳境，村里无闲人"；"同心家计裕，合力国本强"；"旧邦已随旧年去，新命当偕新日来"；"莫与旧年谈旧事，且从新日作新人"；"春夏秋冬日日好，东西南北路路通"；"但愿中国书呆子，尽化乡村种田人"。虽对仗不算工整，却使学员得到很好的锻炼。

晓庄倡导充分运用自然和社会中活知识进行教育。姚文采任生物课，第一次拿了一本书去上课就碰了一个大钉子。陶说："文采！你来上课吗？你要先把书本摆在一边去！"姚说："我教了十多年的生物学了，还不行吗？"陶说："不行，你要随时教育，随地教育，随人教育，才行得通啊。"姚只好回城，一路想着，竟想通了。于是姚文采在教学中，把捉蛇的请来，教学生捉蛇、认蛇，教他们认识治蛇咬伤的草药；把挖草药的请来，教学生认识各种草药；把种花木的请来，教学生种各种花木的方法；把中国科学社的专家请来，教学生辨科别，定学名，采集动植物，制标本。过了一段时间，晓庄遍处有花有木了，周围的植物都挂起了学名牌，学校建起了生物室，生物室成了随时随地随人教育的大课堂。陶称赞说："行了！行了！"依照这样的教育主张，晓庄学生学会捉蛇、挖草药的人不少，还可卖钱来补助生活费用。

1928年1月9日和11日，陶在《民国日报》等报刊发表《艺友制师范教育答客问》：晓庄将联合市立实验小学、鼓楼幼稚园、燕子矶幼稚园、燕子矶小学和尧化门小学招收艺友。阐明"凡用朋友之道教人学做艺术或手艺便是艺友制"，教师的职务也是一种手艺，跟朋友操练比从师来得格外自然，格外有效力。所以想要做好教师，最好是和好教师做朋友。艺友制是要与师范学校相辅而行，而不是替代师范学校。凡学校有一技之长的教师便可招收艺友，从幼稚园到研究所，都可试行艺友制。

2月，晓庄师范招进第三期学生郭凤韶、叶刚、刘焕宗（即刘季平）等30余人，他们中有的曾在家乡进行反土豪恶霸斗争，有的因曾在原校参加革命运动被学校开除失学，他们来到晓庄受到了陶校长和全体师生的欢迎。2月10日，晓庄学校与中华职教社合办中心木匠店、佘儿岗中心茶园。中心茶园由黄志诚负责筹办，农友陈金禄任经理，陶行知和马绍季医师为指导，为农民提供休闲场所。中心茶园内设乒乓球、围棋、象棋、胡琴、笛子等文体用具及图书，每天下午3时至晚上7时，师生轮流去说书，讲卫生常识、时事新闻，说笑话，唱山歌小调等。茶馆内由一年长农妇烧水冲茶，水费很低，目的在于传播文化，开导思想，团结相互，发展生产，移风易俗，改造社会。中心茶园的三副对联别有趣味："嘻嘻哈哈喝茶，叽叽咕咕谈心"；"多谢你来帮助，少了我也不行"；"为农民教育之枢纽，是乡村社会的中心"。

为了试验师范学校以中心小学为中心的理论，陶设计在晓庄周边创办多所中心小学，希望用最少的钱来办丰富的教育，计划用30元开办费及每月6元经常费办一所乡村小学。3月7日，由晓庄学生谢炜棨、韩度开办的吉祥庵中心小学开学。该校校舍借用庙宇的三小间房，一间的前半间作办公室，后半间是和尚宿舍，其余两间作教室，教室后边还留有神像。设备简单，所用凳子由学生自带，几张长桌也是从农家借来的。陶冒着大风雨前去祝贺，他触景生情，用北方歌谣写成小诗："风来了！雨来了！谢老师捧着一颗心来了。风来了！雨来了！韩老师捧着一颗心来了。"给小朋友、教师、家长和农友极大的教育和鼓舞。26日上午，陶参加神策门中心小学开学典礼，下午参加黑墨营中心小学开学典礼。一个月内开办了吉祥庵、万寿庵、三元庵、神策门、黑墨营五所中心小学。

吉祥庵中心小学师生合影。

1928年3月15日陶行知在晓庄师范周年纪念会上讲话。

3月15日，陶行知主持召开晓庄创校周年纪念会，并发表《晓庄试验乡村师范的第一年》，提出要用爱与诚感化村民，“真正的共同生活必须大家把人格拿出来相互摩擦”，认为“乡村教育之能否改造，最要紧的是要问我们肯不肯把整个的心献给乡村儿童”。晓庄制订了三年内的计划，农民送来了“爱我农村”“新我农村”等匾额。3月24日，筹创的晓庄联村救火会成立。

晓庄的创办迅速在全国各地引起关注，各省竞相创设乡村师范。1928年3月底，蒋梦麟、沈定一来校参观，并与陶商谈在浙江创办乡村师范学校事宜。4月1日，陶应邀到浙江参加设立乡村师范的第二次筹备会议，与会者决定将创办浙江省立乡村师范一事委托给陶，经费由浙江大学区负责。6月24日

浙江湘湖师范校舍。

开第三次筹备会议，决定乡村师范校长人选为陶推荐的晓庄学生操震球。27日，陶偕同晓庄第一期学员操震球、王琳、程本海三人到杭州与蒋梦麟等商议招生、建筑、学校预算、教工人选等具体事项。7月3日，陶与操震球、建筑家朱葆初到湘湖定山勘定了浙江省立乡村师范学校校址。10月1日，该校（湘湖师范）开学，在浙江扎下乡村师范之根。

4月22日，晓庄学校举办联村运动会，农民80余人参加竞赛。跑山竞赛是晓庄周年纪念举行联村运动会的重要节目之一，大学院院长蔡元培、副院长杨杏佛偕同吴稚晖等到会。吴稚晖豪兴勃发，加入跑山竞赛，杨和陶也笑嘻嘻地一同加入竞赛，蔡因患脚疾而谢绝参加竞赛。运动会上，农夫跳锄头舞，农妇跳镰刀舞。自陶提倡这两种舞蹈以来，农友热烈欢迎，附近各村庄，常发出这种歌声，此落彼起，荡漾在山间田野。由晓庄男女同学20余人在3000人的会场中表演的蓑衣舞，别有风趣，飘逸如仙。4月，陶主持晓庄指导员会议，决定充实生物学研究的设备，拨专款加强晓庄科学建设。5月1日，陶带领全校师生搬运山石筑路，做粗工八小时以纪念国际劳动节。他还组织“五四”和“五九”纪念会，组织对日、英经济绝交委员会，提倡乡村卫生运动——灭蚊蝇。

1928年7月，晓庄第一期学生结业，陶发表临别赠言，鼓励大家发扬晓庄精神。

晓庄村1927年12月18日曾出现土匪，此后南京郊区常受散兵游勇和土匪的侵袭、威胁。学校得此教训，便于1928年7月召集160多个村长会议，发起组织联村自卫，陶任团长，刘季平任副团长，请内政部拨给旧枪30支及子弹，请冯玉祥派人任教习。冯也到晓庄学校参观，陶带着冯到学校边上的唐姓村民家吃饭，冯同意捐款在校内建一茅草房，命名为“冯村”。8月18日，陶给冯的信中道：“我们从刘队长及六位同志那里学来的，不是武八股，是真本领……

1928年8月，晓庄联村自卫团成立。

我们办晓庄学校的宗旨是要提倡真知识打倒文八股，昨天才知道，文八股之外还有武八股。”26日，有人将一封恐吓信放在晓庄操场上道：“陶知行，你办你的学校，何必干预我们的事，现在本旅长向你们要大洋三万元，限期交到指定地点，少一个都不行。否则我们要和你们较量一下，晓庄三里路内，杀得鸡犬不留。”陶看信后十分镇定，召开了自卫团会议，加强了武装守卫。数日后，匪徒又寄来一信，把陶大骂一顿，陶看信后付之一笑，召集大会讨论应对办法。陶在大会上很风趣地说：“土匪来了不要怕，我们正可以办土匪教育，劝他们改邪归正。鸡犬无辜，何必杀它一个不留，哈哈！”并加紧操练联村自卫。土匪得知晓庄戒备森严，终不敢轻易来犯。

1928年8月1日，晓庄试验乡村师范改名为晓庄学校，并设社会、农事、音乐、数理化、医药卫生、儿童文学等组，在指导员指导下编制教材供中心小学教学做之用。还成立了科学社，秉志、姚文采等兼任指导员，由学生自行研究，并发布宣言。8月1日，科学社致函中国科学社，说明晓庄“首重科学之发展，而科学中尤特别注意生物学”，感谢秉农山悉心指引方法和张宗汉、方炳文两位襄助，“为促进乡村科学化起见，深愿与贵社发生更密切之关系，以收合作之效”。

1928年8月，晓庄师范招收第四期学生，陆维特、徐明清、汪达之等60余人入学。这年夏，中共晓庄师范支部建立，第一任书记为刘焕宗，1929年春刘调市委宣传部工作，由石俊接任支部书记。同时还建立晓庄共青团组织，第一任团支书是徐明清（曾用名徐一冰、徐明），1930年3月徐调党支部工作后袁咨桐接任团支部书记。晓庄师范共产党员和共青团员合计约二三十人。

1928年夏天，北固乡蝗虫成灾，陶和一位农友带队到蝗灾区扑灭蝗虫。秋天，南京大旱，陶又带领师生与村民一起抗旱。他得悉社会上青年毕业即失业，精神苦闷，甚至有人到屹立长江之滨的燕子矶投江时，就亲自撰写特大醒目的两块标语牌立在燕子矶的危险处。一块写着：“喂！死不得！人生为一大事来，应当做一大事去。您年富力强，有国当救，有民当爱，何可轻死！”另一块写着：“请你想一想：死有重如泰山，死有轻如鸿毛，你与其为个人的事情去死，何如为中国的乡村教育事业努力而生呢？”两块牌子都写着“陶知行题”，不少轻生的青年见此牌而放弃轻生之念。

1928年9月12日，赵叔愚院长因感染脑膜炎而不幸去世，年仅40岁。赵长陶3岁，曾一起就读于汇文书院，毕业于金陵大学，都曾留学哥伦比亚大学，都曾工作于东南大学。他尽力协助筹办晓庄学校并担任第一院院长，因其是国民党员，1928年初奉党部之调筹备无锡民众教育学院。挚友离去，影响巨大，陶用复述赵的经典话语的方式写下挽诗：“人生在世三大事：‘做工，求知，管政治。’病时补述人生观：‘康健，快乐’，不可易。至理名言能医国；国医不能医自己。此日农家同悲恸：归去来兮，晓庄、无锡。”并于当年10月1日在《乡教丛讯》发表情深意切的《祭赵院长叔愚兄文》，称他“千真万真的活在晓庄每个人的心里”。

1928年秋，晓庄已名震四海，各地来参观学习者络绎不绝。一个星期六下午，从和平门到燕子矶忽然布满了卫队和便衣，五步一岗，十步一哨，原来蒋介石和夫人也慕名前来参观。晓庄每天有两到三名学生作代表专门接待参观者，那天恰逢刘世厚值日，他陪蒋介石夫妇参观学校。宋美龄不断地说：“蛮好！蛮好！”他们走到桃花村、书呆子莫来馆前，蒋指着门前挂的牌子问：“这是什么地方？”刘答：“图书馆。”蒋“唔”了一声。刘说：“请进去看看吗？”蒋晃了晃头。走近“犁宫”，蒋问：“这是什么地方？”刘答：“这是我们的礼堂。”陶校长正在主持晓庄全体同志生活周会，正在讲话，刘说：“蒋先生是否要陶校长来一下？我可以去通知他。”蒋说：“不。我路过这里随便看看得了。”他经过樱花村（晓庄中心幼稚园），看见后山坡上有一座堡垒，特别高声问：“那是干什么的？”刘答：“那是联村自卫团团部。”蒋追问：“有枪吗？”刘答：“有的，经内政部领照的旧枪，联村防土匪用的。”蒋头一晃，几个便衣便立刻跑到堡垒门口，亮出手枪站在两旁。蒋问："可以进去看看吗？"刘答："可以。"刘先领几个便衣进去全面检查，连值班的床铺也仔细翻看了一遍，看完后出来，便衣向蒋作了报告，另一便衣还拍了照。蒋又指着附近山坡上那两栋草房，问："干什么用的？"刘答："西坡上的草房叫五柳村，是陶校长的住宅；东坡上的草房是冯焕章先生花钱建的，叫冯村。"蒋问："你是学校里的先生吗？"刘答："我们学校里先生同学一样，都要做学校各种工作。"蒋问："这就是生活教育吗？"刘答："是！"蒋声音拖得很长地"唔"了一声，这时蒋已走到佘儿岗中心花园附近，便乘坐小汽车到燕子矶去，参观时又遇上了秉农山博士带领学生在田间上生物课，秉博士并未过来迎接蒋夫妇，这使蒋觉得受到冷落，而陶则认为蒋与一般参观者是平等的。

11月24日，陶在《破晓》序中说："在晓庄一切诗化：困难诗化，所以有趣；痛苦诗化，所以可乐；危险诗化，所以心安；生死关头诗化，所以无畏。这是建设的达观主义，也可以说是创造的乐天主义。"经过一年多，晓庄学校发展得生机勃勃。师范生一开始就住在农民家里与农民做朋友，后来到乡村"会朋友"成为一个制度。会朋友时，朋友在干活就帮助干活，边干边谈家常。一个师范生（包括长期参观在内）一年之内要找到几个农民和儿童做亲密的朋友，详细了解他们的家境、身世及生活痛苦，年终要提出详细的报告，作为考核的成绩。校本部称为"后方"，学生入校一段时间就被派或自动要求到被称为"前方"幼稚园或小学里去参加工作。每周举行一次"前方教学做讨论会"，轮流在一个幼稚园或小学里举行，后方的全体师生（除因事外）及前方的工作人员都得出席。前方所需要的材料方法工具等都可以要求后方供给，后方工作的中心目标是为前方服务。毕业生则到四乡八邻办起作为师范学校主脑的七所中心小学和三所中心幼稚园；在小学附近办民众茶园；每一所小学都设立民众夜校，帮助乡村民众取得文化工具与一般知识。师生共同组成乡村教育先锋团，陶任团长，设团务会议，共同接受团规和团务会议的

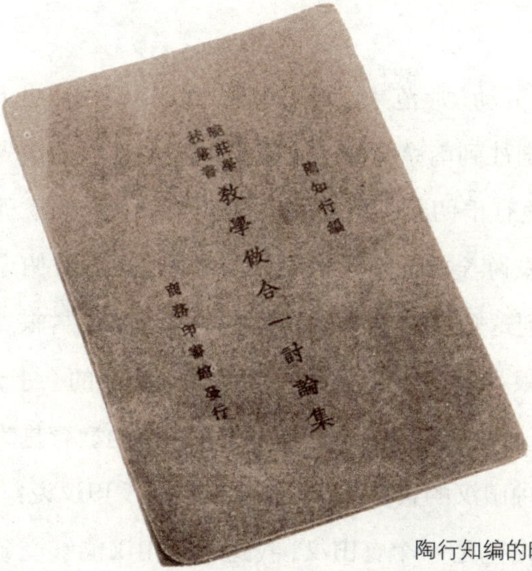

陶行知编的晓庄学校丛书之一《教学做合一讨论集》。

制约，使“人人没有特殊的权利，人人没有特殊服从的义务”。教学做合一成为校训。学校还办起了乡村医院、农艺陈列馆、晓庄商店、合作社。概言之，晓庄不是关起门来办学校，而是独创了一种与农村实际生活密切相关的教育和办学形式。

1929年新春，陶和晓庄师生又创作了好些脍炙人口的对联：“以教人者教己，在劳力上劳心”；“以宇宙为学校，奉自然作宗师”；“在立脚点谋平等，于出头处求自由”；“从野人生活出发，向极乐世界探寻”；“镰刀到处无荆棘，锄头底下有自由”；“书到用时方恨少，事非经过不知难”；“四体不勤，五谷不分，孰为夫子？小疑必问，大事必闻，才算学生”；“搜集问题，分析问题，解决问题，是好教育；发明工具，创造工具，运用工具，乃真文明”。新聘到校任文史课的贵州老教育家黄齐生先生也写了一副对联：“披荆斩棘，万丈高楼从地起；知难行易，一声长啸破天荒。”有位同学认为“知难行易”不符合陶先生的思想，提议改为“知行行知”。

1929年初，晓庄学校成立乡村妇女工学处，聘陶文渼为指导员，招收乡村青年妇女农暇上学，农忙劳动，师范生已婚或未婚妻不识字的，也可就读。1月20日，田汉领导的南国剧社到南京公演，陶得知后致函："欢迎诸先生下乡现向说法，以慰渴望。此地有千仞岗，可以振衣；万里流，可以洗脚，下乡一游，亦别有乐趣。兹公推农友陈金禄、教师赵颜如前来奉约，如蒙俯予接见，不胜感激之至。"田汉接到这热情洋溢的信，踏着三尺深的积雪来到晓庄，连车子翻在沟里也不管，跟大家一起步行到校。在欢迎田汉的会上，陶说："晓庄是为农民办的学校，农民是晓庄师生的朋友，晓庄的教育是为种田汉办的教育，所以我以一个种田汉的资格来欢迎田汉先生。"田汉说："实不敢当，我是一个假田汉，陶先生是一个真田汉，我这个假田汉能够受到陶先生这个'真田汉'以及晓庄的许多'真田汉'（农民）的欢迎，实在感到荣幸，我们一定要向真田汉学习。"舞台在晓庄学校"犁宫"前临时搭起来，剧社演了田汉创作的《卖花女》、《湖上的悲哀》、《苏州夜话》以及莎士比亚的《约翰的头》等剧，《卖花女》最受晓庄师生和农民的喜爱。公演引起晓庄师生对话剧的喜爱，从饭厅到卧室都会听到念台词的声音，陶便兴致勃勃地推动师生演话剧。在南国社的指导下成立了晓庄剧社，叶刚、谢炜棨、陆维特等约30余人热忱参加，推陶为社长。陶还早晚抽空创作剧本，写出《香姑的烦恼》、《爱的命令》、《生之意志》、《死要赌》等独幕剧。陶亲自登台演出，在田汉写的《苏州夜话》剧中饰老画家；在《生之意志》剧中饰演老父，谢炜棨演儿子。剧社正式建立剧务、导演、化装、布景等组织后，于1929年11月由南京出发，去镇江、无锡、苏州、常熟、嘉定、宝山、上海、杭州、萧山等地演出一个多月，共演34场，报纸评价"晓庄剧社赚了许多观众的眼泪"。

由于农民生活困难，缺医少药又迷信神佛，小病也往往成为致命之症。晓庄创校之始即建立乡村医院为师生和村民服务，培养乡村教师必须有一定的医药卫生知识，必须从实际生活中获取真正的知识。1928年下半年卫生部曾派人与学校合作卫生实验，经过半年多实践成绩很好，于是卫生部划定学

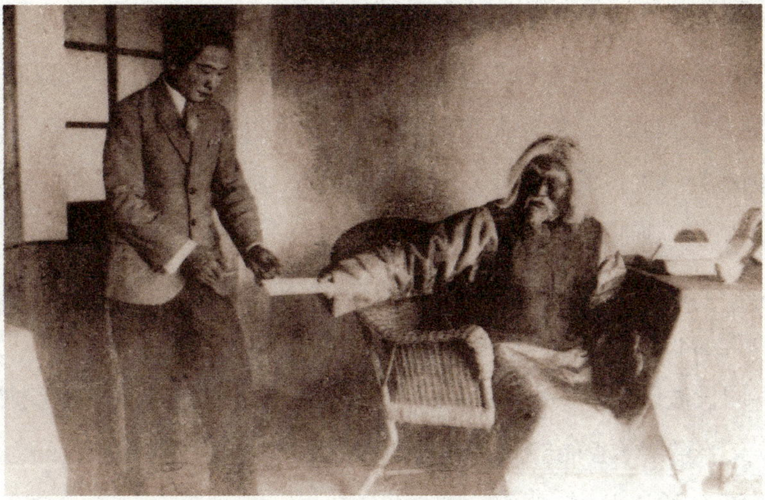

1929年1月，陶行知（老者）演出《生之意志》剧照。

校及附近农村为乡村卫生模范区，进一步订立该区乡村卫生初步实施计划，委派陈志潜医师为该区主任，在晓庄、燕子矶两处设立乡村医院，承担疾病治疗及流行病防治工作，并组织农民开凿深井，改善饮水。1929年2月初，晓庄附近的农村被卫生部划为乡村卫生模范区。

1929年3月15日，学校举行建校二周年校庆运动会。附近农民数百人牵耕牛，携扁担，敲锣打鼓前来参加。“犁宫”前大广场上，锣鼓喧天，人声鼎沸，身上披红的耕牛比赛后，接着举行农民和学生的挑柴、挑水、山歌比赛，又有武术表演、锄头舞、镰刀舞等节目，别具风格的纪念活动开风气之先。这天出版的《乡教丛讯》发表了陶的《对于乡村教育及本校赞助人之总致谢》，列举了作本校雄厚后盾的程霖生、范静生、袁观澜等一长串单位和个人名单，并将晓庄经费来源公诸社会，以争取多方面的赞助。

在1929年春的一次寅会上，陶征求三个自告奋勇的同志去淮安办新安小学，每月只拿八元钱伙食费，没有薪水，当场有李友梅、吴辅仁（庭荣）、蓝九盛自告奋勇报名。寅会后陶召集他们三人谈话，提出三点希望：一是到那里去创造，不是去享受，是去为农人和儿童谋幸福，三人要和衷共济，凡事都以农人和儿童的利益为前提。二是要在教育上革命，进而办一种革命的教育。如果到那里去仍然办一种传统的学校，那就不必多此一举。要抱着我们的主张到那里去开疆拓土，到那里去作一种新教育的试验。三是为那里的农人和儿童办学校，这个学校办起来，马上就是那里的全体农人和儿童的共有物，不要把他们看成是你们三人或者此外的任何一个人的私有品。要和当地的农人联合起来，共同设法以谋学校之进展。要训练当地的农人能够起来自己保护自己的学校，又要培植学生能够起来办理他们自己的学校，这种新教育的力量才能永远产生新的效力。

1929年6月6日，陶遇到一喜一悲的两件事：喜的是他用自己的60元钱打了几张桌椅，把淮安河下莲花街新安会馆一间厢房粉刷了一下，开办起新安小学；悲的是他唯一的妹妹陶文渼逝世，哀痛之极，唯能写下《文渼指导之遗志》一文。

1929年夏，为了解决农村孩子升中学的问题，晓庄创办劳山中学招收初中一年级学生，第一期学生40余人。陶的四个儿子都按自身情况在晓庄中、小学受教育。有位朋友劝他把自己的孩子送到大城市上学，他回答说："我自己办的学校连我自己都不信，把孩子送到城里去，那成什么话！"直到晓庄学校被封闭，他才把长子陶宏送到南开去学习。7月8日，晓庄举行全体会议议决试行学园制，对课程进行了一次较大改进，把原有的各小学改为学园，由一位园长率领若干志趣相投的师范生去作更深入更具体的试验，计有晓庄学园、和平学园、三元学园、万寿学园、吉祥学园等等。陶兼和平学园园长，以艺术（包括文学、戏剧）为试验的中心；将劳山中学改名为劳山学园，专门试验乡村青少年教育；将神策门等四所民众学校联合为蟠龙学园。9月29日，又开会议决将几个幼稚园集合成蟠桃学园。

新安小学部分师生在古庙校舍前合影。

10月15日，美国哥伦比亚大学师范学院克伯屈参观晓庄学校，陶在有师范同学、小朋友参加的会上致欢迎词："现在世界上能够给我们最有价值的指导的怕只有克先生。这不是平常的开会，倒是一个四代同堂的家庭会。"克伯屈说："这学校是我这几年天天所思而想要看到的一个学校。"对晓庄的试验精神、为农民服务、实现理想的目标大加赞赏，并称这就是教育革命的策源地，希望能够亲眼看到这种学校的精神充分传布到中国，还拍了影片带回美国。12月4日，上海圣约翰大学授予陶行知科学博士荣誉学位，表彰他在中国教育革命和科学推广方面的成就。17日，乡村教育先锋团举行大会，决定出版《乡村教师》周刊，陶被推为筹备委员会委员，24日又被推为《乡村教师》周刊编辑委员会主席。

上海圣约翰大学校门。

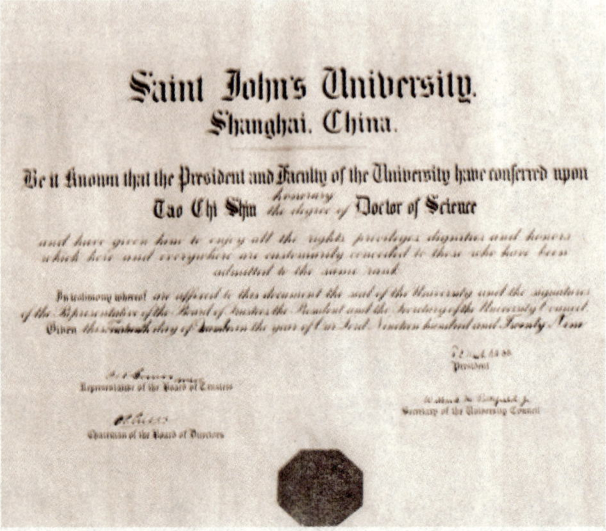

圣约翰大学授予陶行知的科学博士荣誉证书。

12月20日，陶将自己的感慨写成短诗《小庄晓》，序说："晓庄原名小庄，后面有老山，亦改为劳山，以寓在劳力上劳心之意。"诗文道：

老山劳，小庄晓：新时代，推动了。

老山劳，小庄晓：咱锄头，起来了。

老山劳，小庄晓：伪知识，消灭了。

老山劳，小庄晓：士阶级，下野了。

1929年南京大旱，用水困难，和平学园开办时第一件事便是打井。学校开井献给全村公用，但该井每天出水二百担，不敷全村之需。大家因争水甚至武力相向，学校也没有水吃了，有人主张由学校限制各户取水量，但这样做与生活教育的主张不符。12月29日下午5时，每家派一位代表召开村民大会，和平学园园

和平学园的民众学校举行开学典礼。

长陶行知和几位师范生组织了一个顾问团，坐在中间指导开会，公推一位12岁的小朋友做主席，会中以老太婆发言最多最扼要。大家共同议决：水井每天休息十小时（自下午7时至凌晨5时）不许取水，违者罚银一元充修井之用；先到先取，后到后取，违者罚小洋六角充修井之用；公推刘世厚为监察委员负执行处罚之责，雷老先生为开井委员长筹款加开一井。茶馆、豆腐店应多出款，富户劝其多出，于最短时间由村民合力开新井。陶发表感想说：民主运动要以对于民众有切身关系的问题为中心，不要以为老太婆小孩不可培养，只要有法子，只要能从他们迫切的问题着手。做民众运动要陪着民众干，不要替民众干。

1930年新年，陶倡导大家一齐过有计划的生活，受有计划的教育。年前晓庄学校指导会议通过了《晓庄学校民国十九年的计划大纲》，要求每个团体和个人都要订出下年的工作计划。陶个人的计划分为时间分配和生活举要两部分17条，包括各处的筹款、撰稿、编剧本、寅会演讲、与同志讨论人生问题等工作，以及研究面包问题、恋爱问题等。晓庄被封闭后部分计划散失，在校刊《晓庄战报》保存下来的尚有团体计划7种、个人计划63种。自元旦起，大家即按团体计划与个人计划向前迈进。

3月15日，陶发表《晓庄三岁敬告同志书》，指出："晓庄是从爱里产生的，没有爱便没有晓庄。因为他爱人类，所以他爱人类中最多而最不幸之中华民族；因为他爱中华民族，所以他爱中华民族中最多数而最不幸之农人。""有了爱便不得不去找路线，寻方法，造工具，使这爱可以流露出来完成他的使命。流露的时候，遇着阻力便不得不奋斗，与土豪劣绅奋斗，与外力压迫奋斗，与传统教育奋斗，与农人封建思想奋斗，与自己带来之伪知识奋斗。"社会的中心问题便成为学校的中心问题，生活教育的使命是教导乡下的阿斗做中国的主人。"凡是凭着特殊势力，以压迫人民，致民之欲不得遂、民之情不得达的，都是我们的公敌。"要负起这个使命不能不有特殊的修养：一是自立与互勉，做人中人；二是平等与责任，共同立法，共同守法；三是自由与纪律，晓庄不但是平等之乡，而且是自由之园，大部分的生活都是供大家自由选择，学园的成立由园长选同志，同志选园长，试验自由是各学园的础石；四是大同与大不同，晓庄是一个"人园"，在这里面的人都能各得其所，现出各人本来之美，以构成晓庄之美，现出一种和谐的气象。而非要找出一个人中的模范教一切人都学成他一样，晓庄的同志要创造出和晓庄大不同的学校才算是和晓庄同，才算是第一流的贡献。最后指出："乡下阿斗没有出头之先，我们休想出头。乡下阿斗没有享福之先，我们休想享福。"

3月15日至17日，晓庄举行三周年庆祝活动，各界前往观礼，举行专家演讲以及社会革命等各种展览（纪念会时并有小学生游艺），晓庄剧社演剧、联村运动会、耕牛比赛、联村自卫团操、锄头舞、蓑衣舞表演、联村救火演习、国术表演、修筑道路、植纪念树等纪念活动掀起晓庄学校教育革新运动的最后一次高潮。

生成生活教育论

1927年至1930年，在以前经验和理论积累的基础上，陶行知的生活教育理论形成，其理论主要包括生活即教育、社会即学校、教学做合一、在劳力上劳心等基本命题，并在晓庄进行实践和试验。

1918年，陶意识到："生活主义包含万状，凡人生一切所需皆属之。其范围之广，实与教育等。"1921年在金陵大学暑假学校讲《活的教育》时，第一次定义生活教育为：Education of life, by life, for life。1925年底，他在南开大学演讲"教学合一"，张伯苓建议改为"学做合一"，陶受此启发悟出"教学做合一"，成为陶氏生活教育理论的最基础而又最具内核性的命题。他在南开中学部以《学做一个人》为题演讲，认为生活能独立，有自己独立的人格，不被贩卖或是受金钱的贿赂，不一身兼营数事的人才是整个的人，并提出三种要素：健康的身体，独立的思想，独立的职业。他做《自立歌》勉励学生：

滴自己的汗，吃自己的饭。自己的事儿，自己干。靠人靠天靠祖先，都不算好汉。

1926年2月5日，陶发表《整个的校长》，依据"整个人"的逻辑，提出"心挂两头"分心的人是个命分式的人，"我希望现在以总长兼校长的诸公都自动的辞去总长或校长，以校长兼校长的诸公都自动的以担任一校之长为限"。10月，陶在南京中等学校训育研究会上提出真正的训育是品格修养之指导，要在"事"上去指导学生修养品格，"办训育的人要打破侦查的技术，丢开判官的面具。他们应当与学生共生活、共甘苦，做他们的朋友，帮助学生在积极活动上行走”。要打破治事、品行分家的二元论，在知识品行合一上研究办法，训育者“最大责任是引导学生参与现代人生切要的生活，于一举一动前能下最明白的判断”。

11月5日，陶发表《我之学校观》，认为：“学校以生活为中心。一天之内，从早到晚莫非生活，即莫非教育之所在。一校之内，从厨房到厕所莫非生活，即莫非教育之所在。学校有死的有活的，那以学生全人、全校、全天的生活为中心的，才算是活学校。”“康健是生活的出发点，亦就是学校教育的出发点。”学校“必须与社会生活息息相通。要有化社会的能力，先要情愿社会化”。“不能共同改造学校环境而侈谈社会改造，未免自欺欺人”。“高尚的生活精神不用钱买，不靠钱振作，也不能以没有钱推诿”。12月3日，他发表《中国师范教育建设论》，对教学做合一原理作了比较系统的叙述，提出：“教什么？怎样教？教谁？谁教？”是师范学校的基本问题，“师范学校的目的是要造就有生活力的学生，使得个个人的生活力更加丰富、润泽、强健，更能抵御病痛，胜过困难，解决问题，担当责任”。主张自然、社会里的幼年生活需要是中心学校的中心，师范院校要以中心学校为中心。

1926年底，陶在筹建试验乡村师范的各种文告中系统地阐述了他的生活教育主张。12月26日，石民佣等人质疑他的观点，1927年2月3日陶回信，感激石民佣等人给了他一个反省的机会，申明：“我的言论是根据自己直接的观察，不敢武断，也没有一概抹煞。我尊重诸位先生的态度；但是仁者见仁，智者见智，遇到不能苟同时，当然不必苟同。”曾经在常熟任过八年乡村小学校长的蒋爱真等人写信并附志愿书要求加入乡村教育同志会，陶回信，对蒋所说的“教学做三事合而为一的教育，不独是改造乡村教育应当如是，就是要改造中国的虚伪的、欺诈的社会，也非提倡此种教育不行”表示赞同，认为任何人才训练皆适用“教学做合一”，并书赠对联“以治人者治己，在劳力上劳心”。

1927年3月17日，陶写信告诉大儿子陶宏望多学做事，主张：“有书读的要做事；有事做的要读书。先生不应专教书；他的责任是教人做人。学生不应当专读书，他的责任是学习人生之道。我要你们做有知识、有实力、有责任心的国民，不要你们做书呆子。”“做的时候要读什么书就读什么书，书只是工具，和锄头一样，都是为做事做的。”

晓庄开办后，办学实践中遇到的各种问题促使陶行知完善他的生活教育理论，并利用寅会演讲等各种形式，宣传他的理论。

1927年5月15日，陶给试验乡村师范全体同学写信道：“我们的真正指南针是实际生活。实际生活向我们供给无穷的问题，要求不断的解决，我们朝着实际生活走，大致不至于迷路。”6月3日，他在晓庄寅会上讲《行是知之始，知是行之成》，举了日常生活和科学发明的大量例证，并以《墨辩》提出的亲知、闻知、说知，通过证明“闻知、说知都是要安根在亲知里面”，说明“行是知之始，知是行之成”。7月1日，他在《乡教丛讯》上发表文章称：“我们这里的教育是从野人生活出发，向极乐世界探寻。”因为野人生活最富于问题，令我们思想，要我们解决，倘使不振作精神，当机立断，必定不堪言状地痛苦，甚而至于死路一条。因此必须发明、创造、运用身体以外的工具。生活教育教人发明生活工具，制造生活工具，运用生活工具。真正的生活教育必须以生活工具为出发点，“教育有无创造力，也只需看他能否发明人生新工具或新人生工具。中国教育已到绝境，千万不要空谈教育，千万不要空谈生活；只有发明工具，制造工具，运用工具是真教育，是真生活”。19日，他在寅会演讲《农夫的身手》，认为：“农夫的身手是本校第一个教育目标。我们师生都是认清这个目标来的。”“从事乡村教育革命必须有农夫的身手，反对农夫的身手，就是反对乡村教育革命。”

8月初，陶行知演讲《如何教农民出头》，认为农民要出头，关键在于农民能自主。要实现这一点，就得教农民实行把民权操在手中，运用国家的权力来出头；训练农民执民权，教他们运用选举权、罢官权、创制权、复决权。他还以《平等与自由》为题演讲，认为真平等是“大家在政治上要站得一样平，经济上也要站得一样平”。对于自由，他认为中国人骨髓里都含有无政府主义，要救中国切不能提倡一盘散沙的自由，批评孙中山“革命成功后，团体能自由，个人不能自由”的说法，强调“出头出要自由”。9月14日，他给文渼妹的信中说自己作了一副对联：“在立脚点谋平等，于出头处求自由。”并说：“出头处有自由才能进步，才能生存，不许人出头，或是把人家的头压下去，使得我的头看见似乎比他高些，便是侵犯人家的自由。”

10月26日，陶在寅会上演讲《政治家与政客》，认为：“政治家的存心，只是一个诚字，一伪就变成政客了。政治家的动机是为公众谋幸福的，有所私就变成政客了。政治家的进退以是非为依据，若随利害转移就变为政客了。政治家的目光注射在久远，若贪近功，就变为政客了。政治家为目的而择手段，政客只管达到他的目的而不择手段。政治家是‘富贵不能淫，贫贱不能移，威武不能屈’；政客就不然，他的主张随富贵而变，随贫贱而变，随威武而变……政治家以‘正’为家，政客是‘正’之客，自外于‘正’的人。政客只怕天下不乱，政治家只求天下之治平。”

11月2日，陶在寅会上演讲校训“教学做合一”，强调：“教学做是一件事，不是三件事。我们要在做上教，在做上学。要做上教的是先生，在做上学的是学生。从先生对学生的关系说，做便是教；从学生对先生的关系说，做便是学。先生拿做来教，乃是真教；学生拿做来学，方是实学。”一个活动对事说是做，对己说是学，对人说是教。做是学的中心，也就是教的中心。操震球曾问陶：只见小孩子学，却不见他教，此处是否就“没有教学做合一”？陶答道：“小孩子也是教学做合一。教学做合一是全人类教育历程之真相，无论男女老幼，丝毫没有例外。”3日，陶讲《在劳力上劳心》，提出：“二元论的哲学，把劳心的和劳力的人分成两个阶级。”“劳力的人便成了无所用心，受人制裁；劳心的人便成了高等游民，愚弄无知，以致弄成‘劳心者治人，劳力者治于人’。”劳力与劳心分家，则一切进步发明都是不可能的，认为教学做合一的“真正之做须是在劳力上劳心，用心以制力”。5日，演讲《以教人者教己》，举了大量例证说明“‘以教人者教己’的效力之宏。从这些例证上，我们可以归纳出一条最重要的学理：‘为学而学’不如‘为教而学’之亲切。‘为教而学’必须设身处地，努力使人明白；既要努力使人明白，自己便自然而然的格外明白了”。后来进一步发展为“学七十，教八十，让九十，求一百”的十二字理论，反对自私自利的把知识藏在自己脑壳里的做法，应把知识拿出来教人，以教人者教己，如果被教的人通过学习超过老师，就应该让学生领导先生。教者、学习者都须精益求精，务必达到完美的境界。

陶还发表《伪知识阶级》一文，提出：“知识有真有伪，思想与行为结合而产生的知识是真知识。真知识的根是安在经验里的。从经验里发芽抽条开花结果的是真知灼见。”真知识没有阶级，伪知识能成阶级，“‘伪知识’阶级是特殊势力造成的，这特殊势力在中国便是皇帝”，皇帝为了坐稳江山就使天才离开真知识去取伪知识，法子有几套，照他的意旨在伪知识上用功，便有吃好饭、做大官、荣宗耀祖的希望，以致“全家全族的力量都做皇帝的后盾，把天才的儿孙像赶驴子样一个个的赶进皇帝的圈套，天下的天才乃没有能幸免的了”。中国伪知识阶级们以“读书”作为自己的“护身符”，而书只是一种工具，“与其说‘读书’，不如说‘用书’。书中有真知识和伪知识，读它一辈子，不能辨别它的真伪；可是用它一下，书的本来面目便显了出来，真的使用得出去，伪的便用不出去。”而以后的世界属于努力探获真知识的民族。凡是崇拜伪知识的民族，都要渐渐衰弱以至于死亡。应当放弃固有的伪知识，拒绝新来的伪知识，不要再把伪知识传与后辈，陪着后起的青年共同努力去探真知识的源泉。

1928年，陶行知将自己所作论文选编成《中国教育改造》在亚东图书馆出版，他的生活教育理论的基本框架即初步形成。8月15日，他在给大学生的一封信中指出，“人生为一大事来，做一大事去”，乡村教师需要生活农民化、学术儿童化、团体行动纪律化、建设工作下层化方面的进修训练。陶行知在“双十节”寅会上演讲《今后中华民族的使命》，严正指出：“假使我们晓庄学校不能叫日本人停止横蛮的侵略，不能叫日本人回到日本去，那么晓庄学校便算失败。”10月10日和11日，湘湖师范召开由全体师生参加的教学做讨论会，同学们提出了许多问题，陶随问随答，谈笑风生，同学们听得津津有味，讨论会持续到深夜才结束，次日的朝会继续举行。陶的主要论点是：道尔顿制比旧式学校自由得多，可惜它太看重书本；教学做合一以生活为中心，所有问题都是从生活中发生出来的。教学做合一是最有效力的方法，是生活的说明。乡村师范要培养乡村儿童所敬爱的导师，社会改造教学做要培养改造社会的精神。

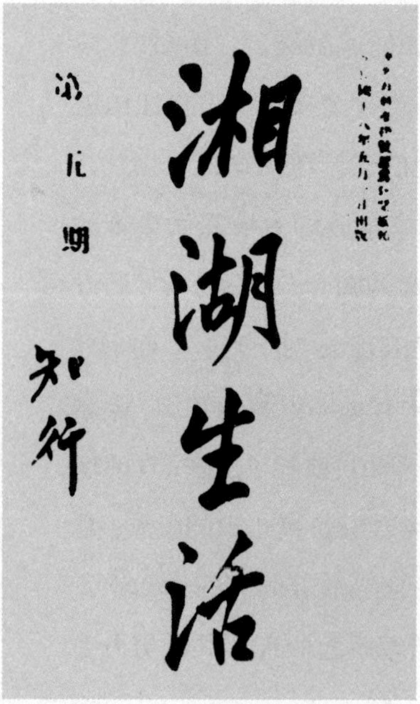

湘湖师范校刊《湘湖生活》。刊名系由陶行知亲笔题写。

1929年1月15日，陶就朱端琰来信所提教学做合一的十五点疑问予以详尽解答。因其疑问都是集中在一个“做”字上，陶说：“‘做’字在晓庄有特别定义，便是在劳力上劳心。单纯的劳力，只是蛮干，不能算做；单纯的劳心，只是空想，也不能算做；真正的做只是在劳力上劳心。”“我们不排斥书本，但决不许书本做狄克推多（dictator，意为独裁官），更不许它与‘做’脱离关系，而成为所谓‘教学’之神秘物。”指出教学做的中心是“事”，即“实际生活”，即：“战胜实际的困难，解决实际的问题，生实际的利，格实际的物，爱实际的人，求实际的衣、食、住、行，回溯实际的既往，改造实际的现在，探索实际的未来。”主张与其说“教育是社会经验的传递”，不如说“教育是社会经验之改造”。并图解亲知、闻知、说知的关系，阐述直接经验与间接经验之间“接知如接枝”的道理，“必须有个人的经验作基础，然后才能了解或运用人类全体的经验”。并归纳为：要想获得人类全体的经验必须教学做合一方为最有效；生活教育就是教学做合一；教学做合一不但不忽视精神上的自动，而且因为有了在劳力上劳心，脚踏实地的“做”为它的中心，精神便随“做”而愈加奋发。

2月，陶在《地方教育与乡村改造》一文中明确提出“教育就是生活的改造”，“改造了个人便改造了社会，改造了社会便也改造了个人”，“办学而不包含改造社会的使命，便是没有目的，没有意义，没有生气”，教师得人，则学校活；学校活，则社会活。

3月15日，陶在晓庄学校成立两周年纪念会上提出这一年里摸黑路的十项收获：一是二亲原则：与人民亲近，与万物亲近；二是教学做合一；三是集团的中心，小学教师把村民以及小学生当为合力作战的同志，力量就不孤单，把一区或一县的中心小学团结联合起来，而以乡村师范总其成，则力量就集中，收效可加速；四是乡村幼儿园；五是生活教育的五目标：康健的体魄、农人的身手、科学的头脑、艺术的兴趣、改造社会的精神；六是大家一同干才是最有效的民众运动；七是以生利训练为中心的乡村妇女教育；八是民众的武力以扫除那毁坏教育工作之恶势力；九是戏剧力量的伟大，革命的艺术下乡与革命的教育携手，成立晓庄剧社，把农民生活捧上舞台；十是想到而没有做到：县知事训练，农暇副业的重要，如何训练农民享受工业文明的利益，而不致被它淘汰，如何教机器为农民做工，而不致把农民吞掉。5月19日，陶演讲《生活即教育》，他说："教育即生活"是杜威先生的教育理论，也就是现代教育思潮的中流。我从民国6年陪着这个思潮到中国来，八年的经验告诉我说"此路不通"，在山穷水尽的时候才悟到"教学做合一"的道理。所以"教学做合一"是实行"教育即生活"碰到墙壁把头碰痛时所找出来的新路。

1930年1月16日至2月7日，晓庄学校举办乡村教师讨论会，津浦、平汉、沪杭、京沪及长江一带各县选派乡村教师及行政人员赴会，陶演讲《生活即教育》，主张"是生活就是教育，不是生活就不是教育"，康健、劳动、科学、艺术、改造社会的生活就是康健、劳动、科学、艺术、改造社会的教育，有计划的生活就是有计划的教育，生活教育是供给人生需要的教育，"社会即学校"是说整个的社会活动就是教育的范围，主张用教育的力量，来达民之情，顺民之意，把天理与人欲打成一片。生活即教育是要解放人类的，要从成人的残酷里把儿童解放出来。现代的人要过现代的生活，就是要受现代的教育，"要办今日之学校，不要办明日之学校"。2月1日，《乡村教师》周刊创刊，陶发表《乡村教师宣言》，指出该刊应当把个人心灵里的力量合起来构成乡村教育的耐亚嘎拉（尼亚加拉）大瀑布，从中所发出来的力量可以教我们有面包吃又有水仙花看，可以教农人自己从时代的车轮底下爬起来，做机器的主人，扫除伪知识，推动教育革命的法轮，打破人间的隔阂，创造一个四通八达的大同世界。陶在答操震球之问中阐明"生活即教育"极其广阔自由，是承认一切非正式的东西都在教育范围以内，是教育从书本到人生、从狭隘到广阔、从字面到手脑相长、从耳目的到身心全顾的。"社会即学校"则教育的材料、方法、工具、环境、学生、先生可以大大增加。

1931年，陶行知作《诗的学校》："宇宙为学校，自然是吾师，众生皆同学，书呆不在兹。"凝练出了生活教育的基本思想。晓庄时期所创立的生活教育理论奠定了陶行知此后二十余年教育思想的基础。

倡办乡村幼稚园

1923年到1925年，陈鹤琴在南京鼓楼幼稚园进行幼稚教育的科学实验，陶即给予赞助和支持，并共同组织了中国幼稚教育研究会。

1926年9月16日，陶致函江苏省长陈陶遗道："人格教育端赖六岁以前之培养，凡人生之态度、习惯、倾向，皆可在幼稚时代立一适当基础。"有志之士，起而创设幼稚园，但取法外国，不适国情；费用太大，不能普及；所收儿童，多属贵族。陈述自己"欲矫其弊，而创一适合国情、节省费用、裨益平民之幼稚园蓄志已久"，并告知为中国创举的燕子矶乡村幼稚园的具体方案，同时请求补助经费。23日，陈陶遗回复："实为当今切要之图，曷胜纫佩！除饬管理处筹拨开办经费五百元藉襄盛举外，相应函复。"

10月3日，在南京安徽公学召开燕子矶试验乡村幼稚园董事会，陶被推为副董事长；16日，他给张伯苓写信："请兄速设小学校及幼稚园，以慰同志之渴望。"29日，陶以中华教育改进社的名义发表《创设乡村幼稚园宣言书》，指出："有志儿童幸福的人和有志改良社会的人……大呼特呼的提倡广设幼稚园，而响应的寥若晨星。都市之中尚有几个点缀门面，乡村当中简直找不到他们的踪迹。"诉说幼稚园存在的外国病、花钱病、富贵病，"倘不经根本的改革，不但是乡村里推不进去，就是都市里也容不下多少"，进而提出应建设中国的、省钱的、平民的幼稚园的想法。

11月12日，陶行知发表《幼稚园之新大陆》一文，提出工厂与农村为幼稚园之新大陆。女工区域需要幼稚园，为儿童教育计，为女工精神计，为工业生产效率计，工厂附近必须开幼稚园；农村需要幼稚园，农忙一到，乡村小孩就缺乏照料。幼稚园老师应当做康健之神。

试验乡村师范学校设置有幼稚师范院，陈鹤琴任院长，陶打算除燕子矶幼稚园外再办两所作为师范学校的中心园。1927年11月11日，中国第一个乡村幼稚园——燕子矶幼稚园成立，它建在燕子矶山脚下，黄土墙茅屋，占地约五亩，有儿童游戏场、滑梯、跷跷板等各种设备。陶在开学典礼上说："因为母亲之爱蜜桃（陶行知四子），就联想到天下的像蜜桃的小孩，立刻决定要使全国个个乡村都有一个幼稚园为儿童造福，并立志要在这一年之内把第一个乡村幼稚园成立。"他将燕子矶幼稚园的创立作为向母亲祝寿的纪念物，请小学生每人吃一碗寿面，并为燕子矶幼稚园作对联"谁说非学校就算非学校，彼且为婴儿与之婴儿"，挂在大门旁。

1928年初，晓庄中心幼稚园在樱花村创立，陶用20元开办费，每月6元经常费就将它办起来。两所幼稚园试验研究办理农村幼稚园各方面的方法，并成为幼稚师范院学生教学做的试验场所，要求帮助农村妇女解脱农忙时幼儿的拖累，并使小学生不会因在家带领弟妹而缺课，办成中国化、平民化、省钱的幼稚园。2月29日，陶发表《如何使幼稚教育普及》一文，认为"必须唤醒国人明白幼年生活是最重要的生活，幼年教育是最重要的教育"，反对幼稚园成为富贵人家专利品，主张为全社会幼儿服务，教孩子做人中人，不做人上人，也不做人下人；改变幼稚园的办园目的，应主要为乡村妇女与女工区服务；改变训练教师的办法，提倡试验用"带徒弟"的办法来训练更多的幼稚园老师。

1928年3月15日，陶说晓庄周年最引为憾事的就是幼稚师范院招考应者寥寥。5月15日至28日，陶参加大学院召集的第一次全国教育会议，参与提出《调查全国幼稚教育案》、《注重幼稚教育案》、《推广乡村幼稚园案》、《各省各县各市实验小学设立幼稚园案》、《各省开办试验幼稚师范案》、《审查编辑幼稚园课程及教材案》等12项提案。一提案提出必须运用科学方法，分析研究，实地试验，方能免入歧途，从而达到建设适合国情的教育。另一提案要求政府“划出地方数处献于人类，俾抱有改造社会理想之学者得以运用科学方法实验极乐世界，俟有结果再行从事推广以收大同之效”。陶看到一些太太不喜欢抱小孩，便发表《孩子自己抱》的诗：“自己的孩子自己抱，不抱孩子的太太没人要！我从迈皋桥唱到夫子庙，人人都说刮刮叫。”

1929年3月，继燕子矶、晓庄幼稚园后，尧化门、万寿庵、和平门等幼稚园都办了起来，陶认为这是乡村妇女教育的大关键，应切实推广。他还在《晓庄丛书》中编写《幼稚教育论文集》，讨论中国幼稚教育的方向，介绍鼓楼、晓庄和燕子矶中心幼稚园所试验的课程、读法、设备、习惯和技能等实践经验。10月1日，晓庄将几所幼稚园合并为蟠桃学园，专门试验乡村幼稚教育。28日，陶出席晓庄幼稚教育研究会作《今日之幼稚园》的演讲，转述了克伯屈对中国幼儿教育的批评：“现在中国的幼稚园，还是二十五年以前的幼稚园”，“一切都是机械的，千篇一律，一成不变，天天在那里拍手，走走圈圈，一个老师在那里弹琴。”陶带克伯屈去看燕子矶幼稚园后，克伯屈惊讶地说：“这是很好的一种办法。”接着陶向他介绍这里所办的幼稚园要考虑平民化、经济化、适合乡村儿童生活三个目标。希望大家格外的努力，一面干，一面吸收别人的经验，要把英、法、日、美、意的一切关于幼稚教育的经验吸收进来，取长补短，冶成一炉，造成一个“今日之幼稚园”！

1929年12月25日，陶出席晓庄幼稚教育研究会，提出第二年的11项提案，并获通过。

陶行知创办的中国第一所乡村幼稚园 —— 燕子矶中心幼稚园。

无门可封绝还生

晓庄本身就是在进行社会改造和试验，它一产生就冒着风险。其中最大的风险就是它所奉行的自由主义试验与当时政府所强力推行的“党化教育”针锋相对。

1929年，考试院长戴传贤参观晓庄，陶讲求学术自由、实施进步教育的做法让戴氏怀疑陶是无政府主义者。同年秋，曾为陶的朋友、时任教育部长的蒋梦麟对晓庄教育方针故意挑剔，他忽然问陶：“晓庄进行得怎样？不会出毛病吧？”陶回道：“人也有时害病，一个团体要出点毛病是意中事。晓庄是根据五种生活施行五种教育，有一个地方会伤风，一个地方会咳嗽。”蒋问：“哪五种生活？会出毛病的是哪两种？”陶回答：“我们的五种生活是健康的生活、劳动的生活、科学的生活、艺术的生活、社会改造的生活。前三种我可以担保不会闹乱子，您如果要过艺术的生活，便难免有浪漫虫混进来叫您伤风。您若想改造社会，处处会和土豪劣绅、贪官污吏短兵相接，有时咳几声就完了，有时会受重伤，甚而至于吐血。”蒋趁机说：“你何不把后两种生活除掉？”陶幽默地答道：“五官齐备，才像一个人，谁愿意因为怕伤风而把鼻子割掉？”蒋抢着说：“那是不好割的。”陶又沉着地说：“嘴也不能封起来啊！”

晓庄是一所兼容并包的学校，既有赵叔愚、方与严、程本海、王琳等国民党员，又有杨效春、张宗麟、王洞若等国家主义成员。共产党支部于1928年夏建立，学生马纯仁1927年参加共产主义青年团，不久加入了中国共产党，曾与皖北苏维埃主席李端甫、李良才等在一个支部。马1929年被捕后，陶专派蓝九盛去苏州探监，并致函江苏高等法院担保马出狱，函道：“查该生于十七年九月来校，勤奋异常，学业成绩极优，平时言行谨饬，毫无不法举动，此知行所可担保者也。此次猝遭拘捕，校中师生莫不诧异，务祈贵院长秉公明察，庶几清白，学生得早日脱其罪之缧绁，全校师生实同感焉。”不久，马纯仁即被释出狱。晓庄1928年春季招收的第三期学生中有十余名江浙一带被缉捕的共产党员和共青团员。

陶行知对各党派的活动采取无所偏倚和不加干涉的超然态度。其间发生共产党支部赶走国家主义派的教务负责人杨效春事件，陶对共产党员学生说：“你们各方面的政治主张我不干涉，看你们谁说的有道理，你们可以自由竞争。”同时告诫：“不能害人，你们可以争论，可以讲道理，不能吵，不能告密。”[1] 而这一告诫未能被所有学生遵守，当政府派训育主任到晓庄未被接受后，便收买晓庄学生余仲篪充当内线，余直接受南京卫戍司令谷正伦指挥。

---

[1] 中央教育科学研究所教育理论研究室：《陶行知年谱稿》，教育科学出版社1982年版，第34页、第39页。

1930年2月，在中共上海地下党支持下，鲁迅等人成立了“中国自由运动大同盟”（简称“自由大同盟”），晓庄党支部即联络中央大学、金陵大学、东方中学、五卅中学等校部分师生发起组织南京中国自由大同盟分部，在劳山举行成立大会，到会百余人，晓庄学生石俊、叶刚、谢炜棨等人在大会上做了自由发言，反对独裁统治，反对封闭进步书刊，争取集会、结社、出版、言论等自由。叶刚还在会上唱《国际歌》，高呼“打倒蒋介石”等口号。最后选举刘焕宗为南京中国自由大同盟负责人，此后中共地下党外围组织在学校的各种活动更趋活跃。

3月，陶行知呈文江苏省民政厅，拟将江宁县北固乡划为晓庄学校进行村治试验的实验区，以建成自由、自治、自享的乐园，获得民政厅批复同意。3月20日至31日，晓庄各中心小学学生去栖霞山春季旅行修学，采集标本，每人要花火车费二角，有的家长说：“我们家饭也吃不饱，哪儿来的钱！”没拿到钱的同学来校就哭了，指导员问明原因后开会讨论解决办法，有的说：“我们是国家的小主人，坐火车不打票。”于是印发《小朋友坐火车不打票宣言》，大意说：小朋友是国家的小主人，应该有坐火车的权利，当官的坐大花车，有钱的坐头等车，百姓坐敞篷车，我们小朋友没钱，应该不打票，我们建议全国小朋友坐火车都不要打票，那才是孙中山的三民主义。具名是晓庄小朋友。31日清晨，晓庄各中心小学师生二百余人列队前往和平门火车站，领队向站长要求免票乘车去栖霞山旅行修学，未被许可，双方争执时刚巧一列慢车进站，只听哨子一响，各小分队有组织有秩序地上了车，站长高声叫喊：“车上要补票。”领队说：“我们共二百零九人，是一个团体，先让我们上山采集标本，还要乘车回去，请站长向上级交涉，待下午回来再办手续。”下午4时左右，师生又都拥上了车。小朋友又分发宣言给旅客，并作口头宣传。到了和平门车站，站长仍要他们补票，领队对他说：“我们身边没有钱，你们随时来我们学校算账好了。”

4月1日，晓庄师范收到铁道部长孙科派专人送来的一封信，信中说："今有自沪来客谈及某校一队学生，在和平门车站不买票乘火车，并在车上用贵校名义散发传单，十分唐突，今附传单一纸，烦吾兄查察，如属贵校部分学生所为，希加管束不应再发生；如非贵校学生所为，定将按章依法追究，希协助为荷。"陶看信后随即回信："此事确系我校学生所为，因为时间匆促，未能事先陈请批准，实在不妥。今将原传单附奉，请钧部拟定《小学生免费旅行条例》，通告全国小学试行，此亦实现孙总理民权主义之一具体措施也。"陶认为这次活动是进行一次小主人思想教育，为了鼓励小朋友，替他们在墙报上写了一首诗："生来不自由，生来要自由，谁是革命者，首推小朋友。"蒋介石知道此事后，指名骂陶行知。更令蒋氏不能容忍的是陶与冯玉祥私交很好，此时身为国民革命军正副总司令的蒋、冯二位正发生中原大战，作为南京政府的首脑，蒋氏很难容许在南京郊外有一所冯氏支援过的晓庄学校的存在。

1930年3月底，日本18艘军舰开进南京港，国民政府鸣炮欢迎，陶对此表示愤慨；4月3日下关英商和记工厂工人要求增加工资被厂方开除十余人，华工被殴，造成"四三"惨案，石俊、叶刚等带领同学赶到现场慰问受伤工人和死难者家属，并请工人代表来校演讲罢工经过，他们的血泪控诉激起大家的愤恨，当场募捐钱和衣物，支援工人罢工斗争。中共南京地下党宣传部长刘焕宗联络南京各校学生，组成"四三"惨案后援会，分赴大街小巷作口头宣传，散发传单，招募救济金，并决定在4月5日举行支援工人反帝（反对英日舰只留宁）反蒋（勾结英日帝国主义镇压屠杀工人）示威游行，在中央大学操场集合。陶4月4日通知晓庄同学次日进城游行以示支持。4月5日，晓庄队伍突破军警阻拦，与和记工厂罢工工人汇合，分成小分队进行演说，形势紧张。警察一分局派人出面调停，英国老板被迫同意罢工工人的要求，示威遂告胜利。晓庄学校队伍回校时已过午夜，人数并无缺少。

4月7日上午，蒋介石在“纪念周”上报告说：“前天和记洋行发生工潮，随着学生游行，此事教育界同市政府是要负责任的。现在共产党造谣，如果学生轻信谣言，为共产党来做工作，有越轨行为，政府要当他反革命一样处置。”蒋曾通过孙科、谷正伦威胁陶交出共产党员名单，并开除一批闹事学生。陶明确表示学生的行动是爱国的，正义的，断然拒绝。于是南京（首都）卫戍司令长官谷正伦奉命训令晓庄学校停办，于4月8日凌晨执行，教育部派赵迺传、顾树森、姜绍谟、钟灵秀、吴研因等五人为保管委员接管学校。

陶已早一日于友人处闻讯蒋介石密令晓庄停办的消息，便与师生及附近农民组成“晓庄护校委员会”，起草《护校宣言》，呼吁：“晓庄的同志，晓庄的朋友，大家一致起来，爱护晓庄，爱护人权，爱护教人做主人的革命教育，爱护向前、向上进的时代革命，爱护自由平等的中华民族之创造，爱护人人有工做，人人有饭吃，人人有水仙花看的理想社会之实现。”

4月10日，陶被教育部撤销出席第二次全国教育会议的资格。教育部事先已聘请陶为师范教育组委员，并奉教育部要求为此次会议起草20年内完成义务教育的《实施义务教育初步计划》、《实施成年补习教育初步计划》。11日，晓庄学校派代表去教育部责问被封闭原因，沿途散发《护校宣言》，部长蒋梦麟避不见面，由次长朱经农代见。朱说：“我们以为知行原是很纯洁的，谁知也是‘一丘之貉’”。陶听到后赋诗回敬这位当年曾一起推行平民教育并共同编辑《平民千字课》的老友和封闭晓庄、通缉他的“密令”执行者谷正伦：

劳山有牛，好用其角，朱先生说：“是一丘之貉。”

牛变为貉，这事可确？纪常（谷正伦）听之，磨刀霍霍。

天下的老牛，生来都有角，只因受训育，有角如无角！

无角令人爱，有角令人愕，平常当非常，老牛竟成貉！

用力耕田，应敌用角。天下的牛联合起来啊！谁敢剥削？

4月12日，蒋介石以国民政府的名义对陶行知发出通缉令：“为晓庄师范学校校长陶知行勾结叛逆，阴谋不轨，查有密布党羽，冀图暴动情事，仰京内外各军警、各机关，一律严缉，务获究办。此令！”同日，南京警备司令部布告：“照得晓庄师范学校违背三民主义，散发反动传单，勾引反动军阀（指冯玉祥），企图破坏京沪交通。本部为维护首都治安计，曾饬令暂时停办，以待整理，并商同教育部查照办理在案。此乃爱护学校之至意，原冀该校员生等悔悟前非，静候教育部办理。乃迭据报告，该校师生等执迷不悟，于教育部接收整理之际，竟敢非法组织委员会，发布宣言，四出诱惑，希图扩大反动风潮，实行破坏京沪交通，扰乱社会秩序，似此目无法纪，充满反革命思想与行为，实属不可救药。兹奉明令，将该校勒令解散，并查拿首要反动分子，以肃法纪而遏乱萌。除饬军警遵照执行外，合行布告周知。”次日南京各报登载了该布告。

4月12日清晨，五六百名武装军警强行封闭晓庄学校。到校后他们遇到一个难题，晓庄学校是与社会相通的，没有大门，封条没处贴，他们只好将封条贴在黑板上。此后，30余人被捕，1930年8月16日，晓庄学生叶刚（1908~1930）牺牲。此后牺牲的晓庄烈士还有马名驹（1908~1930）、汤藻（1908~1930）、沈云楼（1913~1930）、袁咨桐（1914~1930）、姚爱兰（1913~1930）、胡尚志（1907~1930）、石俊（1907~1930）、郭凤韶（1911~1930）、谢纬棨（1910~1930）等十余人。

4月13日，遭通缉的陶致函《时事新报》，斥责其造谣说是冯玉祥汇巨款给陶：“贵报没有言论自由，不便多所主张，我们并不苛责，但是又何必宣传谎话侮辱我们呢？奉上《宣言》一纸，希望代为披露，此信亦望登载，藉作更正……名誉是我的海伦，非请您交还不可。”此信在14日刊出，但《晓庄护校宣言》京沪各报均“奉令不登”，直到5月17日北方的《京报》采访晓庄代表刘世厚后才全文刊登。

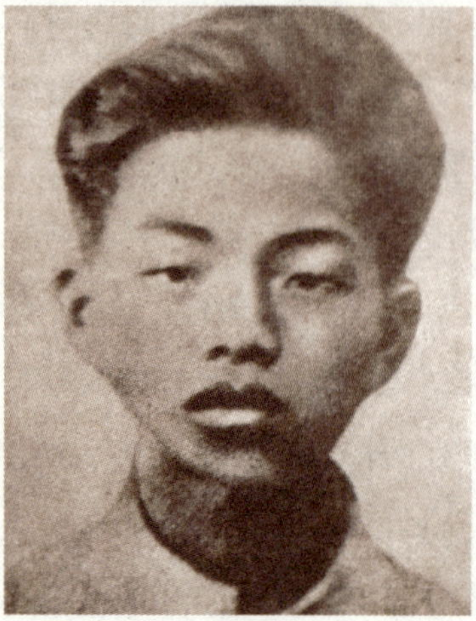

叶刚烈士遗像及其所著《红叶童话集》。

晓庄被封了，晓庄的精神不可封。一个晚上，师生代表在成贤街某朋友处讨论护校活动，发着红光的昏暗电灯下，陶突然出现了。他从容而悠闲地笑着走进屋里，大家便都静下来凝望着他，等候他说出什么喜讯或噩耗。他变得很严肃地说："我是来向你们告别的！"接着微笑说："他们下令通缉我了，这是蒋的密令，明天凌晨就要执行。我得乘今晚十一点半的快车赶到上海去！"满屋子的寂静，没有一个人愿意先说话。还是陶开口了："你们留在这儿，得当心呀，他们已经下决心来干我们了，我建议你们下乡。"态度慈爱而又严肃，他坐了一会儿，又来回在斗室中踱着，最后默默地掏着口袋，留下了一些钱给大家说："必要时，你们得向上海转移，不要硬拼！……我们还要干！"晓庄同志分散到苏、浙、皖、赣、豫、鲁、冀、甘、川、黔、粤、闽等省工作，以晓庄精神开展生活教育运动。

陶行知真的继续在干。4月30日得悉在淮安办新安小学的汪达之等四人用两件大衣跑了30里路，当不得两元钱，又饿着肚子跑回学校的事，敬佩他们在长江北岸为乡村教育史写成悲壮的一页，便署名"何日平"写信道："我们是何等的安慰而又是何等的敬佩你们啊！”并说前一个礼拜“即汇了三十元经常费给你们，可惜竹因（方与严字竹因）不慎，给扒手扒去了。但是想念着你们的困难，急的了不得，立刻又凑了一笔款寄去……捧着一颗心来，不带半根草去。你们抱着这种精神去教导小朋友，总是不会错的。”

1930年夏，陶行知在上海公共租界孟渊旅馆召集避难师友，检讨晓庄工作，辩论中国革命问题，他赞成晓庄是站在教育岗位反帝反封建，指出：“我们是实际的革命者，我们已经打了一仗，但还没有来得及回敬人家一拳，就溃败下来了。”中国革命成功非三万万农民起来不可。“教育是达到农民解放的一个工具。这个工具是重要的，但最重要的是武器。”

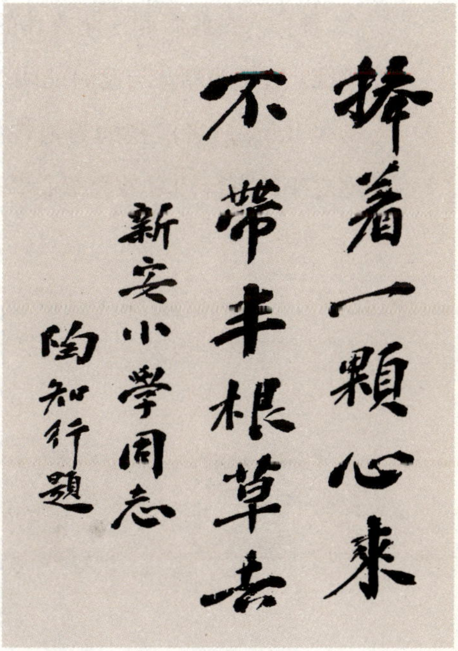

陶行知题赠新安小学手迹。

1931年4月10日，晓庄被封闭的一周年前夕，陶行知回想起晓庄事业的夭折，也回想起1908年父亲送他从万安水蓝桥启程到杭州学医的情景，情思倾泻出《献诗》一首：

古城岩下，水蓝桥边，三竿白日，

一个怀了无穷希望的伤心人，

眼里放出悲壮的光芒，

向船尾直射在他的儿子面上，

望到山、水、天合成一张大嘴，

隐隐约约的把个帆影儿都吞没了，才慢慢地转回家去。

我要问芳草上的露水，何处能寻得当年的泪珠？

陶为何此时写此诗？或许能从他童年生活过的古城岩畔的万安塔以及不在交通要道上的水蓝桥得到些许答案。万安当地民间传说：当年朱元璋被围追至此，前面是宽阔的河水，后面是追兵，朱元璋想只有一死，便直接向河中扑去，不料鱼自动排成一行，朱元璋踩着鱼身过河逃过一劫。日后他当上皇帝，便命人在此修起一座宏伟的拱桥——水蓝桥，它便成为一个绝处逢生的象征。当年的陶父与此时的陶行知都是“怀了无穷希望的伤心人”，前者注视的是儿子，后者注视的是他视如亲子的晓庄事业，《献诗》正显露出进入不惑之年的陶行知对教育革命事业绝处逢生的信心。

休宁万安镇水蓝桥。

六　国难逼迫求创造

陶行知被通缉后，潜至上海隐居静安寺路友人家，通过译著挣稿费资助仍在办学的晓庄同志，晓庄师生也相继撤到上海，国际知名人士杜威、爱因斯坦、甘地、罗素、罗曼·罗兰等联名发电报给蒋介石，要求撤销对陶的“通缉令”。

1932年10月1日，上海山海工学团在宝山县大场创立。图为陶行知（左二）在工学团成立大会上。

逃亡日本思出路

1930年10月，冯玉祥、阎锡山通电下野，蒋介石在内战中胜出后，加紧了对陶行知的追捕，陶从友人家移居虹口内山书店，得该店经理内山完造的帮助东渡日本暂避，临行前派戴伯韬等人到迈皋桥附近筹办蟠龙学院（即民众教育学院），赋短诗两首，一首为《伤别》：“皎皎天上月，今日又团圆。吾念岁寒友，都在离恨天。”另一首为《别后》：“来是春天去是秋，日日夜夜在心头，叫人欢喜叫人愁。”

陶在日本设法参观文教机关，访问结识进步朋友，在东京帝国大学图书馆和上野图书馆看书。上野图书馆只要出五分钱，任何人均可入内看书，花五毛钱买张研究券就能进研究室阅览，不但可借阅该馆自有的67万卷书，该馆还可代借馆外的书，作学术研究便利极了。陶终日到上野图书馆看书，这一相对宁静的环境引发了他对国家民族出路的更深层思考。

1931年1月16日，陶在日本上桃山谒明陵时观察到工人对天皇态度冷漠。25日作诗《人与煤炭》，道出工人悲惨的生活境况背后是“工人不是主人翁”。2月7日写诗《天山虎》：“你看天山虎，多么的神武！啸声动天地，狂风追骤雨。野性未消磨，森林可自娱。夜宿山之崖，朝游水之浒。好听鸟唱歌，百兽为之舞。”显现出对自由自主生活的向往。在《种菜者与友和唱》诗中以园丁的身份嗟叹：“蓬门半倒复半开，满园青菜堆尘埃。如今嗜肉多君子，屠户难容种菜才。蓬门无意闭还开，一任天风扫尘埃。天下原来是一体，何用分疆划土才？”

陶行知经过冷静思考，酝酿出《中华民族之出路与中国教育之出路》的长文，并于1931年7月署名“何日平”发表于《中华教育界》第9卷第3期，指出中华民族与中国教育的三大出路：最根本的出路是少生小孩子。中华民族最根本之出路即是中国教育之最根本出路，故中国现代教育者之最大的责任是教人少生孩子。第二条出路是创造富的社会，必须用智识去创造财富，用财富去求智识，使人民愈富愈智，愈智愈富。所以中国教育的第二条出路是教人创造富的社会，不创造富的个人。必须整个民族在政治经济上有平等互助的精神，所以教人建设平等互助的世界是第三条出路。这三条是一套连环的出路，少生几个孩子，便可多做一些创造工作。多做一些创造工作，便可多得一点平等地位与人互助，又可以叫你放心大胆去少生几个孩子。即使世人尚未觉悟，没有看出互助即自助的道理，中华民族亦将毅然采取少生主义，创造富的社会，将平等互助的原则身体力行地做出来。

在接着发表的《教学做合一下之教科书》中，强调“做”含有行动、思想、新价值之产生的特征，要拿生活作中心使文字退到工具的地位，从“死的、假的、静的、读的”，一变而为“活的、真的、动的”教科书，进而提出建立“少生、好生、贵生、厚生、共生”的“五生世界”理论。

在日本，陶行知病了一场，1931年3月15日，作诗《久病忽愈》，后几句为：

阎王未见过，见见也很好。
为何不留我，放我阳间跑？
想是阴山下，怕听“小庄晓”。
从此生死簿，勾勒我名号。
不用闹地府，师徒都不老。

病后痛快事，洗个热水澡。

穿起学生装，脱下病时袍。

今日是何日？三月十五了！

病好后陶诗兴大发，一连写了数首，并在1931年春从日本秘密返回上海。

不除庭草响惊雷

陶行知自日本潜回上海，匿居北四川路。因在逃亡中欠了不少债，就隐住起来为商务印书馆翻译世界名著，常常整天伏案，译了不少名著，可惜“一二·八”日本一把火把东方图书馆烧了，他译的书一本也没出版。此时《申报》总经理史量才正想成为中国报界托拉斯而寻找高人，黄炎培向他推荐了陶行知，陶便以申报总管理处顾问的身份工作。为掩人耳目，陶未被列入申报职员名册，外界也绝少知道他在申报任职。他平时不到申报办公，但每周必有几次秘密到史寓和史商谈《申报》的革新计划。

史曾问陶：“怎样才能把报纸办大？”陶答：“为大多数人说话。”在陶的推动下《申报》作了巨大革新，主张抗日，反对投降；拥护民主，反对独裁；提倡科学，反对旧学。这些革新反映在《申报》新闻报道和言论上尤为明显：开设“自由谈”栏目，增辟《读者通讯》。谁来写呢？陶行知便从曾国藩写的对联“不除庭草留生意，爱养盆鱼识化机”中摘取“不除庭草斋夫”为笔名连连发表含义深刻的杂文。从1931年9月2日刊出首篇，到1932年1月31日发最后一篇，共104篇分121天刊出，产生了巨大的影响。

9月5日，陶发表《世上三等人》，说："世上有三等人：第一等人奉头脑作司令；第二等人奉肚皮作司令；第三等人奉生殖器作司令。每人所奉司令的天然部位便是他的人格的寒暑表。"6日，发表《生难杀易》，慨叹："生是如何的难！杀是如何的易！"14日，发表自绘小影的《芭蕉先生》："芭蕉先生以芭蕉扇得名……以屡打抱不平，得罪权势下狱，狱卒索钱，身边无余物，割爱以芭蕉扇送他。"

9月22日，陶发表《不转弯的笔》，叙述同辈朋友，许多都做了官，而且是做了大官，有几位做得还不错，有几位未免是大事糊涂，小事不糊涂，写诗劝朋友们留心董狐复活，并愿拿这首送朋友的诗"献给普天下做官的"。

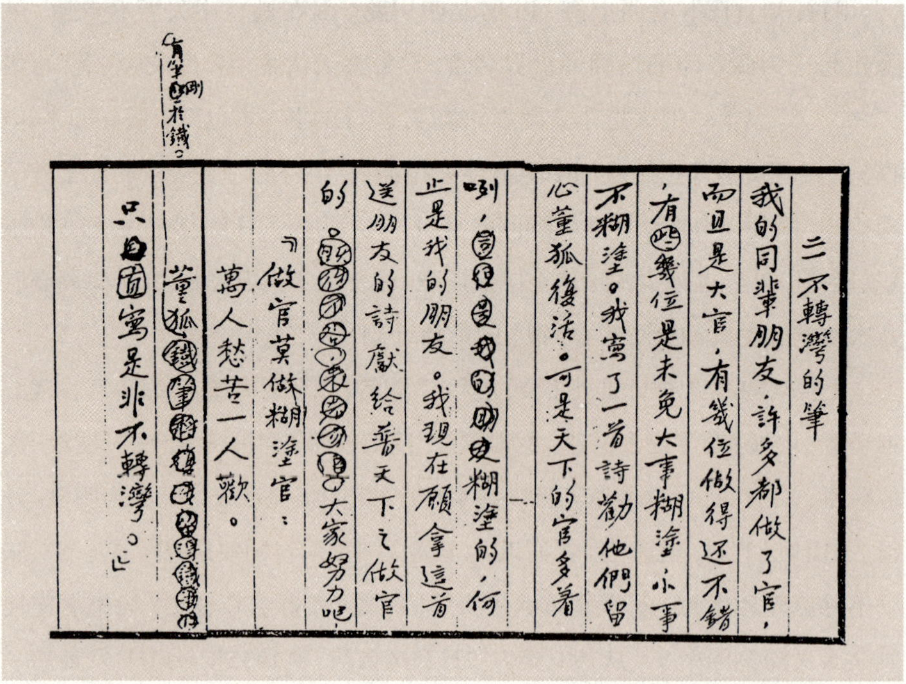

陶行知手迹。

9月30日，发表《屡败屡战》，说自己“绝少愤慨，亦少悲观。唯自沈阳失守后，每看张学良的电报，不禁令人怒发冲冠。在这些电报里只见是失守，退出，死伤，被缴械，不见丝毫大无畏精神之表现……战而败，国民原谅你。败而战，国民敬重你。不战而败，败而不战，国民终有一天要和你算账。因为你所失掉的不只是土地，而是立国之精神”。

10月2日，发表《战时的功课》，主张罢平时之课，上战时之课，战时的功课不是喊口号的爱国八股，而是学得应战之真本领，并列举12门战时功课，呼吁政府必须信民众，“排除一切疑虑，帮助民众武装起来，造成只御外侮不参内战的伟大的义勇自卫军”。8日发表《新旧中国之军师》，认为民主国的老百姓应做主人，不贪钱的文官、不怕死的武官、手脑并用的散思（Science）先生是四万万国人的军师。16日发表《吴稚晖没有回信》，请国民会议代表资格审查委员会委员长吴稚晖把代表的资格在报上公布出来：“有几位农民的代表是真正的农民？有几位工人的代表是真正的工人？”20日发表《陶知行的颜色》：“去年陶知行以勾结叛逆的罪名被中央通缉。这叛逆大概是指冯玉祥。西北军的制服是蓝色，通缉令下首都即有蓝色知行之封号。胡展堂（即胡汉民）在立法院演讲，独说他是国家主义派，突然将一身国粹党的黑衣罩在他身上。过了几个月，晓庄学生中有几个共产党员被捕，于是陶知行赤化之风声，传遍都下。这时展堂给他那件黑衣服也立刻变成通红的了。朋友们不放心，屡屡问他说：‘你究竟是蓝色？是黑色？是红色？’他说：‘我一样也不能否认。我的静脉是蓝的；我的头发是黑的；我的血是红的。”并写《乌鸦歌》赞赏：“生来不变色，便是无价宝。”

11月2日，发表《长忙玩忘完》，讽刺官场：“这么多的长！部长、院长、会长、所长、校长、行长、董事长、委员长：一身都是长！长多自然忙：会客忙，讲话忙，看信忙，签字忙，听电话忙，坐汽车忙，开会散会忙，有事不啻无事忙。一天忙到晚，忙了必须玩：扑克玩玩，麻雀玩玩，堂子玩玩，跳舞厅里玩玩，西湖玩玩，庐山玩玩，上海玩玩……好玩好玩，什么都忘！党也忘，国也忘，人民也忘，自己的前途也忘，还有那不该忘的九字[1]也忘。一切都快完，党也快完，国也快完，人民也快完，自己也快完，还是忙不完，希望着长不完，玩不完。”

11月9日，发表《中国的人命》，慨叹“中国没有废掉的东西，如果有，只是人的生命”！认为“要等到人命贵于财富，人命贵于机器，人命贵于安乐，人命贵于名誉，人命贵于权位，人命贵于一切，只有等到那时，中国才站得起来”！26日发表《新旧时代之学生》，说旧时代学生成长过程的三个阶段是读死书，死读书，读书死；新时代学生则是用活书，活用书，用书活。

12月11日和12日，发表《一个教师与家长的答复》，针对戴传贤称“树苗自由，不能成长；青年自由，不能成人”的谬论，强调“出头处要自由”：“自由是以自己的意志指挥自己的行动……自由是含有民主、自决、自动、自得种种意义，是要各得其所。自由人是奉头脑做总司令，他的反面是奴隶。”“青年人不可以假借自由之美名去过放荡的生活，教师家长也不可假借放荡之罪名去剥削青年小孩子生长所必须之自由。”“我所得的断语适与戴君相反：失掉自由，不能成人。”19日发表《这是什么意思》，说：“蒋介石下野之前，忽然放出三个武人作省政府主席。”“今中国武人放弃保国之天职，越俎代庖来治民，这是什么意思？”

1932年1月1日，发表《新年三问三答》，抗议政府屠杀青年人，直言：“青年人是最重要的人，爱护青年是最重要的事，为青年人说的公道话是最重要的话。”“这些年来，青年人是像萝卜头样一篓一篓的砍，砍下的头可以砌成一座山，山上坐着几个伟人，正在那喝酒团拜咧。我今启奏阿斗陛下，从今以后，不可再许政府杀人，尤其杀青年人。”并阐明杀不可以止杀，杀人是疯子

---

[1] 陶行知自注云：“‘你不好，打倒你，我来做。’吴稚晖说：‘来而不做是忘九。’”

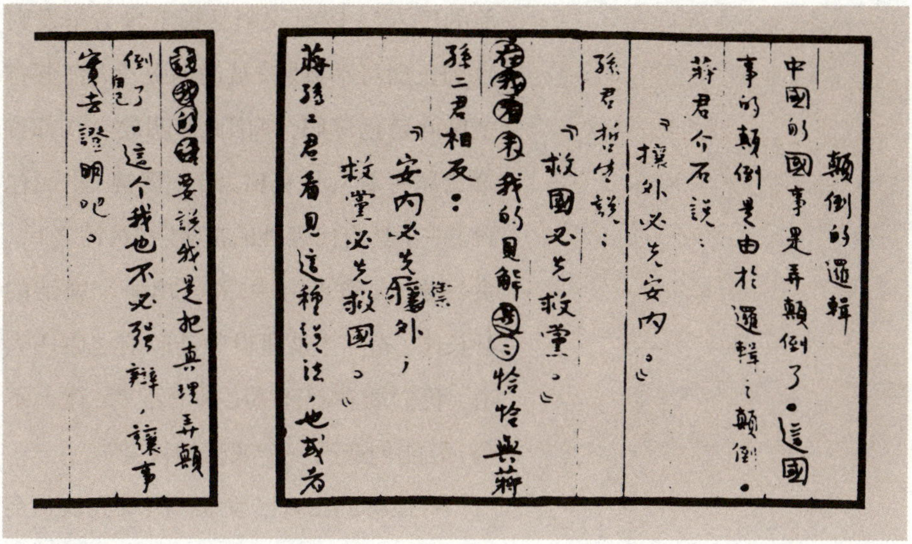

颠倒的逻辑

中国的国事是弄颠倒了。这国事的颠倒是由于逻辑之颠倒。

蒋君介石说：

「攘外必先安内。」

孙君哲生说：

「救国必先救党。」

我的见解恰恰与蒋孙二君相反：

「安内必先攘外，

救党必先救国。」

蒋孙二君看见这种说法，也或者要说我是把真理弄颠倒了。这个我也不必强辩，让事实去证明吧。

陶行知手迹。

的行为，杀人者不仁、不智、不勇，进而提出废除死刑。

1月8日，发表《颠倒的逻辑》，直言中国的国事是弄颠倒了。

1月12日，发表《军阀的镜子》，道：“‘压倒主人自作主，挥霍兵饷如粪土，强盗进门不抵抗，主人赶贼他不许。’这是一面检测军阀的镜子，每一个军人只要拿这面镜子把自己的行动比一比，便知道自己是不是军阀。我们要知道中国革命军人与军阀之消长，也只消拿这面镜子对着全国的军人照一照，便能一目了然。”

1月18日至19日，发表《从南京路说到南京城》，文章以军乐队送葬阻碍交通为引子，质问：“市政府的军乐队为什么不鼓舞国人抗敌，却在这里为一个公司老板送葬？”“我从‘死人当路’，慢慢联想到‘病人当国’。政府是一部机器，机器上有一个螺丝钉锈了，就得立刻换一个，否则难免全部崩溃之危险……害病而不辞职，勉强病人就职，都是绝大的错误。”25日发表《一张空前的广告》，以前溧阳县长李晋芳举发财政局长潘可平舞弊，被潘的引荐人江苏省主席叶楚伧停职，李因此声明放弃江苏省第二届考取县长资格为例，赞赏“里面包含了一个具有代表性的奋斗！在贪污之下，贪污之上，贪污之中，奋斗出一个廉洁的县长来。奋斗才是建设廉洁政府之康庄大道。我们要律己不苟，律下不苟，律上不苟，方能创造出一个廉洁的社会”。

1月28日至29日，发表《国难会议与名人会议》，直言：“国难会议只可算是名人会议。”“近年来的政治就坏在这个‘代’字：始而代老百姓说话，继而代老百姓吃饭，终而代老百姓当国；弄得老百姓始而有话无处说，继而有饭无法吃，终而有国无力保。代！我愿中华民国明日的词典里没有这个伤心的字！……我们应该用全副的精神力量对着那‘天下为公’的实质上去追求。”

陶行知这些短文汇集成册后，取名《斋夫自由谈》，于当年4月出版，封面由九三老人马相伯题署书名。

《斋夫自由谈》封面。

1932年2月，陶做了一件重要的事。2月15日，申报广告处收到国民党伪造的《伍豪等二百四十三人脱离共党启事》，“伍豪”是周恩来曾用名，当申报职员马荫良照常赴史量才寓所汇报工作时，史告诉马说：“陶先生已来过，说关于脱党一类的启事广告和新闻报导都要慎重处理。”而16日和17日的《时报》，18日和19日的《新闻报》，20日和21日的《时事新报》都刊登了这个假启事。《申报》在20日和21日亦予登出，但紧接着又于22日在广告栏内登出《致伍豪先生公开信》：“伍豪先生鉴：承于本月十八日送来广告启事一则，因福昌床公司否认担保，手续不合，致未刊出。申报广告处启。”这种广告处启事，登在广告栏内没有先例，而且又在“伍豪脱党启事”登报的同时，使人一望而见破绽。3月4日，《申报》又以醒目的大字标题登出《巴和律师代表周少山紧要启事》，说：“周少山撰文曾用别名伍豪二字，未用作对外活动；近日报载‘伍豪脱党启事’，实与本人无关，辱劳国内外亲戚好友函电询问，用特声明并答谢戚友之询问。”周少山为周恩来用过的另一个名字，这个启事非常巧妙，既合乎国民党统治区的法律，又澄清了事实真相，使国民党特务造谣诬陷的阴谋失败，保护了当时在江西的周恩来及上海中共地下党组织。[1]

1931年到1934年间，《申报》的时评大都由陶行知出点子、命题、列纲，或由陶修改写成，其中包括1932年6月30日、7月2日和7月4日连续发表的三论“剿匪”与“造匪”。这导致蒋介石令“《申报》禁止邮递”达35天，还派人与申报谈判，迫令撤销陶与黄炎培在该报的职务。

陶行知的言论和作为如阵阵惊雷，对民众具有发蒙振聩、点破迷途之效。

---

[1] 马荫良、储玉坤：《上海〈申报〉刊登所谓“伍豪启事”的来龙去脉》，《党史研究》1980年第5期。

科学下嫁救华族

1931年4月陶行知回到上海后，即协助晓庄在沪的同志创办小朋友书店，出版《儿童生活》和《师范生》两种刊物，以“时雨”为笔名撰稿，继续晓庄开启的事业。

陶认为科学是工业文明的母亲，中华民族只有成为科学的民族才能真正得救，并永远立于不败之地。1931年夏，他接受史良才10万元资助作为提倡科学基金，在上海西摩路创办自然学园，开展把科学普及到工农大众的“科学下嫁”运动。主持编辑《儿童科学丛书》、《儿童科学活叶指导》，主张科学要从儿童时代学起。因为他自己被通缉不便出面，便由共同参加的陈鹤琴、

陶行知编的《儿童科学丛书》部分分册。

丁柱中署名主编。高士其、吕镜楼、戴伯韬、陶宏、董纯才、方与严等分任编辑，陶自己编了《儿童科学指导》、《儿童天文》、《儿童卫生》、《儿童数学》等多种。《儿童科学丛书》包括生物、化学、物理、天文、地质、生理卫生等各科共108本，由儿童书局陆续出版。这套丛书强调科学是从把戏中玩出来的，儿童要亲自动手玩。

6月6日，陶把文渼去世二周年要买祭品的钱省下来买了《儿童科学丛书》送给新安小学，作为开学二周年纪念礼物，并写信说："这部书里面有许多小小的实验！俗语说'百闻不如一见'，说得确切些是'百见不如一做'。科学实验要从小做起，每天找些小小实验教小朋友去做吧！倘使不照书上所说的而能独出心裁地教小朋友在做上追求真知，那就格外的好了。文渼先生有灵，看见小朋友都成了小小科学家、实验家，她该是多么快乐啊。"

7月19日，陶署名"不除庭草斋夫"给新安小学同志写信，称："从农业文明渡到工业文明，必须特别注重科学，以培养创造、建设、生产之力量。现代之教师，每人必须终生探讨一门自然科学。"他还写了《学半个卡汾狄士（卡文迪许）》、《活吃丈夫》、《爱迪生之死》、《怎样学爱迪生》、《法拉第》、《化磁为电》等科普文章在《申报》"自由谈"专栏发表，倡导"科学应当做保人的工具，不该做害人杀人的凶器"，要亲自动手去做，用脑去想，并告诫："如果你是一位教师，切莫轻于断定小朋友的品格，容或教师眼中之坏蛋倒是一个真正的爱迪生，千万不要把你的阿尔逼跑了……得给他一点自由的空气呼吸，否则他的科学幼苗便要闷死。"

10月10日，陶在《生活》杂志发表《科学的生活》，希望青年朋友与自然小姐相爱，过科学的生活，不要成为自然科学知识的书呆子，而是要动手实验、创造。11月4日，陶发表《笼统哥之统一》，诙谐地说："笼统哥，姓甚名谁，没有人知道，大家因为他说话笼统，又因为他年龄大一些，称他为笼统哥。他是混沌国，含混省，糊涂县，囫囵村人氏。"他只会用一些老了、不少、很近、很远之类的模糊概念。“有一年混沌国的总统闻了笼统哥的大名，便请他出山去办普及教育。这位总统大概是读过《三国演义》，一心要找一位庞统来帮助他。他把笼字认作庞字，于是笼统哥便一步登天把混沌国的小学教师都变成了笼统先生，小孩子都变成小笼统……混沌国从此便由笼统哥和他的徒子徒孙包办而统一了。这笼统的统一是枪炮攻不破，和议不须开，自然而然地一致对外——散思国（Science）之文化侵略。”

11月6日，陶称陶晓光和陶刚为“问真、探真两位小宝宝”，写信希望他们变为科学的孩子，创造科学的中国。送他们《儿童生活》和《儿童科学丛书》，并嘱咐这些书不是看的，乃是引导他们玩科学的把戏，做科学的试验，祝他们努力向科学树上攀，攀得高高的，把那肥大的果子摘下来给全世界的人吃，不要只顾自己吃得一肚饱，忘了树底下的民众。11日，陶在《思想的母亲》中提出：“行动是思想的母亲。”“懒得动手去做，哪里会有正确的思想产生，又何能算是科学的生活？”他写长文介绍富兰克林从小徒弟出身，注意观察、试验，以致多才多艺，成就骄人。12月24日，他在回复一位青年小学教师的信中，回答如何不做时代的落伍者的问题，说：“必须专攻一门自然科学，自然科学是开向理想去的特别快车，你坐在上面，不要下来，决不致落伍。我现在也打算用我后半生之精力来专攻一门科学。我们同坐这部车儿去吧！从农业文明渡到工业文明，自然科学是唯一的桥梁。小学教师必须拿出科学的火把引导学生过渡，不懂科学的人，不久便不能做教师了。”

1932年3月22日，陶得到晓庄学校可能恢复的消息，遂写信给中山大学教授庄泽宣，申明：“要救中华民族，必须民族具备科学的本领，成为科学的民族，才能适应现代生活，而生存于现代世界。科学要从小教起。我们要造成一个科学的民族，必须在民族的嫩芽——儿童——上去下功夫培植。”说晓庄将筹备于7月15日至8月15日开办儿童科学暑期学校，请介绍青年教师并给予指导。这一计划终因政府未兑现承诺发还学校而落空。

当年失业的高士其经李公朴介绍到自然学园工作，他和戴伯韬、董纯才住二楼，丁柱中、方与严、陶宏住在楼下，陶行知白天来晚上离开。高写《儿童生理卫生》活叶指导，丁译《巴斯德传》，陶宏搞化学研究，有一套玻璃仪器，一架显微镜。方与严是陶的助理秘书，一切杂务工作由大家分担。自然学园有一架十分精密的望远镜，晚上全体同仁由陶率领到前面一块空地上观看满天星斗，陶不仅告诉大家哪是北斗星，哪是牛郎织女，哪是天河，还亲自编写《天文学活页指导》。自然学园里除伙食不用花钱外，每人每月还有10元生活补助。自然学园也是自由学园，在那儿大家无拘无束写作，高士其由此走上了科普创作的道路。[1]

1932年4月，儿童科学通讯学校创立，该校的宗旨是造就科学的儿童与科学的民众，使中华民族成为科学的民族，以适应科学的世界。陶先后写信给郑先文，强调生物课要注重养生而不杀生；写信给台和中，要求以大自然为生物园，向教师、家长和小朋友介绍儿童科学丛书的用法；写信给徐笃仁，阐明儿童科学通讯学校的宗旨，强调“中华民族要想不灭”，必须举行包括科学训练在内的五大训练。

5月13日至15日，陶与儿童科学通讯学校指导员6人到杭州等地，宣传儿童科学教育的重要性并演示科学实验，他在杭州师范学校作了题为《儿童科学教育》的演讲，强调要让孩子玩科学把戏，对科学感兴趣，然后陶晓光等人分四桌演示科学实验，发讲义和活页指导，学员可据此动手试验，遇到疑问可随时提问。陶行知不仅义务工作，还要贴上自己的稿费印讲义。

[1] 高士其：《陶行知先生对我的鼓励和帮助——纪念陶行知先生诞辰九十周年》，1981年10月18日《人民日报》。

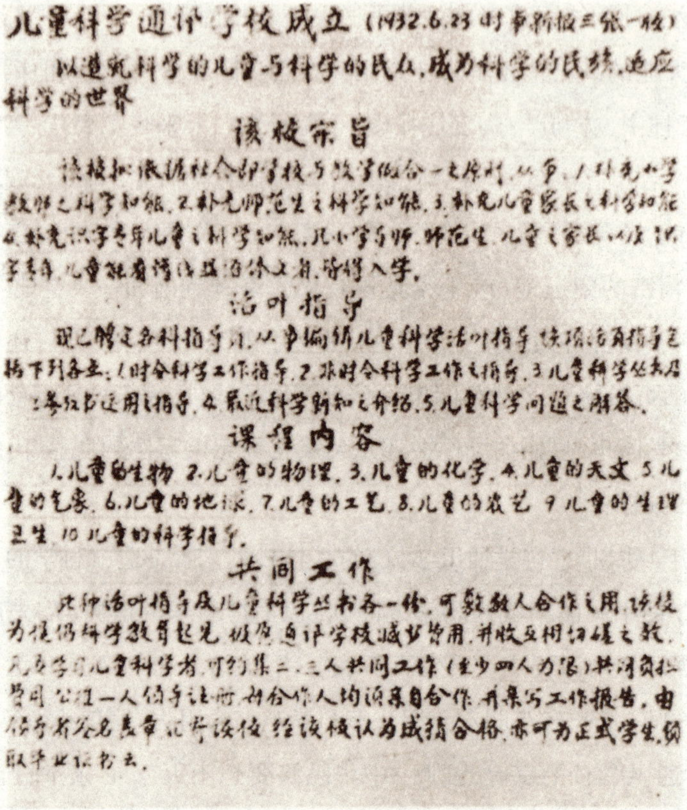

儿童科学通讯学校成立（1932.6.23时事新报三张一版）

以造就科学的儿童与科学的民众，成为科学的民族，适应科学的世界

该校宗旨

该校拟根据社会即学校与教学做合一之原则，从事：1.补充小学教师之科学知能，2.补充师范生之科学知能，3.补充儿童家长之科学知能，4.补充识字青年儿童之科学知能。凡小学教师、师范生、儿童之家长以及识字青年、儿童能看懂该校通俗文者，皆得入学。

活叶指导

现已聘定各科指导员，从事编辑儿童科学活叶指导，该项活页指导包括下列各点：1.时令科学工作指导，2.非时令科学工作之指导，3.儿童科学丛书及其参考书运用之指导，4.最近科学新知之介绍，5.儿童科学问题之解答。

课程内容

1.儿童的生物 2.儿童的物理 3.儿童的化学 4.儿童的天文 5.儿童的气象 6.儿童的地球 7.儿童的工艺 8.儿童的农艺 9.儿童的生理卫生 10.儿童的科学指导。

共同工作

此种活叶指导及儿童科学丛书各一份，可敷数人合作之用，该校为提倡科学教育起见，极愿通讯学校减少费用，并收互相切磋之效。凡愿学习儿童科学者，可约集二、三人共同工作（至少四人为限），共同负担费用，公推一人代表注册，对合作人均须亲自合作，并填写工作报告，由代表者签名盖章，汇寄该校，经该校认为成绩合格，亦可为正式学生，领取毕业证书去。

儿童科学通讯学校的办学宗旨及工作计划。

1935年12月1日，陶特地写文章介绍无线电的发明者马可尼，指出他拍卖科学，做了墨索里尼杀人的刽子手，强调："真正的科学家是追求科学的真理，拿科学的火把救人。至于应用科学为个人或帝国主义争权夺利，甚至于杀人身体灭人国也毫无顾忌，这叫科学强盗、科学走狗、科学刽子手。"

儿童科学通讯学校创办时招生100余名，以后每年招生。直到1934年11月13日申报馆总经理史量才遭特务暗杀，陶辞去总管理处顾问，自然学园和儿童科学通讯学校才因经费无法维持而于1935年停办。

工学团兴民欲遂

晓庄的挫折并未使陶离开乡村教育，反而使他认识到今后不能再静坐在书房里计划或理想什么，也不能再一点一滴地从一个村一个乡来做试验工作，而是要联合更多的人来做工作，教育只不过是达到农民解放的一个工具，要寻求改变。

1932年1月5日，冯玉祥给行政院院长孙科发电，要求取消对陶行知的通缉令并将晓庄学校发还。25日，国民政府主席林森和行政院院长孙科签署第342号国民政府指令，将陶知行通缉案撤销并将该学校全部发还。待陶行知光明正大、理直气壮地恢复公开活动，筹备晓庄复校，派马侣贤、严竞成等多人去南京恢复晓庄各中心小学及幼稚园，立即开学上课，并登出举办暑期科学学校的广告后，国民政府又害怕了，竟自食其言，立即命令禁止招生，拒不发还校舍及劫收去的图书、仪器、设备、文件等，而且加派军警强占小学、幼稚园及活动场所，强迫小学教师离校。所谓"发还"实际上成了再次封闭晓庄学校。

陶在晓庄无法复校的情况下开始将自己的教育理想诉诸写小说《古庙敲钟录》，从5月21日起在《申报》连载至8月15日，提出在国难时期生活教育的主张和措施，塑造了和社会打成一片的古庙村教育，形象化地阐明了生活教育原理，借钟儿之口提出学校为公是天下为公的基础，农村学校主席这把交椅只能由真农人坐；借朱先生之口，提出"现在只有靠自己动手种田做工赚饭吃的人才算是一品大百姓"，要打破鸟笼式的小学校，办森林式的大学校；反对旧学校里按先知而后行的哲学去死读书，要在行动中追求真理，行动遇着困难便不能不思想，思想贯通便取得了真知识，运用真知识指导行动，便

陶行知撰写的教育小说《古庙敲钟录》。

走上了创造之路；最后归结到要办崭新形式的工学团，提出“工以养生，学以明生、团以保生”，认为“工学团才是中华民族之救生圈”，工学团的真正宗旨是培养合格的人生，创造一种富有意义的工学团来把一个穷的中国变成一个富的中国。1933年上海儿童书局出版该书时，陶题写了献给自由世界之创造者短诗：“做人要做自由人，敲钟要敲自由钟；众生共走自由路，海阔天空路路通。”

陶不光有此想法，而且要办出工学团来。他拟定出《乡村工学团试验初步计划说明书》，指出：乡村工学团是一个小工场，一个小学校，一个小社会。这里面包含着生产的意义，长进的意义，平等互助自卫卫人的意义。它是将工场、学校、社会打成一片，产生了一个改造乡村的富有生活力的新细胞。中华民族已经到了生死存亡的关头，我们要想使整个的民族起死回生，须以最敏捷的手段，实施普遍的军事、生产、科学、识字、运用民权、节制生育能力的六大训练。强调乡村工学团的主体是本村的真农人，靠自己动手种地吃饭的人，村外同志只是处于推动、赞助、辅导的地位。乡村改造运动者，最忌代替农人做。

乡村工学团以充分运用本村固有的力量为原则：房屋租借公共建筑物；实验农场特约农友自办，不必买地；运动场之类租用荒地开辟；自卫武器从集合本村原有武器徐图扩充；小孩们用的桌凳可先由家中搬来使用，以待自造新的家具，打破装饰的教育。这样开办费可减少到极少，腾出余款从事生产一类的重要活动。乡村工学团可以采用艺友制从事指导员之培养。上述计划不仅可以少花钱，多办事，用穷办法办穷人教育，易于收效，易于推行，还能使工学团真正与民众利益相连。

1932年7月，陶派戴自俺、马侣贤、王作舟等人分两路外出寻觅地址，一组沿沪宁线到了苏州，一组沿沪杭线到了松江，都没有找到理想的地址。有一天在沪太（仓）汽车路孟家木桥看到东南方有一座古老的红庙，大家喜出望外，就以红庙为目标，进行二十几个村庄的初步调查访问，深得广大民众的支持。9月15日，决定在孟家木桥扎根，设立总团部。此地处宝山与上海之间，又由于“九一八”日本侵占东北，“一·二八”又打到上海，天下第一关——山海关已经关不住了，敌人即将入关侵占华北，侵占全中国，所以取名山海工学团，语意双关，志在实施国难教育，唤醒人民，收复一切失去的河山。总部定于中秋节召开明月会开始活动，10月1日正式建立。

10月1日，陶出席孟家木桥儿童工学团成立会，马侣贤为工学团团长（即校长）。建团初期的主要工作，一是开设木工工艺，聘请工师（工学团的指导员）王振乾做技术指导。师生学木工，木工学新文化。自己动手制作课桌椅、简易教具、玩具及实验器具。二是防治疾病，普及医药卫生常识。在夏家宅设立小诊所，查淑怡负责诊所工作，苏德隆、张维及德国医生任医学指导，免费为农民治病，送医送药上门，辅导农民家庭卫生。三是开展文娱活动，吸取明月会的经验，规定每周五的晚上举行同乐会，师生农友欢聚一堂。师生表演双簧、歌舞、滑稽戏、科学把戏，农友参加小调、滩簧、故事会。陶有时会在同乐会后兴致勃勃地教农友和儿童认识星座，讲天文故事，饶有情趣。

宝山县大场山海工学团总部旧址。

以后就以10月1日作为山海工学团成立纪念日。1933年1月21日，山海工学团以私立山海实验乡村学校的名称获准立案。

工学团每星期五晚举行的同乐会很吸引人。开始只是侯家宅、孟家木桥两处的大小朋友举行，日后这消息传至四乡，总来满屋子的人，人多了，凳子不够坐，桌子上也站满了人。这些活动在一定程度上满足了沉寂的山村居民对文体娱乐生活的需求。工学团后来又设袜工、藤工工场，还在生物教师指导下学习养蜂、养兔、种菜等农副业生产。通常是上午学习文化、科学、政治方面的课程，下午参加工农业生产劳动，每月可得生活学习补助费七到十元。工学团不收学费，贫苦农民子弟不用花钱即可上学，很受老百姓欢迎。

工学团一经推行便如雨后春笋般地发展起来。1932年秋，陶行知应光华大学廖茂如之请，为该校开设乡村教育讲座，徐家角村一户乔姓人家免费提供十余间空瓦房的乔氏山庄办光华工学团。徐家角村为工人密集居住区，附近有数家大工厂，光华工学团白天为光华子弟办儿童班，从幼儿班到高小程度都有，朱泽甫、周瑞铨两人充分利用小先生进行教育；早晚则为工人办实习班。有些工人具有一定文化程度，学校备有进步报刊、图书、棋类、乐器等。乔家又捐出一块地为工人及儿童做小足球场，很能吸引工人进行文娱体育活动。这个工学团里还有一位是陶在南高师时的听差徐兰友，徐失业已久，打听到老上司在上海便找来要碗饭吃，陶领着他来的时候笑嘻嘻地说："兰友的吃饭和零用钱由我供给。"徐深有感触地说："那时陶夫子很讲究，西装烫的笔挺，皮鞋擦的雪亮，扫地、抹桌、倒茶水、送信一切杂务都由我做，他出去办事，我就跟在后面拿着皮包……陶先生变了，不是往日的陶先生了，他西装不穿穿学生装，皮鞋不穿穿布鞋，大学教授不做，为工人农民办学校，和工人农民在一起。"

1932年上海徐家角村光华工学团开学合影，后排右四为陶行知。

12月，陶又指导晓庄学生徐明清、王洞若在北新泾镇陈更村创办晨更工学团。这里既是农村，又是工人集居地，还有数家棉花行，是上海西郊棉花集散地，非常便于进行工农教育。此后这里发展成教联、左联、剧联、文联和中共地下组织在国统区的一个工作据点。1933年初，当局企图封闭晨更，陶据理力争，由于当局没有抓到确凿把柄，晨更得以继续办下去，工学团还办起一个晨更图书馆，安排一名从监狱里出来的中共地下党员工作。陶用编辑工人读本的200元稿费，又从其他地方募到一些钱，在大场的小场湖租了十五亩地，盖了三间草房，开办小农场，还安置几位刚出狱的中共地下党员来小农场一边劳动，一边养身体。这个工学团的一些做法引起了当局的怀疑，1934年2月晨更工学团被封，并有陈企霞、袁超俊、柴川若、王东方、赵玉章等多人被捕。山海工学团总部也被牵连，马侣贤被捕，经陶多方营救才得以出狱。此后，陶支持原晨更工学团的人在兆丰路办起流通图书馆继续工作。

1933年元旦，山海工学团举行建团三个月纪念活动庆祝元旦。家长、农友百人来团参观，观看成绩展览，听取有关今后工作计划的报告，陶行知还在会上表演了科学把戏。

6月，陶又指导张劲夫（原名张世德）、严钝组织创办沈家楼棉花工学团，并热情推荐农友沈禹生当团长，沈少田当副团长，推广良种和机械条播技术，增产增效益。8月，陶到棉花工学团作了题为《棉花与教育》的演讲，说棉花和教育“要联合起来，要拉拉手，好像一个男人和女人，从前不讲话的，现在要讲话，要结婚了”。他做媒人，棉花和教育结婚之后，一亩的棉花就要多收三块钱，就是使棉花的生产增加！生产增加了，教育才能普及。

工学团的活动经费很大一部分要靠陶筹措。通过商务印书馆职员黄警顽向各界募捐可以获得一部分，但不稳定，往往在揭不开锅的时候，还得靠陶卖字卖稿筹钱接济。1932年12月24日的《涛声周刊》刊登出陶知行的卖艺启事：

晨更工学团女工识字班合影。

狐狸有洞鸟有食，乡下先生难度日。

风高谁放李逵火？武训讨饭也不易。

自杀不成怕坐牢，从来不演折腰戏。

众谓我曾做书呆，便教出卖书呆艺。

书呆之艺卖与谁？开张岂必有生意。

女生卖艺被开除，先生卖艺可遭忌？

那里管得这许多，硬着头皮试一试。

卖艺内容为卖文、卖字、卖讲，讲题任选（创造教育、儿童教育、通俗天文等）。第一次卖讲便是1933年1月在上海中社讲《手脑相长》，开出“脑化手”和“手化脑”这两帖药治中国教育之病；3月又在大夏大学讲了《创造的教育》，主张“‘行动’是中国教育的开始，‘创造’是中国教育的完成”。

1933年8月，侯家宅共和茶园成立，这一形式比青年工学团（青年夜校）更适合农村的需要，吸引了众多的农友。茶园由农友自己管理，成了农友议事、受教育的场所。如修筑道路、办红庙工学团等，都是农友在茶园中议论出来的。西桥工学团创办人承国英当时才13岁，5个月中给陶写了10万字的信，陶称其为“十万滴热血，十万斤力量”。8月11日，陶回复承国英以及庆娥、容仪三位的信道：“工学团能大能小，家庭里也能办。你们兄妹弟可以办成一个很好的工学团。”到12月，他们真的成立董事会将工学团办起来了！陶于12月30日派陆静山、侣朋去襄助，并带去一些书和30元捐款。

9月16日，陶对山海少年工学团谈话时强调：“工学团是为农人服务，帮助农人解除痛苦，帮助农人增进幸福。”10月1日，山海工学团举行一周年开工纪念会，由小朋友沈增善做主席，在游戏场外边搭了一座高台做纪念会的讲演台与游艺会的表演台。侯家宅共和茶园布置蔬菜展览；沈家楼棉花工学团展览棉作物、民教馆改良棉花与本地棉花的比较、新式条播机等；本部举行木工场、儿童成绩、科学仪器、厨房、寝室、小农场等展览。科学仪器多为自制，有恒心器、反射镜、看星图等等。大夏大学教育学院教育参观团、沪西华丰工厂、广西教育参观团、大场潜溪小学、宝山教育局冯国华（字迈樱）局长和伍督学、大场第二区等来宾共500余人参观。侯家宅、濮家宅、沈家楼农友赠送“农村增辉”、“农民良友”等条幅，农友放鞭炮。外地有广东大埔私立百侯中学、淮安新安小学、上海县农民教育馆等，分别赠送了礼物，另有生活教育社多人寄来现款，备购应用物品，以存纪念。

1933年10月至12月间，陶对新安小学旅行团给予无微不至的关怀，写诗称颂他们“划分新时代”，专门为他们拟订到上海参观计划。10月26日，告诉他们参观要看真形，不要被外相迷住；27日陪他们参观闸北平民教养院时，讲解新旧平民教养院的不同。12月10日，陶前往火车站送别，希望大家用细胞分裂的办法办教育，“拿了农民的钱，应该用在农民的身上，归还农民，为农民

上海宝山县举行棉花教育讨论会，推广科学种棉。

办学，把些技术给农民，为农民谋幸福”。1935年秋，陶指导汪达之筹建新安旅行团，并设法筹款买放映机、扩音机和小型汽油发电机，向上海影片公司募得旧影片数部以及其他旅行用品，10月10日，新安旅行团从淮安出发，踏上走遍大半个中国的旅程。

1933年底，陶在中华基督教会全国总会第三届常会上发言强调，一切乡村建设必须为农民谋福利，批评开展乡村运动的天使派、夫子派、模范派、桃花园派、绅士派、济富派、养猪派。同时，提出要认清帝国主义是农村破产的主因；要在农业上安根，在工业上出头；乡村建设的主人是真农人，一切乡村建设须以真农人之福利做根据；代替人干是劳而无功，要培养农人自己干，用科学的方法干，大家联合起来干；小的村庄要与大的世界沟通；依据乡村需要培养专门人才；培养农人和农人的小孩子，把乡村创造成一个合理的人间。

1934年夏，上海近郊农村遇上百年来少有的大旱灾，山海工学团和农友一起组织“抗旱除灾委员会”。马侣贤、张劲夫、楼南高、胡守仁、尹孔敏等五人为救灾委员会委员。陶向外界募到抽水机两部，又向震旦大学灭火机厂借了一部，沈家楼棉花工学团设法自购一部，张公权捐来一部，便投入紧张的抗旱斗争，大家靠集体的力量抗灾保收成。

1934年12月，陶参观了华荣根办的一个小小工学团，华的父母以卖花为业，租得一间亭子间，既是卧室，又是工场、饭厅，还是教室。华在这里教八个穷孩子，他自己每天还跑五里路去求学。陶大受感动，写了首《亭子间工学团》的小诗：

吃饭在这里，睡觉在这里，做工教学在这里，富翁惭愧死。
爸爸也卖花，妈妈也卖花。字儿识得一大担，字大像冬瓜。
跑五里路来，跑五里路去。去是教人来求学，风雨无阻。
学一两点钟，教一两点钟。他有一个大信仰：知识为公。

1934年冬，陶在排队等公共汽车时看到几个报童在卖报，就问：“报上的字你们认识不认识？”“不认识。”“我找人教你们认字好不好？识了字，你们就能把报上的内容喊出来，买你们报纸的人不就多了吗？”孩子们当然高兴，陶就叫方友竹和陈廷夫在静安寺一间简陋的小屋里教七八个报童识字，办起报童和流浪儿童工学团。这些孩子学习都很努力，陶常来看望他们，并说：“流浪儿童也要识字，你们识了字，再去教其他报童和流浪儿，你们学了再教更多的人。”后来办了很多这样的亭子间工学团。江西省教育厅厅长来上海，陶领他来参观，看到大家都在认真读书，厅长很受感动，后来捐了许多钱，陶就拿来发给学生当生活费。

上海报童工学团。

1935年1月24日，陶召集山海工学团的小先生谈话，提议工学团由儿童自己办，实行自我管理。1935年春，国民党更加注意山海工学团里的中共地下党，一些党员教师向皖浙等地疏散。随后，一个由小先生组成的“儿童社会”成立。儿童社会即由学生自治，自己管理自己。张健任儿童社会执行委员会委员长，沈增善、侣朋任副委员长，俞文华、沈柏生、张顺根、张耀祖等为委员，陶任总指导员，操震球任指导员。儿童社会还发展到安徽、广东、广西、四川，教师疏散到内地去办教育，挣的钱寄回来支持山海工学团的工作。3月4日，陶给儿童社会写信道：“儿童社会不是关起门来干的，我们的使命是为劳苦大众的小孩取得教育上应得的权利。”

此外还有孙铭勋、戴自俺在劳勃生路创办劳工幼儿团，戴自俺创办的乡村幼儿团，张劲夫与张健弟兄创办的濮家宅工学团，朱冰如在浦东办的女工读书班、工人夜校、铁路工人学校，张健和报童工学团张杰等人组成的由中共上海地下党领导的赤色儿童团。在上海以外，还有南京佘儿岗儿童自动学校、安庆幼儿团、歙县第一工学团等先后诞生，影响于十几个省的城市及广大乡村。

山海工学团一直办到1937年，后因为抗日战争爆发而转为战地服务团。

普及教育攻难关

1932年11月，陶行知在国立暨南大学作题为《目前中国教育的两条路线》的演讲，主张一是教劳心者劳力，二是教劳力者劳心。从前教育的主要问题是单教劳心者，不教劳力者，所以，教做工的人读书是最重要的，而且是刻不容缓的。

1934年2月16日，陶主编的《生活教育》半月刊创刊，创刊号上发表了陶写的《生活教育》、《普及什么教育》、《小先生》三篇文章。陶提出："生活教育是生活所原有，生活所自营，生活所必须的教育。""教育的根本意义是生活之变化，生活无时不变，即生活无时不含有教育意义。"生活与生活摩擦才能起教育的作用。生活教育与生俱来，与生同去，出世便是破蒙，进棺材才算是毕业。自有人类以来，社会即是学校，生活即是教育，社会是大众唯一的学校，生活是大众唯一的教育，大众必须正式承认它，并且运用它来增加自己的知识，增加自己的力量，增加自己的信仰。陶明确指出，要普及的教育不是少爷小姐政客书呆子的教育。

3月16日，陶对女工读书班的女工们说，学文化是为了求得民主和自身解放，一取得知识便应立刻教人，凡有知识的都要教人，学生要学教人，教师要教学生教人，都不要做"守知奴"。5月16日，陶发表《暑期普及教育运

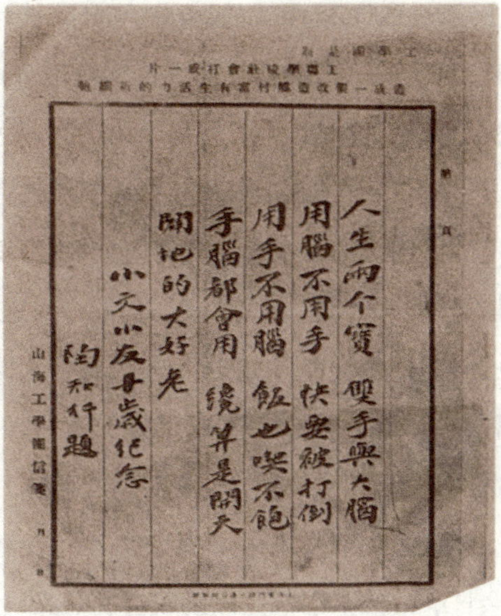

人生兩個寶 雙手與大腦
用腦不用手 快要被打倒
用手不用腦 飯也喫不飽
手腦都會用 纔算是開天
闢地的大好老
小文小友每歲紀念
陶知行題

山海工學團信箋

陶行知手迹。

动》，称赞沪江大学校长刘湛恩“向全体师生建议运用暑期来提倡普及教育”，倡导“大学生、中学生，抓住这个机会，负起这个责任”。并提供具体办法，指导他们“要叫本乡的青年儿童随着您继续不断地长进”。

6月1日，陶发表《妨害进步无罪?》，针对“有些人是享着特权不许别人进步，不许别人引导别人进步”，有许多不幸的小孩、成人，是因为好学而受到警告、挨巴掌、饭碗被人敲碎，因为引导别人好学而坐牢吃官司等现实状况，指出，“创造新中国之先决条件是培养好学的民众，继续不断的向新知识追求，阻碍民众求学的人是新中国之罪人”，应设“妨碍进步罪”，强迫有权者允许人求学，强迫有知识者教人，凡阻碍别人求学教人都要罚得重。同日还发表《杀人的会考与创造的考成》，反对把有意义的人生赶跑了，把中华民族的前途赶跑了的那毁灭生活力之文字的会考，发动那培养生活力之创造的考成。

9月18日，陶组织成立中国普及教育助成会，会址设在上海威海卫路中社，陶行知、张宗麟分别率普及教育车到沪太路大场实验区及闸北赵家花园实验区两处附近乡村试行，每车用小先生两人担任教员，并打算继续创造完成十辆车。早在3月1日陶就在《生活教育》上发表了与马相伯、刘湛恩等人拟定的助成会简章及普及教育研究院组织大纲，提出："本会（院）宗旨在发现最经济，最迅速，最能持久，最能令人进步之方法，为谋普及大众儿童向上生活所需要之教育，以助成中华民国与大同世界之创造。"从此陶积极开展普及教育运动，在调查的基础上研究普及教育问题。助成会日常工作由曹建培负责，还招收了方友竹、陈挺夫等十名工读生，白天工作，晚上学习，并在上海江湾、沪西、浦东杨树浦等工人区广泛建立工人夜校、识字班。余日章小学、余日章第二小学都是以助成会的名义设立的。

10月1日，陶要在山海工学团成立两周年大会上演讲，当时没有扩音设备，他又因伤风不便多说话，因而造成露天对小孩子演讲格外困难。在此情况下，陶想出了一个新办法，他把要讲的大意写成小孩高兴听高兴喊的儿歌，然后领着大家喊，再略加解释，结果取得了很好的效果。10月10日，应《新生》周刊编者杜重远约请特撰《教育的新生》，批评传统教育与生活分离，在组织方面便是为办学校而办学校，在学校与社会之间造了一道高墙。生活教育者认为不运用社会的力量，便是无能的教育；不了解社会的需要便是盲目的教育。如果认定社会就是一个伟大无比的学校，就会自然而然地运用社会的力量以应济社会的需求。生活教育者主张，要教大众依着自己的志愿去普及教育。

1934年10月，陶行知将一年来发表的关于怎样指导小先生及有关普及教育的文章编为《普及教育》出版，1935年夏又编辑出版《普及教育续编》，1936年春又续出《普及教育三编》。在1935年1月，他还编写了《老少通千字课》（共4册）作为普及教育的教材。

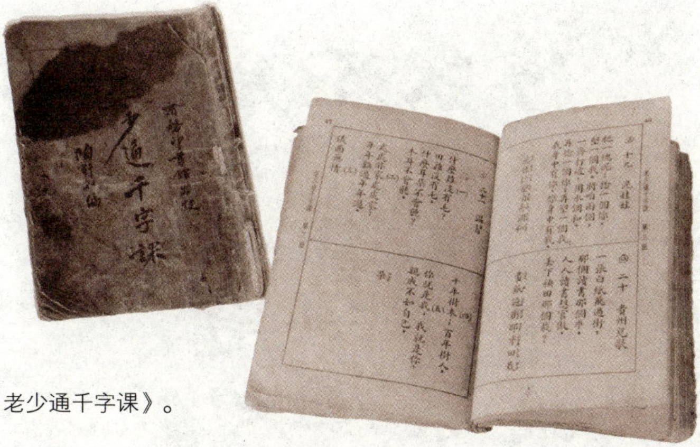

《老少通千字课》。

1934年11月10日，应李公朴、艾思奇约请，陶撰写《读书与用书》一文发表于《读书生活》创刊号。文章劝人活用书。他说中国有三种人：书呆子读死书，死读书，读书死；工人、农人、苦力、伙计是做死工，死做工，做工死；少爷、小姐、太太、老爷是享死福、死享福，享福死。要用三帖药医三种人：书呆子要动动手，吃一帖“手化脑”；工人、农人、苦力、伙计要多读一些书，吃一帖“脑化手”，否则是一辈子“劳而不获”；少爷、小姐、太太、老爷……倘使不愿死，就得把手套解掉，把高跟鞋脱掉，把享现成福的念头打断，把手和脑拿出来服侍大众并为大众打算。中国是吃书的人多，用书的人少。要换一换方针，读书不如“用书”。书有真有伪，真知识用得出去，伪知识便用不出去。三百六十行，行行要用书，行行都成了用书的人，真知识才愈益普及愈易发现。

11月11日，有人问陶传统教育与生活教育有什么区别，他说传统的教育是吃人的教育，既教学生自己吃自己，又教学生吃别人。生活教育则刚刚相反，它要教人做人，教人生活，教人读活书，活读书，读书活。它要教民众做主人，做自己的主人，做政府的主人，服侍农人和工人，而不教人吃别人。22日，陶会晤甘肃省教育厅厅长水楚琴，商量在甘肃推广小先生制的办法。26

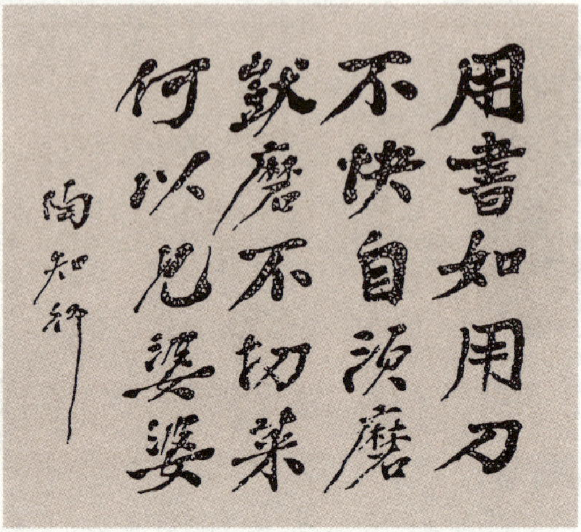

陶行知手迹。

日两人再次商谈两小时，决定派小先生随水厅长到甘肃开展工作。

1934年12月底，应安徽教育厅的约请，陶专程赴皖讲《攻破普及教育之难关》，讲座设在安庆吴樾大院，听讲的多为中小学教师及各界人士，像看电影一样排队入场，后场等前场，一场接一场。天上下起了小雨，等候入场的人们衣服淋湿了也不肯离开。陶以手势助表情，越讲越有力，他认为，“普及教育运动之最大使命，便是把（文字符号）这把钥匙从少数人的手里拿出来交给大众”，教育必须普及，但老法子做不到。接着他列举了需要攻破的27道难关：要用小先生攻破先生关；要用小先生攻破娘子关；要让知识变成太阳照着大众前进，攻破买卖关；到小孩的队伍来追求现代知识，攻破衰老关；要拿着饭碗学习，不强迫人丢掉饭碗读书，攻破饭碗关；拆除学校与社会间的围墙，攻破孤鸦关；攻破把教育切得一块块的瓜分关；用练字抄写攻破课本关；用替代的方法攻破纸笔关；通过“起得早，睡得早，省油省灯草”攻破灯油关；一面干一面调查，攻破光调查研究的调查关；进行整个寿命的教育，攻破短命关；创办工学团，攻破一提到教育就办学校的学校关；攻破藐视文字或将文字当做教育全体的文字关；手脑相长，手脑联盟，攻破残废关；攻破不顾及学生生活需要的拉夫关；攻破只求质量不求数量和贵精不贵多的大菜关；攻破泛滥实验，“实验”即“迟延”的实验关；攻破仅仅从城里做起的城乡关；攻破喜欢划一便当的划一关；用创造性的考成攻破会考关；要补助乡村、农人、边缘地带，攻破偏枯关；提倡少生好生，攻破多生关；攻破守旧关；攻破过分自由的自由关；实现教育机会平等，攻破不平关；普及创造的人生观，攻破天命关。其中的12个关要靠小先生攻破。陶的演讲，让听讲的人精神振奋，无不动容。这成为安徽全省普及教育的动员大会。

1935年1月，陶起草的《中国普及教育方案商讨》发表，主张普及教育的要义是整个民族现代化，整个生活现代化，整个寿命现代化，而不仅仅是入学、扫盲和有年限的教育，“教育最重要的成就在使众人养成一种继续不断的共同求进的决心”和“活到老、做到老、学到老”的态度。是年初，安徽省教育厅决定在六个省学区每区设一辅导员，配备留声机、图书、挂画（多为理科、生物、农业生产挂图）等各一套，随辅导员流动供师生阅览使用，另有一架电影放映机轮流至各学区放映教育电影，请陶介绍人任普及教育辅导员，陶1月27日复函杨廉厅长道：“小先生普及教育运动在全省范围试行，安徽是首屈一指，此为先生与教育界领袖领导之功也。承嘱介绍工作人员，经弟挑选程本海、朱泽甫、楼展、张一涛、李玉坡、黄志成、戴飘等七位可以胜任。”此七人出发前，陶为他们办了辅导学习班，进行专门训练。

3月，普及教育助成会、晨报馆及儿童科学通讯学校共同发起半小时普及教育（空中学校）运动，从4月10日起每日中午12时至12时30分在中西无线电台播送，其中唱歌6分钟、自然科学5分钟、世界大事4分钟、国语15分钟，预定4个月毕业，可学20首诗歌、100条重要科学常识、100条世界大事、96课国语。4月16日，陶发表《五千万匹马力的普及教育机器》，形象地将普及教育比喻为一部蒸汽机，它的一条原理是“即知即传”。三种力是运用教育的力量叫人高兴教人，高兴求学；运用经济的力量叫人可以教人，可以求学；运用政治的力量叫人不得不教人，不得不求学。再加六面压迫，分别从识字的集团与不识字的集团两方面施压。

5月1日和15日，陶先后发表《文化细胞》和《文化网》，认为若不跳出学校的圈套，则普及现代教育是不可能的，在学校之外，必须创造一种下层文化组织，适合大多数人的生活，便利大多数人继续不断长进才是有了永久的基础。这种组织就是每一家、每一店铺、每一工厂、每一机关、每一集团组成一个文化细胞，其功能是促进细胞内的分子都能继续不断地长进，但是光棍一样的细胞没有多大用处，必须把一个个的文化细胞联合起来结成文化网。

6月1日，陶发表《普及教育之歧路》，指出有些地方竟用保长兼校长，连国民基础学校校长也要民团长兼任。这样学校变成衙门，教育变成办公，创造变成维持，循循善诱变成整齐划一，这种教育普及之日便是中华民族生机完全毁灭之时。普及教育必须有政治力量来推动，但是政治力量如果用得不当可以毁灭教育。保长民团长对于劝学兴学都应负责，都可以有贡献，但决不可许其干涉校务，更不可责其兼任校长。8月，陶先后发表两篇论普及教育之组织与方法的文章，针对教育官时常说有了保学和二部制就用不着小先生了，指出即使有了钱，也当充分采用“即知即传”的原则，令人民自求长进。

从1935年起，陶将普及教育的目标更集中地瞄准大众，批评“小众教育”，主张普及教育的最大使命是将文字符号和追求进步的科学方法这把现代文明的钥匙交给大众。提倡办大众画报和连环画以适应大众的阅读需要，办流动图书馆以满足成千上万大众读书的需要，提倡根据大众语来写大众文，提倡新文字和大众歌曲、大众诗、大众唱歌团。12月23日，陶应邹韬奋约请，在《大众生活》上发表《四个先生》一文，说学写大众文有四个先生：一是耳朵先生，根据听得懂的话语写出来的文章，大众是比较容易念得懂。读起来听得懂，高兴听，就算及格；听不懂，不高兴听，就把它摔到字纸篓里去。二是大众先生，顶靠得住的是大众的耳朵。农人、工人、车夫、老妈子、小孩子都是我们必须请教的先生。三是生活先生，过大众的生活，才算受大众的教育，才能写好大众的文章。必须与大众打成一片，才能感觉大众的痛苦，发现大众的问题，明了大众的迫切要求，才有资格来写真正的大众文。四是新文字先生。陶千方百计地把各种有助于大众教育的工具和手段都调动起来为大众教育服务。

1936年5月10日，陶与大夏大学教授郭一岑主编的《大众教育》创刊号出版，陶发表《大众教育与民族解放运动》等文，认为中国遇着空前的国难，小众已经解决不了，大众必得起来担负救国的责任。“要有一种正确的教育来引导大众冲破命定的迷信，揭开麻醉的面具，找出灾难的线索，感觉本身力量的伟大，以粉碎敌人之侵略阴谋，把一个垂危的祖国变成一个自由平等的乐土。”他还提出建立“止于大众之幸福”的大众大学；要做追求真理、讲真理、驳假话、跟学生学、教学生做先生、和大众站在一条战线上的大众教师；提倡做前进的青年大众，要对大众实行文化解放，打破文化奴役的“三寸金头”，将民族解放、大众解放、文化解放联起来看，联起来想，联起来干。

1936年以后，普及教育运动与大众教育运动转向共赴国难的国难教育运动。

小先生制破常规

陶行知说，“小先生制”怀胎在1923年推广平民教育时，小桃能教祖母识字，还能教晏阳初《尽力中华》的唱法，但它难产，直到1934年1月28日才出世。

1932年晓庄学校被封后，几个孩子自动组织起南京佘儿岗儿童自动学校，推举同学做校长当职员，自己教，自己学，自己办。9月4日陶听到这个消息就写诗祝贺："有个学校真奇怪，大孩自动教小孩。七十二行皆先生，先生不在学如在。"可出人意料的是，第三天小朋友们在回信中除了道谢之外，还质问："大孩教小孩，难道小孩不能教大孩吗？大孩能够自动，难道小孩不能自动吗？而且大孩教小孩有什么奇怪呀？"阅信后，陶非常感慨，遂将"大孩自动教小孩"一句改为"小孩自动教小孩"。黄泥腿的小孩改留学生的诗，破天荒地证明了小孩有创造力，引发陶在普及教育遇到教师不足的难关时创立了小先生制。

1933年，陶到南通去推广小先生制，写了篇一分钟歌谣，道："读了书，不教人，什么人？不是人。"讲过之后有一个小孩子马上说：陶先生你的演讲最好把"不是人"改为"木头人"，因为"不是人"三个字不具体，桌子不是人，椅

1933年4月陶行知在儿童节大会上讲话。

子也不是人，而“木头人”是一个具体的形象。陶听后非常乐意接受，并强调要真正承认小孩子有创造力才可以不被成见所蒙蔽。

1934年1月4日，陶给潘一尘写信列举了一系列例证，说明小孩子有不可思议的力量，做先生并不限定要师范毕业，小孩子是普及成人与儿童教育的生力军。28日是“一·二八”淞沪抗战二周年纪念，各村儿童自动工学团第一次总集合举行纪念会，同时举行小先生普及教育总动员会授旗典礼，宣告小先生制正式诞生。宝山县教育局冯国华局长参加授旗，农民百余人、各村儿童自动工学团17处、小先生团员288人到会，各村儿童自动工学团团长宣誓，然后即举行授旗礼，每团团长受旗。各自动工学团队伍在普及教育总动员会会旗引领下整齐回村，显示出小先生普及教育的先锋气概。但后来，县教育局局长冯国华却因在县内搞小先生运动而被国民党政府撤了职。再后来，他在抗日战争中参加了沪郊游击队，1939年春，在与日军作战中壮烈牺牲。

1934年3月16日，陶请赵元任为他所作的《小先生歌》谱曲，以便传唱：

我是小学生，变作小先生。粉碎那知识私有，要把时代儿划分。

我是小先生，教书不害耕，你没有工夫来学，我教你在牛背上哼。

我是小先生，看见鸟笼头昏。爱把小鸟放出，飞向森林投奔。

我是小先生，这样指导学生：“学会了赶快去教人，教了又来做学生。”

我是小先生，热心好比火山喷。生来不怕碰钉子，碰了一根化一根。

我是小先生，爱与病魔斗争。肃清苍蝇与疟蚊，好叫人间不发瘟。

我是小先生，填平害人坑。把帝国主义推倒，活捉妖怪一口吞。

我是小先生，要与众人谋生。上天无路造条路，入地无门开扇门。

陶还专门书写小先生歌发表在《生活教育》的封面上。

4月1日，陶发表《怎样指导小先生》，主张不能让小先生教传统的常规

小先生走上讲台教课。

班级，将每位小先生教的人数降到两三个人；要避免关起门来教人，要发挥整体的力量，打开门来让他们自己去找不能来学习的学生；要坚持“即知即传”的原则；不但要普及文字教育，还要将有意义的生活传布出去；要把普及教育运动当做学校的正课，引导社会信任小先生；导师必须是一把火把两头烧，把小孩的热心烧滚，把大人的人心烧滚；要有考核。陶亲自到浙江湘湖师范和翁家山小学推广小先生制。5月，陶到儿童自动学校轮训小先生。

一年前在家乡广东大埔百侯中学念书的杨应彬，对陶行知非常仰慕。1934年暑假，杨随老师到上海，在静安寺路赫德路口陶借住的程家住宅见到陶。杨当时打赤脚走了50里山路离家，到上海还是穿着一件背心、一条短裤，通身晒得黝黑。陶见到后拉着他的胳膊说：“很好，小黑炭！就是要多晒太阳。穷孩子的阳光比少爷小姐的鱼肝油、维他命更有益。”并让他将一路同台风进行九死一生搏斗的经过写出来，答应介绍给儿童书局出版。杨很吃惊，也很受鼓舞，就在亭子间里楼梯拐角处把上一级台阶作“台”，下一级台阶作

"凳"写起来，用日记的形式把这次旅行写了出来。陶看后一字没改，取名为《小先生游记》并亲笔题了封面，半年后真的出版了。杨得了50元光洋的稿费，成了那穷困不堪的杨家的救命钱。但由于书中对不平等社会发出几声控诉，不久便遭到了当局的查禁。

1935年3月上旬，陶行知到南京、九江、汉口等地宣传普及教育，推行小先生制。3月8日向汉口市立第三小学普及教育先锋团作了《怎样做小先生》的演讲。该校在汉口广播电台设立小先生普及教育讲台，扩大宣传，并制订"全国小先生通讯简则"，发起全国小先生通讯，得到各地小先生的响应。5月14日至8月20日，陶在《晨报·新夜报·普及教育》周刊连续发表15篇文章介绍怎样做小先生，12月汇编成《怎样做小先生》一书，由上海生活书店出版。该书作为对小先生的指导手册，提出小先生要继续不断地学，才能继续不断地教，

1934年陶行知在山海工学团作推广小先生制动员报告。

哥哥教弟妹识字。

教你的学生也做小先生，教孩子们要盯住你的学生，也让你的学生盯住你。

曾与陶一起在南京推行平民教育的王伯秋，此时任福建省长乐区专员兼县长，他很赞成小先生制，决意运用新设的短期小学来培养一万个小先生去推动普及教育，一年之后这一万个小先生就能教十万人。他相信这个小发明是穷县普及教育的有效方法，并已经在那儿进行了。陶说这个办法实在是妙极了，简直是把短期小学变成一个短期的小小师范学校，太有意义了。同时陶提出两点意见：不要等到一年后再叫短期小学生去当小先生；小先生是要在做上学、做上教，个把星期，至多一个月就让他们每天费半小时去教人，这样就把所有的普通小学一齐变成小师范，不但培养小学生而且同时培养小先生。

陶坚信小先生制是适合中国穷国国情的少花钱多办事的普及教育方法，认为小先生要有追求真理、即知即传、联合起来、百折不回四种精神，并依靠这四种精神去保卫中国领土完整，争取中华民族的自由平等。到

1935年，陶先后到杭州、安庆、凤阳、天津、济南、南京、九江、武汉等地推广小先生制，又向来沪参观的甘肃、广西、陕西和山东的教育团体介绍并商讨推广小先生制，一时间小先生制推广到了包括苏维埃地区在内的25个省市。湖北江陵、浙江鄞县在全县范围内推行了小先生制，广西做了有系统实行小先生制的试验。日本东京池袋儿童之村的教师译述了陶行知有关小先生制的论文，新加坡《星岛日报》也刊发了介绍小先生运动的文章。

1936年2月，陶行知发表《民族解放中小先生之使命》，提出小先生今后的任务不能停留在教人识字和普通科学，他们应当集中力量向大众宣传民族的危机和民族解放的路线。

1936年广西南宁小先生救国活动。

环球联合救国难

日本入侵中国，陶行知一贯主战。

1932年1月28日至29日，十九路军在上海迎击日军，陶高度赞扬他们是“国民的军队”，31日他发表《敬告国民》，主张：上海之战不仅是上海之战，而是全民族之战；国民应放弃旁观态度奋勇参战，做十九路军后盾，年富力强的国民加入十九路军以立全国皆兵、全民报国之初基；对阵亡将士家属负起责任来，对战地避难人民应以亲人看待。

1933年春节，陶发起读书会，在他借住的同乡程霖生家，请共产党密友讲解马克思主义，自己做学生，与王洞若、严竟成、戴伯韬等一同听讲，师生一起，虚心学习，探求解除国难路径。3月14日，陶与蔡元培、叶公绰、李公朴、章乃器、陈望道等百余人共同发起马克思逝世五十周年纪念会，并发表缘起，称：“同人等今基于纯正之研究学术立场上，发起纪念马克思逝世五十周年会，一以致真挚之敬意于此近代伟大之思想家，同时亦作研究自由、思想自由之首倡，并打破我国学术界近年来一种思想义和团之壁垒。是为启。”[1]

3月15日，陶在上海静安寺愚园路借友人家一个客厅举行晓庄创校六周年小型纪念会，王洞若、方与严于前一日口头通知晓庄留沪部分同志参加，其时陶行动仍不自由，不便公开活动，但他不顾个人安危及时赶到会场。鉴于“九一八”、“一·二八”后民族危机的加深，他深刻认识到工人力量的伟大，工农联合的重要。会上大家一致同意将《锄头舞歌》加上“光棍的锄头不中用啊，联合机器来革命呀”一节。从此陶即在上海工人区及近郊农民中大力

[1] 1933年3月14日《申报》。

开展工人农民及其子弟的教育，同时不放松农民教育。

1935年“一二·九”运动爆发，陶即撰文支持青年学生，全力以赴地参加并领导了上海文化界和教育界的救亡运动。12日，他与宋庆龄、何香凝、马相伯、沈钧儒、胡愈之、周建人、邹韬奋、李公朴等300余人士联名发表《上海文化界救国运动宣言》，提出“停止内战，一致抗日，维护领土完整”等主张，并筹组上海文化界救国联合会。16日，陶在《生活教育》上发表文章，明言这次北平学生运动是对汉奸与帝国主义的双层反抗，中华民族应该走的路线是联合世界为平等待我之民族而共同奋斗。陶请文化界知名人士钱亦石、邹韬奋、薛暮桥、钱俊瑞、艾思奇到山海工学团来演讲，大大丰富了团员的政治生活。27日，上海文化界发表第二次救国运动宣言，主张“停止一切内战，释放一切政治犯，共赴国难”，宣布成立上海文化界救国会，陶当选为执行委员兼教育委员会主任委员。生活教育社、山海工学团作为团体会员参加文化界救国会。随后又与妇女界、电影界联合组成了上海各界救国联合会及全国各界救国联合会。

1936年1月6日，上海文化界救国会通过陶起草的《国难教育方案》，确定国难教育的目标为推行大众文化，争取中华民族之自由平等，保卫中华民国领土与主权之完整；教育大众联合起来解决国难，教育知识分子将民族危机向大众广播。他提出现在是教育与国难赛跑。我们必须叫教育追上国难，把它解决掉。1月初，生活教育社同人举办寒假教师讲习会，分散在北至哈尔滨，西至兰州，南至广东、广西，甚至南洋群岛办学校的晓庄同志都到上海来聚会，陶在会上提出国难教育的口号，明确一切前进的大众、小孩、教师、技术人员都可以担任教师；国难时期的非常课程应集中在解决国难所需要的知识上；教育方法是在行动上取得解决国难的真知识，使它在解决国难上发生力量，并发起组织国难教育社。他发表文章批评以前一些喊“读书不忘救国”口号的人现在大半官运亨通，又造出“救国不忘读书”的口号，并发明“提前放假”的手段。主张整个社会是伟大无比的学校，整个的民族解放运动是伟大无比的课程。

在“一·二八”四周年纪念日当天，上海各界救国联合会成立，到会代表800余人，公推马相伯、何香凝、陶行知等十余人为主席团，沈钧儒报告开会宗旨，青年歌咏团领唱《义勇军进行曲》、《一·二八纪念》，陶行知、李公朴、史良等演说后全体代表整队出发，由主席团带领步行40余里至庙行镇公祭无名英雄墓，沿途参加者万余人，高呼团结起来抗日等口号。公祭后通过下列提案：成立上海各界救国联合会，筹备成立全国各界联合会总会，各社团工会分子都得加入救国会，援助被捕爱国分子，抗议公共租界巡捕越界在曹家渡捕人、干涉救国运动。

2月15日，陶在《大众生活》上发表文章，指出：争取中华民族劳苦大众解放的教育必然是生活的、大众的、前进的、战斗的、历史的教育；民族解放是我们当前最急切的任务，武力抵抗才有生路。16日，陶发表《民族解放大学校》，主张全体国人参与，在救国行动上学习民族解放教学做，反对当局的“教育之生命即民族之生命”，提出“民族之生命即教育之生命”，中华民族完全得到了自由平等，我们就算会考及格。23日，国难教育社在“教联”和“中青”合并基础上成立，发表《发起组织国难教育社缘起》、《国难教育社章程》、《国难教育社工作大纲》。工农商学艺科律宗及新闻各界400余人参加国难教育社成立会，在用国难教育来挽救民族的危亡的同一目标下团结起来。大会通过了简章、宣言及工作大纲，选出了执行委员，陶当选为理事长，另组成干事会，聘请张劲夫为总干事，各部分工计划，展开救亡工作。国难教育社一成立，陶便率领大家到沪东、沪西和浦东开办工人夜校、识字班、训练班等。

3月16日，陶发表《生活教育之特质》，指出生活教育是生活的，生活与生活摩擦起教育的作用；生活教育是行动的，为了争取生活之满足与存在，必

1936年1月28日，何香凝、沈钧儒、陶行知等人带领游行队伍，到庙行镇公祭牺牲的抗日将士。

须是有理论、有组织、有计划的战斗的行动；生活教育是大众的，是大众的教育，大众自己办的教育，大众为生活解放而办的教育；生活教育是前进的，要用前进的生活来引导落后的生活，要大家一起来过前进的生活受前进的教育；生活教育是世界的，承认世界是我们唯一的学校；生活教育是有历史联系的，人类几千年生活斗争的历史教训必须用选择的态度来接受，不能跌入经验主义的泥坑，历史教训必须通过现实生活过滤下来才能指导生活。争取大众解放是生活教育应负的历史使命，争取中华民族的自由平等是每一个生活教育同志不可推卸的天职。陶反对“教育逃走”，认为逃避现实的教育不是真教育。真教育必须与现实格斗。中华民族解放运动中所需要的是与现实格斗的真教育。

4月17日，陶行知接到广西民团干部学校的讲学邀请，实际上则是实施救国会的一项重大计划，即在蒋介石力量相对薄弱的西南和西北率先发起抗日救国运动，西北主要是与杨虎城联络，杨后来看到两广的情况而推迟了行动计划，直到西安事变才彻底爆发。陶即是以救国会的身份到西南进行秘密联络和动员，促动胡汉民、陈济棠、李宗仁、白崇禧等两广实力派举起抗日旗帜。20日陶致冯玉祥函称：“行知不日赴桂演讲普及国难教育，顺道赴伦敦参加世界新教育会议。如在五月十日以前有所赐教，希寄由广州儿童书局吴涵真先生转交。南京孙晓村、千家驹、王昆仑诸先生，对于民族自救之途径，皆有正确认识，可以深谈，匆此告别。”自此开始了他为抗日救国而成为社会活动家的历程。

4月30日，应中山大学校长邹鲁之请，陶在该校对1000余人演讲《粉碎日本的大陆政策》，明确指出大陆政策就是要把中国一口吞下去，要粉碎日本的大陆政策，第一就是要大众起来抗日，要各界不分地域地联合起来；第二就是太平洋各国民众来一个反抗侵略战争的运动；第三就是太平洋的集体安全制。日本的大陆政策扰乱世界和平，整个太平洋甚至全世界的安全受到空前的威胁，中国想单凭自己的力量来解决国难是一大错误。世界各国对于中日冲突要想躲避牺牲，袖手旁观，甚至于希望分一两块肥肉也是一个大错误，只有集体的行动才能保障太平洋的安全。基于这种认识，实现国内各党派和国际各国联合便成为陶此后全力以赴的工作。

5月，陶以救国会代表身份与胡汉民和李宗仁谈抗日救国问题。5日，李宗仁陪他到广西，6日在梧州广西大学演讲抗日救国问题，8日到南宁，白崇禧、马君武、黄旭初等来接。陶在接见记者时说：教育与抗日救国运动应打成一片。11日，应白崇禧之邀到广西军官学校演讲《中国民族的解放运动》，白听后甚为赞同；下午又向准备派往各县的党务人员及省党部工作人员演讲《中国的出路问题》。陶在两广活动直到6月6日从香港出国，所到之处即发表演讲，主题都是建立联合抗日救国战线，在李宗仁、白崇禧及各界民众中引起强烈反响。

5月31日，宋庆龄、沈钧儒、何香凝、邹韬奋等50余人代表60余救亡团体及北京、天津等18个省市在上海成立全国各界救国联合会，讨论通过抗日救国初步政治纲领、大会章程、工作纲领及各地代表之提案。大会宣言建议各党各派立即停止军事冲突、释放政治犯、建立一个统一的抗敌政权。陶行知、宋庆龄等15人被选为常务委员和执行委员。

6月1日，李济深、陈铭枢、蔡廷锴联合两广实力派陈济棠、李宗仁、白崇禧发动“六一事变”，准备挥师北上反蒋抗日。3日，广西各界救国会在陶的促动下成立。4日，陈济棠、白崇禧通电吁请西南执行部、西南政务委员会命令北上抗日。6月16日，西南执行部和西南政务委员会给南京中央执行委员会、监察委员会发电，要求保障爱国者言论自由和解放人民团体，陶称赞是能动员三万万五千万人的空前大事，要求释放抗日救国的同胞，开放抗日救国的组织，取消机械的指导，获得全国的联络。而实际上，广州有人6月13日才收买一些人上街举行抗日游行，陶写诗“假干，每人两毫；真干，捉进监牢”描述其实况。

6月，陶与邹韬奋讨论修改了胡愈之起草的《团结御侮的几个基本条件与最低要求》，7月15日以陶行知、沈钧儒、章乃器、邹韬奋四人名义发表，主张建立抗日民族统一战线。陶写诗道："大祸已临头，萁豆忍相煎。摩登万言书，我名最先签。"8月10日，毛泽东发表《论团结御侮——复章乃器、陶行知、邹韬奋、沈钧儒四先生的公开信》，对"四人宣言"和全国救国联合会的宣言与纲领表示极大的同情和满意，道："我们认为这是代表全国大多数不愿意做亡国奴的人们的意见与要求，我代表我们的党、苏维埃政府与红军表示诚恳的敬意，并向你们和全国人民声明：我们同意你们的宣言纲领和要求，诚恳地愿意和你们合作。"最后说，"我们诚恳地愿意在全国联合救国的纲领上加入签名。"

陶在香港停留了一月零四天，日夜不停做演讲鼓动抗日，他的演讲通俗而有内容，不但知识分子能听，劳苦大众听了也深受感动。6月20日晚，陶参加香港民众歌咏团公开演唱，有400人唱歌，观众3000人。歌咏团演唱时，听众都跟唱，3000人的吼声令人奋发。陶向举办者建议下次还要推广到下层民众里去。不料第二天，侦探长就吩咐他们不许再干，罪名是歌词里面"打倒"的呼声太多。他们于是说就把"打倒"的词句改掉好了。侦探长说，我们不反对唱歌，所反对的是那个"众"字。陶说："众"字是殖民地的最大忌讳之一，也是我们民族解放的主力军。人家所害怕的正是我们要拥护的。"众"之所以被人反对，还是不够"众"。

陶于7月初得到全国各界救国联合会通知，决定委托他借赴英伦参加世界新教育会议第七届年会之机，以国民外交使节的身份到欧、美、亚、非各国和地区宣传中国人民的抗日主张，发动海外侨胞共赴国难。7月11日，陶在离港赴英前对记者说：我要借此次国际会议，粉碎日本帝国主义者国际间的武断宣传，让世界公正人士明了中国的一切。联合战线是当前救亡的唯一方策。南京若与红军携手，救亡实力大有可观，再加上西南的军队和全国民众，要人民起来做发起人，公正的、无党无派的人出来做和事老。联合战线最不可少的是诚意，最不可有阴谋和其他不纯正的野心。当天，陶写《留别北海先生》，向陈铭枢道别：

联合战线未展开，北海先生眼望呆。只需珍重苍梧扇，自有春风天上来。

联合战线将展开，五柳先生眼望呆。合是云头吃酒醉，如何一去不归来？

“北海”与“五柳”分别指陈铭枢和陶本人，第一节写的是陶离沪去两广直至两广事变发生期间的时局，第二节写的是蒋介石平息了两广事变，也改变了对日政策后的时局，表达了陶对“联蒋抗日”的联合战线的急切期待。7月13日，陶在船上写《留别沈钧儒先生》，向救国会领导人告别。15日到新加坡，他再次告诉媒体，联合始可救中国。8月7日至14日，陶出席在伦敦召开的世界新教育第七届年会，作《中国救亡运动与小先生制》、《中国普及教育》等专题报告，各国与会代表认为这是殖民地普及大众教育的好办法，印度、加拿大、墨西哥代表特别重视，约请去演讲实施小先生制的经验。

8月24日，陶与陈铭枢、胡秋原等发表告海外同胞书，提议举行全欧华侨抗日救国大会。8月底至9月初，陶与钱俊瑞、陆璀在瑞士日内瓦参加世界青年和平大会。9月3日至7日，在布鲁塞尔世界和平大会第一次会议上，陶被选为中国代表团主席、大会主席团成员。会议期间，请国际和平大会常务委员会尽速派代表去中国。18日，陶参加巴黎中国学生会召开的纪念“九一八”五周年大会并演讲，在巴黎《救国时报》发表《告和平与中国之友书》。9月20日，陶倡议发起的全欧华侨抗日救国大会在巴黎召开，英、法、德、瑞士、荷兰等国华侨代表400余人到会，陶行知、陈铭枢等发表演讲。10月30日上午，在伦敦与吴玉章一同瞻仰马克思墓并写诗。此后，他又两次拜谒马克思墓。

11月22日凌晨2时30分左右，中国各界救国联合会领袖沈钧儒、邹韬

陶行知代表全国救国会出席在比利时召开的世界和平大会。图为会议期间陶行知（左三）与巴黎学生自治会代表合影。

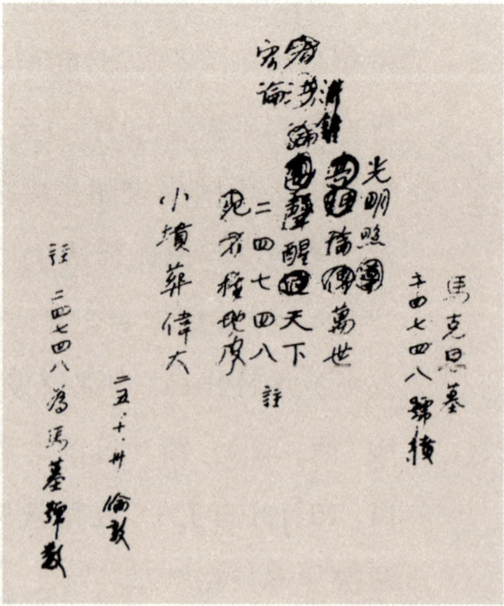

陶行知在马克思墓前留影并写诗一首，“二四七四八”为马克思墓号。

奋、李公朴、史良、沙千里、章乃器、王造时七君子在上海被逮捕，时称“七君子之狱”。陶远在国外也遭第二次通缉。在美国得悉这一事件，陶便请求美国著名学者杜威、爱因斯坦，印度民族解放运动领袖甘地等发电给蒋介石、孔祥熙、冯玉祥，要求释放救国人士。12月21日，在陶推动下，世界反侵略大会理事会议决由英国国会议员贝克先生领衔致电南京国民党中央政府，云：“我们对于世界反侵略大会中国分会委员沈钧儒、邹韬奋、李公朴、章乃器、史良及其他和平运动者之被捕深感痛心，我们出于保障世界和平之诚意，希望释放他们。”

1936年陶行知在美国探望母校哥伦比亚大学师范学院。

1937年1月，陶行知、冀朝鼎等33人发起救援“七君子”和马相伯的活动，并发表《旅美华侨告海外侨胞书》，同时在美国组织洗衣工联合会。4月3日，江苏省高等法院以“危害民国并宣传与三民主义不相容之主义”罪名通缉陶行知。

“七七事变”后，陶自美写信指导生活教育社的工作，将“国难教育运动”改为“战时教育运动”，将《生活教育》改为《战时教育》，出版《战时读本》、《战时儿童》，嘱办难民收容所，坚持办好工学团和

《战时教育》。

1937年冬陶行知在加拿大宣传抗日援华时与华侨合影。

工人识字班，要求适应抗战形势，加强对人民大众的宣传教育。生活教育社同志随后转移至汉口并与武汉人士一起筹备成立抗战教育研究会，运用文艺形式宣传抗日，孩子剧团亦于此时成立。

陶行知在宣传抗战的活动中结识了白求恩，动员他到中国帮助抗战，而陶将在美国、加拿大沿铁路线17个城市讲演，将所得用来购买医药器材，再通过宋庆龄转给白求恩，直接支援根据地军民。1937年12月6日，陶草拟《杜威宣言》，杜威博士同意后陶将所拟宣言发电报给甘地、罗素、罗曼·罗兰、爱因斯坦四先生，征求联名。13日，他们（甘地22日来电参加）共同发表宣言：支援中国抗战，谴责日本侵略，呼吁对日禁运。

1938年2月10日，陶与吴玉章一起出席世界反侵略大会，到会代表700余人。5月4日，陶在洛杉矶5000人的集会上讲美国运往日本的废铁的实况，结果是“美国富翁黄金满堂，中国同胞血花遍地”，他说：“日本在中国杀死一百万人的时候，有五十四万四千人，是美国的军火帮助杀死的！”在现场就座的国会议员司各脱（Scott）重复了一遍陶的话说：“凡不愿做帮凶的人请站起来。”全场5000人一起站了起来表达禁运军火的决心。

7月21日上午9时，陶到雅典苏格拉底石牢待了5分钟，成诗一首。

24日夜11时，陶到开罗，与埃及爱兹哈尔大学中国伊斯兰教留学生20余人及其他留学生聚会。26日夜，伊斯兰教同学在开罗唱《义勇军进行曲》欢迎陶行知，陶发表演说。

陶行知1936年到1938年的欧美亚非之行总计行程十万余公里，足迹遍及28个国家和地区，七次进美，六次进法，五次进英，四次进加，三次进比、德、锡兰，两次进埃及、印度、新加坡，到过一次的有瑞士、奥地利、匈牙利、保加利亚、南斯拉夫、希腊、巴勒斯坦、黎巴嫩、吉布提、意大利、墨西哥、爱尔兰、荷兰等。一路上，他竭力宣传组成联合战线，批驳

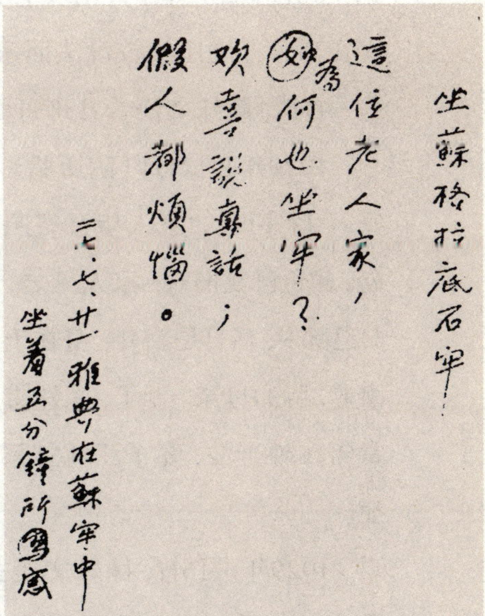

陶行知在苏格拉底石牢前留影并赋诗。

错误言论，分析国际国内形势，开展世界联合反法西斯、兵役、抗战教育等工作，中心是要精诚团结，一致抗日。作为教育家的陶行知，在国难到来之际一变而为勇猛的斗士，成为外交活动家和抗敌救国的宣传家。

妻亡家散志难摧

陶行知自幼生活在乡村，困苦是常态，亲情浓厚却很纯朴，往往不需通过物质形式表达。

1926年，陶母进60生日，他特地从南京赶到北京祝寿，奇妙的祝寿方式便是叫除他以外的全家人从早到晚出去痛痛快快玩一天。于是陶母带着儿媳、女儿和四个孙子外出玩个够，留他一人在家看门。1927年陶母60周岁时，陶在南京办晓庄学校没法回家，不几天又是中秋，他就寄来一张相片，后面写一首诗。陶妹文渼看着哥哥面容很消瘦的相片背着人在月下啜泣。

1928年1月21日（阴历腊月二十九日），陶再寄照片并作短诗《寄小影回家》，诗序说："家人望吾寄照片甚殷，因面瘦不敢寄者数月。近来长肉二十磅，颜色已复旧观，家人见之，必可大慰，特照一相片题诗寄去。"诗道："明日已除夕，后日是新年。身在千里外，心里自团圆。"就在这年，为了支持晓庄事业，陶的母亲、妻子、妹妹带着四个孩子从北京城迁到南京的乡村。由于陶常年在外奔波，妻子汪纯宜累月牵挂而误食过量安眠药导致得了神经错乱症。

1929年6月6日，妹妹文渼去世，陶精神上受极大刺激，8日作《文渼指导之遗志》，称："文渼指导是我亲妹，我的益友，我的导师。她与我不是平常的兄妹可比，她知我最深，我知她最切。"并历数其遗志：一是她最心爱的便是那些勤俭活泼的“香姑”，为她们创设了晓庄农暇妇女工学处。二是她深信进行乡村教育最有效的办法是夫妻学校，使个个乡村教育同志的夫人或未婚夫人都能得到活的教育。三是她心中的乐园便是晓庄，要和大家共同造成一个美的晓庄。四是五柳村是她的实验家庭，她要创造一个卫生的、科学的、经济的、艺术的和爱的家庭献给乡村教育同志作参考。五是自从她的丈夫去世以后，她的唯一志愿是帮助我做个有益人类的人，我之所以能够专心为社会做事，全靠她治家得宜，免去我们的后顾之忧。我愿她在我心里活着，仍旧帮我做个有益人类的人。

1930年，陶行知被通缉，母亲为儿子安危牵肠挂肚，妻子则因恐惧病情加剧，曾投河自尽，幸被救起。

在晓庄学校，陶行知用上等宣纸装订一本美丽的大簿子放在办公桌上，以备学生质疑难题，簿子封面贴了一条泥金标签，他自己写上“人生问题”四个字，旁边放了一张通告，欢迎大家将心窝里的问题写出来使他可以预先考虑答复。一天，陶发现有人写下了：“夫子的儿子教学做，可得而闻乎？”作为回应，1932年1月23日，陶写《儿子教学做》，说：“我希望每一个儿子做成一个什么样的儿子，我得把自己先做成那样一个儿子。我要儿子自立立人我自己就得自立立人。我要儿子自助助人，我自己就得自助助人。最近我和小孩子们商议出一个自立立人自助助人的教学做过程”，分为“三岁喂得饱，个个喊宝宝；小事认真干，零用自己赚；全部衣食住，不靠别人助；自活有余力，帮助人自立”四个阶段。而中国社会对小孩的教育普遍只有全然依赖、忽然独立两个阶段，缺少渐进的桥梁。

1933年1月4日，陶给堂弟媳写信，劝其节约办婶母丧事：“吾国婚丧喜庆大率是做给人看，往往弄得破产。故婶母之丧亦且以穷人之礼奉治，虚礼可省即省。”这年11月26日，陶母去世。陶宏回忆祖母中风的那天晚上，陶一面守护着母亲一面还写着一篇长文章，一直写到天亮。陶母去世的那天夜里看守在医院里，陶行知睡在地上，陶宏睡在床上，当发觉无法挽救后就将遗体移往太平间，然后陶去打电报请南京姚文采来沪帮料理丧事，回到医院对陶宏说的第一句话是："睡觉，明天再说。"陶宏说："你睡吧，我可睡不着。"再过一会陶居然睡着鼾声响起来了。这种善于用数学方法处理事务的修养功夫，显现出他是一个极富情感，又极有理智的人。

自从陶下决心为人民大众的教育事业服务后，他的生活就开始贫困。他所办的教育事业除一部分靠捐款外，还要靠他卖字、卖文章、卖讲演三卖来维持，不光顾到自己的小家，还要照应"大家"。因此他的家庭生活非常窘迫，请不起女佣，全靠母亲帮做饭。母亲去世后，家里就剩下一个病人、四个未成年的孩子和陶行知本人，生活更加困难。

陶母去世时许多友人和学生给他一些钱，他不为家用又拿去办学校了。有人送来花圈，陶说："实在是浪费。死了我的母亲，我不想叫许多人倒霉，而想要救活许多人。"为了募捐办教育，他碰了不少钉子，一些人说："捐我们的钱去办他们的教育，谁愿意呢？"他募捐时便向他们说明是为了办大众的教育。有个时期几乎要靠他给书坊主编小学教科书和编辑刊物来维持教育经费，写稿时常通夜不睡。虽然他这样穷困，遇有贫穷的学生向他请求接济时，他又没有不乐意帮助的。他被通缉后，汪达之临危受命去办新安小学，没有薪水，每月只有8元钱的饭钱，而汪母只身一人在安庆帮工度日，陶特准月汇10元给汪母作生活费。有一年冬天，他看到一个孩子还穿着单衣在街头，询问后陶就掏出5元钱让他买件冬衣，这孩子只用了4元，找到陶要把剩下的1元钱还给他，陶最终还是让他拿去用了。

1934年1月6日，陶致信邵仲香，决定将母亲逝世所受赙仪用来设纪念金，为劳苦大众儿童教育之用，"志在因家母一人之死而求多人之活"，用节省之款在晓庄唐氏地上建纪念苗圃，可用公众的力量造林，又可以用公众的力量护林。

由于家庭生活无以为继，陶一度只好让病妻和儿子晓光在儿童科学通讯学校过集体生活。后来，陶夫人病情日趋加重，晓光无法照应，遂联系到上海普慈疗养院治疗，后方知该院不仅不能治疗，还要病人做宗教祈祷，陶晓光与陶城毫无办法。此时，陶行知正奔忙于联合抗日救亡，尚存遭通缉的危险，连到医院看一次都未实现。1936年4月23日下午5时45分，陶行知夫人汪纯宜久病不治，逝世于普慈疗养院。当时正值“两广事变”紧张筹备之际，陶就在当日忍着悲痛离沪去穗，真正做到了舍家救国，踏上赴世界各地宣传中国人民抗日救亡的征程。

1936年7月16日，陶行知在新加坡写诗《致张清和先生》，道：

你问吾妹安否，你问吾母康健，你问吾妻无恙，

我听了说不出话来，眼泪要从心头泻。

待我再上坟时，当诉说你的挂念。

她们去了也好，我率性将家庭眷恋化作民族解放宏愿，

将大地走遍，要同胞把住存亡关键，结成联合战线。

抗战开始后，陶的四个儿子分散在徽州、南京各一个，其余两个在上海分住着。1937年2月23日，陶从国外写信告诉感到困难的儿子晓光：“你的人生观太悲观，应当改正过来，世界上一切困难都要用冷静的计划去克服。忧愁伤心是双倍的牺牲，于事并无补。你们不是孤零零的孩子，在你们的周围有着几千几百的孩子，都是你们的朋友、你们的同伴、你们的服务的对象。从家庭的小世界里把自己拔出来，投入大的社会里去，不久就会乐观、高兴，觉得生活有意义。”

1939年12月31日，陶办育才学校，在乡下小山岗上找到一旧碉堡，稍加修理就搬进去住，并在那里与吴树琴女士结婚。他们生活简朴，自种蔬菜，与附

陶行知与吴树琴及亲友合影。

近大官盖起的楼房形成极具讽刺意味的对照。婚后家庭生活由夫人料理，陶将艰苦而愉快的生活写成诗一首：

太太做佣人，佣人做太太。
彼此轮流做，我看很不坏。
先生说话太奇怪，怎对佣人呼太太？
倘使太太不高兴，打破饭碗把你怪。

七　潜心抚育难童

1938年8月30日，陶行知回到香港，受到香港渔人协会平民学校师生的热烈欢迎。在9月1日的欢迎会上，他作了题为《国际形势与中国抗战》的演讲，主张实现自由平等的唯一方法是各种人联合起来抗战。在港期间，他对记者及各界人士发表回国三愿：一是创办晓庄研究院培养高级抗建人才；二是办难童学校收容教养在战争中流离失所的人才幼苗；三是在港创办店员职业补习学校动员侨胞抗日救国。前两件事随即开始筹备，第三件事则是在港设立了中华业余学校。

1938年香港渔人协会平民学校师生欢迎陶行知回到香港。

参政会里难参政

1938年初，中共建议国民党组织一个动员全民参加抗战的民意机构，得到其他各党派团体的拥护和支持。3月，国民党临时全国代表大会决议建立国民参政会，4月12日公布《国民参政会组织条例》，6月16日国民党中央常务委员会通过了总数为200人的参政员名单，根据组织条例第三条甲项，陶行知是由安徽省选出的参政员，而实际上他是以救国会领袖身份入选的。7月6日至15日，国民参政会第一届第一次大会在汉口举行，陶因在海外宣传抗战救国未能参会。

回国后，陶在政界展开了一阵旋风似的会见与访谈。9月28日到长沙与在此检阅军队的冯玉祥叙谈，并赴湖南省主席张治中之宴。10月1日与邓颖超、任光同船到武汉，受到沈钧儒、邹韬奋、沙千里等人欢迎。10月4日上午蒋介石约见陶，陶谈了两年来在亚、非、欧及北美洲宣传抗日的情况并申述回国三愿，表示要恢复晓庄学院以培养高级抗建人才，蒋当面表示赞同。10月5日，陶与周恩来相见，周向陶介绍了陕北军民抗战的情况。10月6日白崇禧扶病见陶，陶建议以全面教育配合全面抗战，白甚以为然。10月7日，与李宗仁谈至凌晨3时，提出全面战术宜有全面教育与之配合，李当时兼任皖省主席，约陶去安徽任教育厅长，15日陶再访李时婉言谢绝厅长任命。

10月10日，陶会见教育部长陈立夫，重申创办晓庄学院及推行小先生制以助成普及教育，陈让陶直接向高等教育司立案，陶当天向高等教育司吴俊升致函，经过半月公文旅行，陈最终于10月27日以“不拟复”三个字将陶拒绝。在此后一次交谈中，陈摊牌说：“你的学生和朋友中，很多是共产党员。”陶对陈说：“他们是否共产党，额头上没有刻字，我不知道。但就是共产党员，他们办事认真，又有能力，一心抗战，为国家为人民服务，又有什么不可呢？”10月11日和14日，宋美龄两次宴请陶行知，陶申述教育对于国家之重要，宋表示相信陶办教育是真正为老百姓，邀他任三民主义青年团（简称“三青团”）总干事，陶建议“三青团”最好不要排除任何党派的青年，它应该是中国各党各派和无党派青年的一个综合组织。当然，他的这一建议同样被拒绝。10月11日，陈诚约谈陶，陈希望他到鄂西北办教育，这位策划国共合作抗日的媒人在当时得到国共及各党派的盛情欢迎。

10月28日至11月6日，陶在重庆出席国民参政会第一届第二次议会，提出三个提案：《推行普及教育，以增加抗战力量而树立建国基础案》，旨在以全面教育配合全面抗战，造成全面的军民合作，以争取最后的全面胜利；《建立志愿兵区，以补兵役法之不足案》，主张采取志愿兵制，使人人都愿为中国死，知为中国死，能为中国死，则中国自然能活起来；还有个提案是《赶快建筑西北大铁道案》。

12月初，周恩来、白崇禧、陈诚先后向陶转达蒋介石11月25日至28日在衡山召开的南岳军事会议精神。12月8日，国际反侵略运动中国分会举行茶话会，招待广西各界人士，名誉主席马君武、理事陶行知、雷沛鸿出席，周恩来应邀发表演说。28日，陶从桂林经南宁、越南到达香港。

1939年1月1日，陶在香港与国民参政员胡文虎等人请国民政府罢免汪精卫的议长职务。陶还发表文章表示坚决支持蒋介石的衡山会议五方针，主张抗战建国要真干，不可假干；穷干，不可浪费地干；合干，不可分裂地干；快干，不可慢慢地干；大干，不可小小地干。16日，陶在香港中华业余学校发表题为《全面抗战与全面教育》的演讲，指出抗战已成为军事、政治、经济、外交、教育等方面的全面战争，应有全面教育与之配合，要把教育扩大到敌人的后方，扩大到全中国，全世界；不只是着重青年教育，还要顾到老年人和小孩子的教育；要顾到随战争的进展而产生的伤兵教育、难民教育；要跟着老百姓跑，宣传、组织、动员、教育老百姓，以产生抗战的力量；教育的行为是服务，服务的行为也就是教育；要顾到高深的研究，也要顾到目前需要的实用技术。1月27日，陶参加在港参政员在华商俱乐部举办的茶会。2月15日至17日，陶参加了国民参政会第一届第三次会议的第三、第四次大会。

9月9日至18日，陶出席国民参政会在重庆召开的第一届第四次会议，他提出由国民参政会酌派国际观光团以加强国民外交的提案，并与沈钧儒、邹韬奋联名提出组织华北视察团案。会议期间陶接受媒体采访时强调："精诚团结是民族存亡的关键。"他还参与了被称为"晴天霹雳"的宪政运动。他与《新华日报》记者谈话，主张建立各级真正的民意机关。会上，他就"结束党治"与国民党参政员论战，结果通过了请政府"制定宪法，实行宪政"的决议。11月13日，陶与一些国民参政员在一心饭店聚餐谈宪政问题；16日写出《宪政运动与国民教育》，就四次参政会后组织的宪政期成会以及中国宪政运动，主张创造一部宪法，并认为这是空前的一件大事。从教育的目光来看，宪政运动要用新大学的原理来干，在止于大众的幸福，最重要的原则是学术自由，不但要官训民，还需要民训官。"全国国民共同认识而有共同学习、共同参加所产生的宪法，是必定成为共同遵守、共同爱护的国宝而垂于久远。"但是，1940年国民党第五届中常会第一四五次会议却通过了压制民主宪政运动的暂行办法。

1940年1月4日，陶出席参政员茶会并被推举为起草日美商约期满之对策的起草员。此后数日多次与救国会沈钧儒、章乃器、胡愈之等聚会讨论时局。1月23日，国民参政会决定将陶等提议的华北视察团改为华北战区慰劳视察团，团员由参议会议长蒋介石指定。2月3日，毛泽东、陈绍禹、林祖涵、吴玉章致电参政会秘书处，不同意1月23日对华北视察团的改变，特别对组成成员中无陶行知等表示异议。

4月1日至10日，陶出席在军事委员会礼堂举行的国民参政会第一届第五次会议，其间与张治中、许世英面谈，9日陶接受《新华日报》记者采访，指出中国有三件大事：抗战到底、精诚团结、实行民主宪政。这三件事是相联系的，必须由参政会及全国同胞共同努力才能完成。他特别强调必须立即停止国共摩擦。陶说他“已在参政会上提出规定教育为人民义务和权利的问题”，并诙谐地说：“我们不希望中国老百姓吃大菜，但我们希望中国教育办成中国老百姓平日吃的青菜糙饭一样。”

7月11日，行政院长蒋介石聘陶行知为战时公债劝募委员会委员，29日陶收到聘书后致函孔祥熙，表示“极愿竭其绵薄，为国效力”，但“国内劝募，知交多属寒士，效力很少”，倘能出国一行，宣传抗战成绩、粉碎敌伪反宣传、鼓励侨胞捐输，“一举数得，贡献较大”，此意未获批准而未成行。7月25日，陶会晤沈钧儒，沈向陶介绍了他同黄炎培、左舜生、秦邦宪、章伯钧一起与参议会议长蒋介石晤谈的情况。

9月，国共间摩擦加剧，陶生病近20天。22日，周恩来、邓颖超、徐冰、张晓梅等专程到旧碉堡探望病中的陶行知及其夫人，育才学校指导部主任吴渤（白危）向周恩来汇报育才学校情况。周指出育才学校要提高警惕，采取措施，有备无患。建议秘密准备一条大船，一旦形势骤变，师生可乘船溯嘉陵江北上广元，再由八路军办事处帮助转入解放区。陶欣然同意，以搞运输为名租用一条大木船，做好了“有备无虞”的应变准备工作。

11月11日，陶行知与蒋介石、冯玉祥、孔祥熙、鹿钟麟、薛岳同祭张自忠将军，孔祥熙同意帮助创办晓庄研究所。12月23日，陶以“文化团体和努力国事信望久著之人士”身份连任第二届国民参政会参政员。他将每月车马费360

元全交育才学校作办学经费。1941年1月6日，皖南事变爆发，国共双方的摩擦公开化。30日陶与沈钧儒、邹韬奋、史良联名致函蒋介石，请纠正暗中捕人行为，以保人权而重法治。3月1日至10日，陶参加在重庆浮图关国民大会堂召开的国民参政会第二届第一次会议，中共七位参政员拒绝与会。

11月15日，陶行知与史良等商议参政会提案，决定经济案以平抑物价为中心，民主案以言论自由为中心。陶又与沈钧儒同访周恩来、董必武，劝中共参政员出席参政会，周、董示意“叶挺未释”不与会，两天后得到释放叶挺的保证，陶记下“董、邓出席，团结有加，全体为国家庆幸”。[1] 16日，陶参加中国民主政团同盟首次以组织名义在重庆临江路俄国餐馆举行的茶会，招待国共两党代表和参加国民参政会的民主人士，宾主共50人。会上宣布中国民主政团同盟正式成立，冲破当局的“党禁”，并就民主政治问题交换意见。

11月17日至26日，陶参加在军事委员会大礼堂召开的国民参政会第二届第二次会议，会议通过了陶与胡秋原等人提出的《正式承认自由韩国临时政府及独立阿比西尼亚王国案》、《设立中央儿童学园以倡导幼年社会教育案》和《化除青年烦恼发挥青年精神以保全民族元气而增加抗战建国力量案》。后一提案提出用民主的方法训练青年，禁止教师、学生充当私密警察，尊重信仰自由，保障人权。陶在会上看到有人提出实行将田赋改征实物的新政策的提案，愤然在该提案标题上写下“弊端百出，苛扰不堪”；在选举参政会驻会委员时，邻座的国民党参政员陈其采接到一张条子，陈视力不佳请陶代看，原来是国民党参政员要选的人员名单，陶愤慨地将“自己机械的做成有声电视，读给他听”。

1942年7月27日，国民政府公布第三届参政员名单，陶行知、吴玉章、沈钧儒、邹韬奋、史良、梁漱溟、罗隆基、陈嘉庚等43位上界参政员未被选入。

---

[1] 1941年11月15日、17日陶行知工作日志。

由于参政会只有建议权和询问权，无决议重要方针的权力，因而不是一个完全的民意机关，但它绝对是当时各派之间复杂政治斗争的舞台。随着国共两党间的斗争日趋激烈，议案所议常如泥牛入海，陶等多数民主人士原初希望参政会成为通向民主宪政的过渡或“楼梯”的设想也越来越不现实。

创立生活教育社

生活教育社从晓庄学校时起就是一个实际存在的组织，但一直没有正式成立备案。1934年1月20日，陶行知发出致生活教育社全体同志的信，希望相互通信，报告各人为劳苦大众干了什么事。

1938年11月21日，陶飞抵桂林筹备公开成立生活教育社。12月15日，生活教育社在广西桂林正式成立，以探讨最合理最有效之新教育原理与方法，促进自觉性之启发、创造力之培养、教育之普及，及生活之提高为宗旨。有2000多人参加成立大会，陶作报告，白崇禧、郭沫若等讲话，社址设在桂林中山纪念学校。陶当选为理事长，他总结了生活教育运动经历乡村、普及、国难、战时、全面等教育运动的十二年历史经验、教训，号召全社同志今后要负担起四大任务：力求自己长进，把自己的集团变成抗战建国的真力量；影响整个教育界共同进步；普及抗战建国的生活教育运动；普及反侵略的生活教育运动，倡导教员要担起宣扬真理、驳斥假理的责任。会议选举陶行知、李任仁、邵力子、黄炎培、汪达之、王洞若、刘季平、戴伯韬、方与严、沈钧儒、顾颉刚、雷宾南、杨东莼、张宗麟、田汉、张劲夫、崔载阳、徐特立、孙铭勋等32人为理事，预留1名蒙古族理事名额；选举邱昌渭、杜重远、任光、范长江、戴自俺、刘琼瑶、程今吾、喜饶嘉措、蔡楚生等15人为监事，日常工作先由王洞若，后由程今吾负责。

1939年3月1日，生活教育社召开干事会，本着“检讨过去，把握现在，创造未来”精神研究晓庄研究所事宜。4日至5日，陶草拟了《告生活教育社同志书》，并在3月15日召开生活教育十二周年纪念大会，到会社员、来宾及小朋友1500人。主席黄炎培致开幕词后，理事长陶行知作了长篇报告，将“迎接困难”四个字送给全体同志作座右铭，预言中国抗战已走上了胜利之路，总结十二年来生活教育所做但尚未做完的三件事：反洋化教育、反传统教育、在半殖民地半封建的国家建立争取自由平等之教育理论与方法。今后要继续以往的工作，负起当前的责任，展开全面教育以配合全面抗战而争取全面的最后胜利。实现这一目标的前提是加强我们的力量：学术就是力量，每人都要抓住一个问题继续不断、百折不回地去研究它，不得到解决不止；组织便是力量，生活教育社是一个教育思想者、教育运动者、教育工作者的团体，又是培养教师、学习生活和知能的共同生活体；组织必须民主化，“不但总社要民主化的组织，而且分社、共学服务团的组织都得民主化”；行动便是力量，要以行动的战时生活增加力量。邹韬奋、董必武、喜饶嘉措大师等来宾在纪念大会演讲，朝鲜少年三一剧团、孩子剧团、七七少年剧团、战时儿童服务团等许多儿童团体表演了节目。

4月15日，生活教育社重庆办事处成立，陶在成立会上报告该社在渝工作计划：最近将成立晓庄研究所，研究伤兵教育、难民教育、华侨教育、游击区教育等专门问题；筹备育才学校，训练受难儿童。名记者社友范长江报告国际新闻社东进支队的工作情况，着重指出进行持久战中深入教育工作之重要性。生活教育社成立之初即在桂林推广山洞教育，将防空洞办成战时民众学校；推行小先生制，促进战时儿童教育，组织伤兵服务；筹设“第二家乡”，为流离失所的人才提供生活场所和服务社会的机会；进行兵役宣传研究、游击区教育和儿童保育研究。该社在四川、浙江、上海、安徽、香港等省区设立13

个分社和10个通讯站，总社增设出版部，并开展征集生产建设基金的工作。

1939年6月起，生活教育社组织社员参加暑期共学会，从7月20日至8月5日，先后请吴玉章、顾一樵、冯玉祥、邵力子、邹韬奋、沈志远、钱俊瑞、章乃器到会讲学。7月30日还专门召开生活教育理论讨论会。12月底，陶对一位朋友来信中对于生活教育提出的一些怀疑或反对意见作出答复："真正的生活教育自古以来一直存在，而且还在一直存在下去，发展下去，而达到最高的生活即最高的教育。为着最高的目的而忘了发展的过程和为了发展的过程而忘了最高的目的，都是错误。"否认了"生活教育者企图不通过突变而欲达到质变"的看法，否认生活教育"只限于一部分被提拔的天才者，群众是没有份的"的观点，强调从民众那里来的回到民众那里去。"高谈革命理论，而无革命实践的象牙塔里的'革命家'也无由知道生活教育之宝贵。"强调："教育是民族解放，大众解放，人类解放之武器。这种教育观是把教育从游戏场陈列室解放出来，输送到战场上去。""生活教育理论，是半殖民地半封建的中国争取自由平等的教育理论。"

1940年3月10日，陶给主办《战时教育》半月刊的白桃写信道："有人希望给我们划一个'教育'圈，叫我们老在这里打转。"建议要走出教育圈，应采取的方针是："一般的特殊，特殊的一般。在一般的生活里，找出教育的特殊意义，发挥出教育的特殊力量；同时要在特殊的教育里，找出一般的生活联系，展开一般生活的普遍而深刻的影响。把教育推广到生活所包括的领域，把生活提高到教育所瞄准的水平。"

3月15日，陶撰写《生活教育运动十三周年纪念告同志书》，报告生活教育社所属晓庄研究所已经建立；育才学校已经开学；新安旅行团开展西南伤兵和难民工作成绩很好；浙江云和、湖北英山及山西运用生活教育理论有特殊效用；社友500人在江南一带工作，在过去一年中已经有40余人壮烈牺牲，我们应当踏着他们的足迹，负起他们遗下而未完成的任务；提示今日中国教育最需要而最忽略觉悟之启发，一个教育者的重要任务是把自己和学生的成见、武断、私心、偶像崇拜、公式主义、教条主义从头脑里肃清出去，并把客观环境与头脑之间的门开得好好的，使得真理可以清楚而正确地反映出来，这种反映的收成便是从大彻大悟中形成信仰而生出力量；强调民主宪政是保证精诚团结抗战建国的根本大计，必须把宪政运动和国民教育、民众教育联起来，使大家对制宪有共同了解、共同参加、共同信仰。

1940年6月，育才学校文学组主任魏东明去延安，陶与他告别时讲："那边正要我介绍一些生活教育社的同志去工作，你去正好。"并请魏转达中共中央，同意在边区和各敌后根据地成立生活教育分社。随后延安正式成立了生活教育分社。1942年3月17日下午1时，生活教育社延安分社与新教育学会在延安礼堂联合举行纪念生活教育运动十五周年大会。中宣部、中央研究院教育研究室、边区教育厅、延安师范学院、边区师范、保育院等机关和学校代表200余人到会，董纯才致开幕词，简述生活教育历史；徐特立、罗迈二部长讲话。徐特立着重指出生活教育创始人陶行知中国式的不屈不挠的革命精神与美国式的实际主义的作风最值得学习；罗迈指出陶行知和徐特立是中国新民主主义教育的两面大旗。徐、罗一致号召全延安教育工作者要虚心地热烈地来研究陶先生的学说。最后由张健报告生活教育学说，并分发新教育学会草拟的生活教育研究提纲，决定各小组详加研究，多提问题，将请罗迈作结论。

1943年3月17日，延安新教育学会和生活教育社延安分社致电祝贺生活教育运动十六周年，同时延安教育厅、新教育学会暨生活教育社延安分社共同举办生活教育运动十六周年纪念会，吴玉章、徐特立、罗迈、赵毅敏、柳湜、贺连成、董纯才及各中学校校长教员等40余人到会，吴玉章说，我们今天的教育没有办好，原因是教育与生活、社会脱离了关系，我们要创造新的教育，首先要与老百姓的生活与社会结合起来。1944年和1945年，生活教育社延安分社暨延安文教界举行类似的活动，边区政府主席林伯渠及徐特立等百余人到会。在1945年的纪念活动上，林伯渠在讲话中指出：生活教育社陶行知和诸位先生等十八年的劳绩打破了中国历代把读书当成士大夫阶级特权的思想，使教育为群众服务；另一个特点即是抛弃了读死书的教条主义。贺绿汀以其在育才学校任职时之具体事实说明陶的民主作风和对学生的爱护。会议写信慰问陶行知，最后由刚来延安的育才学校十七八岁的同学黄晓庄、陈复君二人演唱该校音乐组同学自己创作的歌曲三首，其中一首为黄晓庄创作的《你这个坏东西》。

1941年6月11日，在生活教育讨论会上，陶阐明生活教育运动的经济基础，强调教育改造与社会改造不可分，指出生活教育的远景是建立大同世界、天下为公，近景是打倒日本帝国主义。1942年3月15日，生活教育社举行十五周年纪念茶会，到会社员、育才小朋友及各界人士共200余人，陶理事长在报告十五年来推行生活教育的动人故事后说，生活教育一向拥有但未曾公开的两个朋友：一位是贫穷，一位是患难，并以“友穷、迎难、创造”六个字与大家共勉，一切为创造，创造为除苦。延安新教育学会正、副理事长徐特立、范文澜致电向生活教育总社陶行知先生祝贺称：十五年前，先生不辞艰苦，创办晓庄学校，提倡乡村教育，掀起了乡村教育的大浪潮，波及全国各省，晓庄变成了乡村教育运动的大旗，先生执这面大旗，披荆斩棘，为中国乡村教育运动开辟了一条大路。

生活教育社原拟于1944年6月召开会员大会，因战时交通阻隔，遂采取通讯方式改选，陶行知连任理事长。1946年后，生活教育社迁往上海，1951年批判《武训传》后停止活动。

育才学校育难童

1938年10月2日，陶行知接受《新华日报》采访时说，今后将仍然担任教育工作，办战时学校。4日，陶出席汉口临时儿童保育院欢迎大会并演说，强调保育难童之重要，不要把保育难童工作认为是慈善事业，应认为是保育中国的幼年主人，与将士在前线捍卫国家一样重要。

10月15日是新安旅行团成立三周年，陶与邓颖超、田汉、任光、李岷源、王洞若等参加在儿童保育院举行的庆祝会，被新安旅行团小朋友誉为“太老师”的陶幽默而富有深意地说他不是太老师，因为他一贯主张向学生学习，因此他是新安旅行团的“太学生”，认为新安旅行团今天有如此成就仍是不够的。用追求真理的话说，这只是抓住了真理的尾巴，必须继续抓住而且要骑到真理的背上去！引得儿童们欢笑不止。

陶在武汉期间应邀参加设计委员会帮助从武汉迁到四川的八九所保育院做开办工作，他对翦伯赞说：“现在成千上万的孩子，流亡到重庆没人管，我要到重庆去抢救这些孩子。”1939年新年，陶赴港为创办重庆育才学校及晓庄研究所筹集经费，赈济委员会代委员长许世英答应以赈济款项拨给开办费4.5万元，经常费用每月3000元。2月，陶多次往返重庆与北碚之间。3月1日，专程到龙凤岗、东洋镇、草街子古圣寺等地寻觅准备创办的育才学校校址。2日，他将此事托付给卢作孚之弟、北碚区长卢子英。14日，陶就创办育才学校一事致函宋美龄，说明受到天才儿童的刺激，为了培养难童中的幼年人才，便拟定章程、计划，筹到最低限度的开办费，并希望在16日下午以前有一机会向她详细报告并请指导。

3月18日，陶到古圣寺查勘育才学校校址，与县立小学校长吴学渊等人晤谈。4月15日成立育才学校筹备处，与王洞若、马侣贤、陆维特等进行筹备工作；23日最终选定合川县草街子镇凤凰山上的古圣寺作为育才学校校址。

育才学校校址 —— 古圣寺。

育才学校全景。

5月，王洞若、戴伯韬、帅昌书（丁华）、魏东明等协助陶制订办校计划及工作方针，分别拟订《育才学校教育纲要草案》、《育才学校公约草案》。《育才学校教育纲要草案》明确提出：“用生活教育之原理与方法培养难童中之优秀儿童，使成为抗战建国之人才。”同时注意一般基础教育与特殊基础教育，学校全盘教育的基础建筑在集体生活上，办知情意合一的教育。《育才学校公约草案》相当于学校章程，分总则、基本权利与义务、学校最高权力机关及校长、集体生活最高权力机关、学生自治权力机关、行政组织、自治行政机关、自我教育小组、监察及裁判机关等14章。总则第一条规定：“育才学校的教育基础为集体生活，在集体生活中，参加分子相师共学，力求进步，探讨真理，服务社会。”

陶委派马侣贤负责筹备、租借，修理校舍，募集图书及相关办学设施；帅昌书、陆维特、孙铭勋、张望等组织选拔测验组，分赴各儿童保育院、教养院、孤儿院等难童机构，以智力测验、文化考察及特殊能力的考察三个方面综合评价，择优选拔具有特殊才能的难童入学。6月15日晚，育才学校借温泉小学召开第一次会议，讨论筹建中的各项事宜，确定各组指导员，初分文学、音乐、绘画、社会科学、自然科学五组。各组主任都为有名专家，招聘的教师有赵望云、吕霞光、任光、常学镛、顾佛影、陆维特、吴晓邦、岳立、水华等。

7月20日，育才学校在北温泉小学开学，第一批到校学生40余人。陶作了题为《育才学校创办旨趣》的演讲：“创办育才学校的主要意思在于培养人才之幼苗，使得有特殊才能的幼苗不致枯萎，而且能够发展。”育才学校不是培养小专家；不是培养他做人上人，要以他们学得的东西贡献给整个国家民族，为整个国家民族谋幸福，为整个人类谋利益；不是丢掉普及教育而来干特殊教育。中共北碚中心县委书记李亚群根据四川省委指示，派林琼到育才学校担任地下支部书记，公开身份是音乐组艺友；9月，中南局又派自延安马列学院毕业的共产党员廖意林来育才学校工作。8月初，学校迁至合川县草街子乡凤凰山上的古圣寺正式上课，有来自15个省战区、灾区的难童学生70余人，年底增至近百人。

9月30日，陶思考如何设计育才校徽，事后，他以《我们的校徽》为题撰文说明其意义：圆圈是求学的符号，求学要虚心，要有相当的空闲。它又是工作的符号，工作要不断努力才能成功。它也是战斗的符号，要精诚团结才能得到最后的胜利。圆圈虽能把学校生活本身的内容包括无遗，但要三个圆圈连锁起来才能充分表现它与世界及历史发展的关系内涵：第一个圆圈代表全校一体，第二个圆圈代表世界一体，第三个圆圈代表古今未来一体。三个圆圈所表现出来的意义有：智仁勇；真善美；工学团；教学做合一；自然、劳动、社会；头脑、双手、机器；迎接困难，分析困难，解决困难；认识社会，适应社会，改造社会；检讨过去，把握现实，创造未来；肯定、否定、否定之否定……凡30余种。我们的三个环是三个连锁的红血轮，代表着有生命的学校、有生命的世界、有生命的历史都联成一体。

育才学校时期的陶行知。

10月13日，育才学校召开校务会议，讨论自由与纪律，先生与学生，民主与集中，教材编辑、朝会、生活指导会等事宜，决定请马侣贤代行校长职务，陶将主要精力集中于筹款。

11月3日，出席重庆保育院院长会议的院长们参观了古圣寺育才学校，6日，校务会议上讨论生活教育的方针，陶提出“把教育推广到生活所包含的边际，使生活提高到教育所瞄准的水平”。

从1939年底开始，育才学校开始遇到严重的经济困难。数年中陶开口向一切可能提供捐助的人募捐，尤其是1943年后，师生几百人的衣食住行花费全靠这位“背着爱人游泳”的老夫子去跑，曾数度发生经济危机，陶曾一日发17封求援信，但还是过着一天只能吃两顿稀饭的日子。

1940年2月6日，育才学校第四次指导委员会决定招收自费生。20日陶致马侣贤信称：“望停止做垫被，统以散稻草代替。”可省则省而且必须省，使

育才学校学生
在学校门口留影。

得别的要务可以有钱举办。3月9日，陶给马侣贤、帅昌书写信约请专家到育才讲学，此后先后应邀到育才讲学的有周恩来、吴玉章、博古、邓发、翦伯赞、郭沫若、周扬、夏衍、刘白羽、邵荃麟、徐迟、周而复、萨空了、吴晓邦、盛婕、姚雪垠、曹靖华、戈宝权、光未然、田汉、何其芳等人。3月16日开始，陶行知生了一场大病，血压高至156~210毫米汞柱。

6月25日，陶回复马侣贤的辞职信道："知道每月所亏超出预算甚巨，解决之法：一为开源；二为节流；三为努力生产。开源我担任；节流你主持；生产要全校动员来干，务使地尽其利，人尽其才。""育才学校是差不多漂流到尼嘎拉瀑布（尼亚加拉瀑布）的悬崖上头，我们这些船夫倘不依着把舵者所驶方向转头来，整个的船可以从瀑布上冲下来。这不是你辞职的时候，而是努力立功的时候。我料理就绪，当扶病来校帮助你们奠定学校的基础。虽然一个病人的力量是很少的，但我也是船夫之一，不能袖手看船翻。"在如此艰难的情况下，1940年夏育才又从几所保育院及当地儿童中招收一批新生，到6月底全校学生152名（其中难童140名，自费生12名），学生带来的幼小弟妹和地下党、进步人士送来的幼年子弟编为小学复式班，由夏志诚负责教学，这成为小学部的前身。学校还陆续设立了图书馆、资料室、操场、植物园、木工场、农场等。

1940年9月24日，陶陪周恩来一行到育才学校，在全校师生欢迎会上，周报告当前形势，并与教师研究应变计划，还在孩子的笔记本上题写："一代胜似一代。"25日陶写信叮嘱马侣贤："昨天请客一切费用，连酒菜、饭茶、滑竿、船钱都开在我的暂记账上，并请立即清算，以便照付。学校经费中不宜动用一文。"10月11日，周恩来、邓颖超觉得小孩子们健康欠佳，特捐助400元作买运动器具之用，陶嘱咐马侣贤："这是指定捐款，请开具正式收据，交下，以便送去致谢。"11月7日，中共中央发表就时局的指示，要求国民党区域的一切组织全部地、完全地、有秩序地隐蔽起来，中共育才学校支部组织疏散隐蔽，冯兰瑞、戴伯韬去延安，正准备来渝的张宗麟也转道去延安。9日，陶在学校朝会上提出大家要有研究和帮助的态度，要建立健康气候、学术气候、朋友气候、民主集中气候四个目标，方法是约谈、快谈、畅谈，育才师生之间相互称大哥大姐。

12月26日晚8时，政治部文化工作委员会在中国电影制片厂主办儿童音乐演奏会，冯玉祥夫妇、何应钦夫妇、叶剑英、郭沫若、周恩来、邓颖超及苏联友人米海耶夫、叶绥娜暨银行界、文化界、中外记者百余人出席音乐会，陶致词报告创办育才学校之动机，旨在集体生活中培养及帮助儿童从事特殊的修养，为整个民族利益造就无数追求真理的小学生，自觉觉人的小先生，手脑并用的小工人，反抗侵略的小战士。育才学校音乐组主任贺绿汀报告音乐组情况，音乐组学生陈贻鑫等演出钢琴独奏、合唱等节目，获得与会者一致好评。演出后，应陈贻鑫请求，周恩来为育才音乐组同学题词："为新中国培养出一群新的音乐天才。"

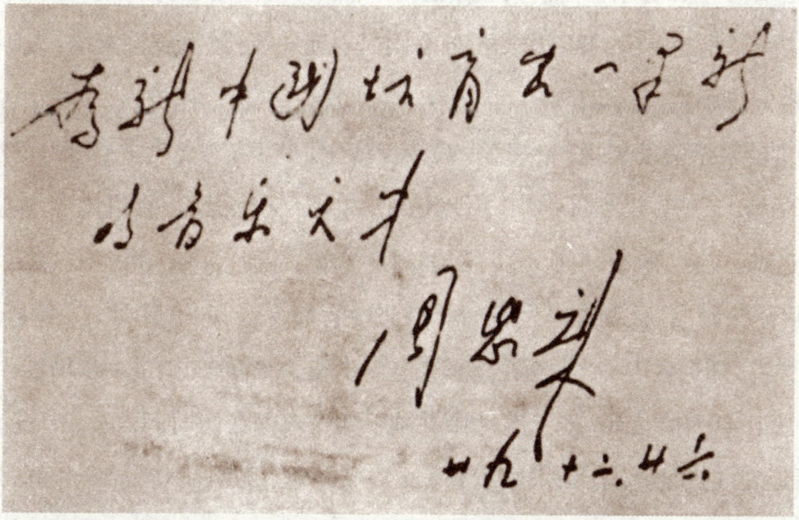

周恩来为育才音乐组题词。

入冬后，天气骤冷，学生衣衫单薄难以御寒而棉衣一时又筹措不及，陶打开自己的衣箱，捡出可以御寒的衣物给学生，教师们也纷纷响应，有些教师甚至还脱下自己身上的大衣、毛衣给学生穿。

经过一年多的发展，育才学校设立了指导、研究（后取消）、校务三部。指导部主任先后由帅昌书、吴渤、方与严、程今吾、廖意林、邹绿芷等担任；研究部主任王洞若；校务部主任马侣贤。以上人员除马外都是中共党员。育才各组主任分别为：文学组主任先后是魏东明、艾青，社会科学组主任孙铭勋，自然科学组主任先后是孙锡洪、陶宏，戏剧组主任章泯，音乐组主任先后是贺绿汀、李凌，绘画组主任陈烟桥，舞蹈组主任戴爱莲。在课程设置上，普修课小学开国语、算术、自然、生理卫生、社会常识、英语、劳作、图画、音乐、体育等；初中设国语、英语、数学（初一算术、初二代数和几何）、历史、地理、社会常识、劳作、图画、音乐、生理卫生、体育，初一设生物、初二设理化等。特修课分组开设：文学组设文学讲话、语法、名著选读、写作练习、文学思潮、修辞、作家研究、文艺批评、古代文学、外国文学等；音乐组设视唱、键盘乐、乐理、音乐欣赏、弦乐、声乐、管乐、作曲等；戏剧组设发音、表演、化装、舞蹈、戏剧讲话、舞台技术、剧运史、世界剧史、导演、剧作、心理学等；绘画组设素描、漫画、水彩、木刻、画理、人体解剖学、透视学、美术概论、国画、广告画、美术史等；社会科学组设社会发展史、伦理学、政治经济学、联共党史、哲学、中国问题、国际问题等；自然科学组设物理、应用物理、生物、无机化学、有机化学、应用化学、几何、三角、解析几何、微积分、天文、气象、地质等；教学以班级授课制为主，集体探讨、社会调查等为辅。课时划分：普修课起初占三分之二，特修课占三分之一；随后各占一半；最后普修课进一步减少，特修课则进一步增加。

1941年1月皖南事变后，育才中共地下党员教师在短时间内按组织通知撤离到延安或其他地方，留下廖意林、方与严等地下党员坚持工作。贺绿汀、戴伯韬、陆维特等赴港转沪到苏北，帅昌书等去延安，王洞若等去昆明。中共育才地下党两个支部合并为一个，由廖意林任支部书记。27日，教育部部长陈立夫要陶校长同意派训育主任到育才任职，可以拨给经费改为公立，陶婉词拒绝。为了锻炼孩子能力，也为解育才因老师转移出现的师资不足问题，从1941年初开始成立育才见习团，走出学校学习，戏剧、绘画、音乐三组分别到重庆艺术社团、展览馆、工厂、商店等处向专家学习，向工农大众学习，三个月见习期满返校搞创作，再向社会公演、展览、汇报学习收获。1月5日音乐组到渝，数度举行演出，深为各界称许；8日戏剧、绘画两组学生31人到重庆参加各种戏剧、绘画活动，以增进实际经验。

3月29日，陶给肖生写信："学校要实行传达室办法。有人来必须填明姓名、住址、事由、所会之人，并须通报副校长。遇有便衣警察，必须要求其出示证章，否则拒绝。便衣人检查，亦须由精明负责人陪同察看，以免有人栽诬……我们必须认真办学，以求对得住小朋友，对得住国家民族。毁誉之来，可不必计较；横逆之来，以慈爱智慧庄严无畏处之。我们追求真理，爱护真理，抱着真理为小孩，为国家，为人类服务，社会必有了解之一日。"

6月30日，陶发表《育才二周岁前夜》，认为目前的磨难可算是严重，但是也给了我们空前的机会创造，明确集体生活包含集体自治、集体探讨、集体创造三种要素。集体自治一方面培养自动的力量，一方面培养自觉的纪律，一方面树立宣导这力量及有效发挥这纪律而有条理的机构，使他们向着有目的的生活奔赴。集体探讨有行动、观察、看书、谈论、思考五路，在以集体的努力追求真理。集体创造在运用有思考的行动来产生新价值，创造健康之堡垒、艺术之环境、生产之园地、学问之气候。主张活的人才教育，不是灌输知识，而是将开发宝库的钥匙交给学生，主要的四把钥匙即国文、数学、外国语和科学方法。分六组特殊学习目的在使人才幼苗得到及时培养而免于延误枯萎，短短两年试验证明此路线正确。特别注重自动力之培养，生活、工作、学习都能自动则教育之收效定能事半功倍。集体检讨可能的流弊是一不小心往往会变成集体裁判，纠正之方在民主立法，有司执法，网开一面。

7月20日，育才举办建校二周年纪念仪式，陶讲《育才与抗战艰苦奋斗之奇迹》，并为因公殉难的会计雷醴泉撰写碑文。

1941年下半年，除了要克服经济困难，育才还面临着向当局立案的压力。10月15日，陶在给育才戏剧组和文学组同学的信中写道："我现在集中精神要取得平价米，并把中学部立案手续办成。我们的三个月的捐米被炸毁了。冬衣的布还没着落。为着顾到学校的生存，只能满足你们一小部分的希望。"由于陶以校内有老资格国民党党员方与严为由未同意当局派训育主任，育才立

陶行知在凉棚下与育才学校小朋友聊天。

案受阻。国民党当局对此用尽卑鄙手段，一是造谣说"育才学校已经自动停办了"，"政府要接办育才学校了"。二是破坏，当一位热心教育事业的朋友正打算捐一笔钱给育才时，有人警告他："哼！你拿钱去给共产党办学校，这是什么意思？"三是利诱，"育才学校可以改为国立，经费由教育部负责，一切问题都好解决"。四是纠缠，指使草街子土豪张登年借"霸占公产"罪名和育才打官司。五是耍流氓，学生在北碚演戏募捐，特务们打伤全市唯一一位出租汽灯的老头子，阻挠售票，抢占座位。六是开展特务工作，学生进城参观实习，大小特务们不离左右，用皮球、糖果、本子、钢笔等来引诱天真的孩子们。在当局以手续不完备、基金不足为由不让育才学校立案取得合法地位的同时，又鼓动当地土豪以办古圣寺中心小学为名企图将育才挤出古圣寺。12月24日，四川省政府主席张群、委员李琢仁、黄仲翔就解决育才校产纠纷问题致函合川县长、县党部书记长。陶一方面在明枪暗箭之下和魔鬼们周旋，一方面挑上二百几十个孩子的生活重担和米价赛跑。

11月2日，陶在朝会上说，与米价赛跑要努到最后一斤力，动员一切朋友和力量。12日陶从宋美龄那里和保育会募捐到一批大衣，他在写给育才驻渝见习团的信中吩咐"要十分珍惜这衣服"，并向他们分析弄脏弄破的原因和地方，提出："你们爱惜衣服，便是爱惜国力。这是每一个忠诚的国民应负的责任。"

12月7日，经阎宝航介绍，借重庆管家巷28号间明远房作为育才学校驻渝办事处，该房被敌机炸毁无人管理使用，与房主商定由育才学校出修理费抵作五年租金租用。后来重庆社会大学、行知小学的校址也设在此处。8日，太平洋战争爆发，不久香港沦陷，东南亚华侨及港九同胞对育才的经济支援中断，米价飞涨，育才有断炊之危，陶终日为募集经费奔忙，与米价赛跑更紧张。在此情况下，全国保育总会副会长邓颖超以育才部分学生家长在陕甘宁边区工作为由，将育才学生王智、李冬、肖志鹏、卫道静、刘国钧、刘幼雪、张作民等送往延安就学。随后还送黄晓庄、陈复君、武兆令、任克、罗燕铭、余静梅、陈一坤、张珍、王明明、刘存久、谢可烈、陈光华、叶明、张旭东等去延安学习或参加工作。这一年，除历史学家翦伯赞讲中国通史外，吴玉章、田汉、茅盾、邓初民、周谷城、姚雪垠、秦邦宪等亦先后到育才讲课。

1942年1月5日，育才决定在渝分别举行绘画展览、话剧公演及音乐演奏筹募经费，陶即来渝筹备。11日绘画组在中苏协会展出抗战儿童画展，作品有水彩、木刻、油画、漫画等千余件，均为该校学生习作。绘画组20人，年龄最小的9岁，最大的16岁。另辟“育才之友”画展，展厅一进门是“育才之友”冯玉祥和郭沫若及一些艺术家赠送的字画展览，参观者赞叹不已。冯玉祥特地为育才学校儿童画展题写形象逼真的《小小艺术家赞》歌。16日，戏剧组开始在抗建堂公演五幕儿童剧《表》，到20日共公演5场。2月14日和15日，音乐组在广播大厦举行音乐会。三项活动除去开支尚余1.5万余元。7月20日，育才学校举行三周年纪念晚会，陶发表题为《每天四问》的演讲：第一问我的身体有没有进步？第二问我的学问有没有进步？第三问我的工作有没有进步？第四问我的道德有没有进步？并提出了具体的改进方法。

1943年4月3日至5日，育才音乐组在重庆举行音乐会，并在重庆广播大厦进行特别广播，冯玉祥在音乐会上独唱，劝勉青年人要努力打回老家去。6日，育才戏剧组为筹募难童教养经费在重庆、北碚、合川公演《小主人》，该剧描写一群苦孩子辗转流离于炮火炸弹之下流浪乞讨，饥寒病死，悲欢离合，反映那个时代孩子们受难、挣扎、奋斗的过程。

7月20日，育才四周年纪念日，为节约不举行纪念活动，有客人来则吃一碗纪念寿面。

1944年6月，陶即开始撰写《从五周年看五十周年》以纪念育才五周年，然而这篇文章直到他逝世也未写完。这篇文章一开头便说：“育才学校在千灾万难中居然活了五年，可以算是一个奇迹。”“纪念这个奇迹的最好方式，

育才学校音乐组学生在练习演奏。

是爱护它，保护它，发展它，繁殖它，使它在新中国和新世界之创造中，发挥出它的力量与贡献。”要求全校师生克服弱点，发扬优良传统，向前迈进。五年工作的五条优良传统为：奉头脑作总司令；止于大众之幸福；全校团结成一个巨人；虚心，虚心，虚心，承认一无所知，一无所能，学习，学习，学习，学到人所不知，人所不能；建立起健康的堡垒。未来发展除特修科要继续探讨外，应适应大时代的需要，在战时，学校不只是一个学问的组织，而且是一个战斗体；在平时，学校应该不只是一个消费的组织，而且是一个生产体；要学习科学帮助创造科学的新中国，学习民主帮助创造民主的新中国。

9月，育才学校增设舞蹈组，由著名舞蹈家戴爱莲任主任，除在校内挑选有舞蹈才能的学生集中学习外，10月17日发出公告公开招收14岁以下初小毕业以上文化程度的学生20名，10月20日考试。陶还组织舞蹈组师生到新华日报社去学习延安的秧歌剧《兄妹开荒》等，并很快就到附近农村演出。陶自

育才学校舞蹈组演出后合影。前排右三为戴爱莲。

编《朱大嫂送鸡蛋》秧歌舞剧歌词，由音乐组老师谱曲，戴爱莲女士编舞。《朱》剧很快就传到了山城的一些学校与附近农村。戏剧组学生自编自导四川方言话剧《不太平》、《啷格办》，在重庆、北碚、合川等地演出，取得良好的社会反响。

10月13日，陶行知致育才全校同志、同学、同工信，就校务会议及教育方针扼要总结五点：已发现有特殊才能者采取即博即专之原则；未发现有特殊才能者采取先博后专之原则；中途发现所入之组不合性情或发现另有更高之才能时得以转组；普修课依部章分阶段；特修课依各本组之性质定进程，不做普修课之尾巴。10月，育才学校绘画组在印度加尔各答举办的绘画木刻义卖展览得到各界好评，订购者踊跃。捷克斯洛伐克驻重庆大使馆武官许士德在印度参观展览后，当场选订绘画组学生舒元玺的木刻画《小孩》一幅，到重庆育才学校提取作品时还盛加赞誉。在加尔各答展毕回渝后，又添加新作于10

育才学校舞蹈组为村民演出《朱大嫂送鸡蛋》。

月底在中苏文化协会举办展览。本月，饶国模支持育才事业，先将重庆市郊小龙坎法元寺的一块土地（约十亩）捐给育才开辟农场，后又将市郊瓷器口高峰寺的千树梨园捐给育才。次年，两个农场均获丰收，所得可供学校开支月余。

11月3日晚8时，育才在抗建堂举行舞蹈音乐会，音乐组学生演奏，戴爱莲表演舞蹈，节目非常丰富，此后又接连演出数日。陶对记者说：育才学校创办舞蹈组正是恢复与发展中国传统舞蹈艺术的一大尝试。戴爱莲女士对西洋古典舞、现代舞都造诣很深，回国后不断研究中国各民族的舞蹈，决心要从中国古代舞蹈、西洋舞蹈以及中国少数民族舞蹈中融合创造出中国的新型舞蹈，热心主持育才舞蹈组的创办，并相信将获得很有意义的结果。

1945年3月15日，育才同学会成立，陶出席成立大会并要求同学们加强团结："我们每一个人好像一块石头，如果彼此凝固得紧，便成为一座堤，水由堤上流下去，冲动了水轮，便可发电，产生热，产生光，产生力量。"大会公推徐永培同学为理事长。此后，育才师生加强农村工作，与校四周民众密切联系。育才学校的两个秧歌队深入工厂、农村为广大民众演出，更有计划地开展农村调查、访贫问苦、送医送药上门、巩固原有识字班并增设更多的识字班。

5月2日，陶给育才之友、爱护科学之友写信告知去年经校董会议决，以后本校方针要加强自然科学组，并扩充其名额为全校学生数的50%。今年招收新生即特别注重数学程度并提高智慧测验标准，最近在北温泉租得临江楼房屋一座，足敷初步发展之用。现在一切条件业已具备，只缺少基本之图书仪器设备，需募集科学图书杂志，生物、物理学、化学实验室仪器设备。当月，育才自然组由古圣寺迁往北温泉红楼。

7月20日，陶参加育才学校六周年校庆活动，和来宾们一起分发由美国援华会赠送的儿童读物。8月7日，陶准备育才学校情况报告，拟向美国援华会争取经费补助。9月，饶国模又将重庆红岩村山腰上三座楼房租借给育才（象征性地收取少量租金），戏剧、舞蹈、音乐、自然四组及小学部均迁至此，与十八集团军办事处、新华日报社为邻。1946年春节，八路军办事处开联欢会，周恩来把育才的孩子们也请了去。在联欢会上，孩子们跳起了欢快的秧歌舞，唱起了解放区传来的歌曲。周请育才师生会餐，让孩子们吃上一顿好菜、糯米饭，过一个愉快的节日，并赞扬说："你们在这样艰难的时候，在这样困难的条件下，坚持办学真不容易啊！"

12月10日，育才实验剧团开始在北碚献演歌舞话剧大会串四天，所演《三江好》、《王大娘补缸》、《搜查》和《新疆舞》、《西藏舞》等均极为精彩，场场观众爆满。该团遂决定续演三天，并定于17日招待儿童福利所儿童，18日和国立剧专联欢，演《啷格办》，但13日晚演出正进行时，突有身份不明的便衣持枪人员到场外寻衅，企图将该团工友逮捕，一时呼救声大起，经观众赶出解救始罢。因处境复杂，该团遂决定停演。

抗战胜利后，育才学校大部迁至上海，分部留在重庆。

育才自然组学生做化学实验。

1945年陶行知在育才学校留影。

美国援华联合会赠送大批儿童读物给育才学校。图为陶行知与美国友人一起把图书分发给孩子们。

创造之神心中住

陶行知十分注重创造，1933年他就提出“行动是老子，知识是儿子，创造是孙子”，要教人在行动上取得真知识与真力量。而且他十分注重激发大家共同创造，他提倡“行是知之始”时名字还叫“陶知行”，有调皮学生喊“行知吾师”，他笑而默纳。1934年7月16日，他干脆宣布正式改名“陶行知”，后来还为自己签名造了一个特别的新字——“衎”。

1934年11月12日和14日，在接受《大公报》记者采访时，陶说：“现代的中国人，已经成了没有创造力的民族，千年来的传统教育，便是斩杀小孩子创造力的刽子手。所以我决定，从消极方面反对专门引导儿童向享乐的路上走去，从积极方面创造出适合幼儿的工具，以培植他们的创造力。我们要用科学的集团的力量，来支配每个儿童，使他们都有创造的机会与能力，更要保护他们创造力不被掠夺，而使他们每个都有享受的权利与机会。”

1936年8月20日，陶在给汪达之的信中说对于试验工作所抱根本的态度是：“帮各人或各个小集团，取得一个自由研究的环境，独出心裁的去创造。看见有创造时，我便欢呼鼓掌，否则便觉得苦闷，甚至懒以理会。同时只要我鼻子还在水面上，总是毫不吝惜的出我的小小力量向大家贡献，只是不愿负起主持之责以减少大家的创造欲。”1940年3月15日，陶在生活教育运动十三周年纪念时说：“生活决定教育，教育要通过自觉的生活才能踏进更高的境界，通过自觉的集体生活的教育更能发挥伟大的力量，以从事于集体之创造。”

1941年2月19日，陶得悉学校中有少数同事和同学精神不振，便写信请马侣贤向大家转达：“在平时办学一帆风顺，人人能办。在艰难困苦中不动摇而向前创造，才为难能可贵。奋斗是万物之父。”3月15日他在生活教育

陶行知在育才学校查看第一口自开的水井出水情况。

运动十四周年纪念会上提倡以创造纪念以往。6月20日至7月20日，育才全校师生积极响应陶行知提倡的“集体创造月”活动，自己动手造了四个露天讲坛、一个舞台、两个游泳池，改造图书馆使它成为现代的文化厨房，建立了自然科学馆、历史地理陈列馆，艺术馆举行了就育才学校来说空前的有意义的展览会。

8月1日，陶行知在朝会上总结了“集体创造月”的经验教训，提出要在集体创造上学习创造，并宣布“集体创造年”开始。13日陶讲创造新学校、新国家、新世界者当有“挖更深之池，开更坚之石”的精神。29日在林间小山上召开育才校务会议，通过了陶草拟的《育才学校创造年计划大纲》，提出以严肃认真态度律己，以互助合作精神相待，以科学方法治事治学。同时请学者轮流来校讲学以提高学术之气候，培养幼年研究生，扩充图书，实行“寸土运动”，使地尽其利。9月1日，陶在育才学校开学典礼上讲《幼年研究生之培养》，并写《创造年献诗》，阐明创造的哲理，鼓励大家“日日月月积成年，努力创造新天地”。选拔幼年研究生27名，十三四岁的学生每人一专题，不断搜集资料，在各专业教师的指导下开始专题研究：有研究鲁迅《阿Q正传》的，有研究诗歌创作的，有研究苏德战争及国际形势的，有研究戏剧表演和剧本创作的，有研究钢琴弹奏与作曲的。另外还成立“谈天会”研究天文，建立植物组学习研究各种植物。少年研究生将育才的学习风气推向一个新的高峰，先后完成研究报告十多种（其中《苏德战争研究》长达20万字），创作剧本4个，创作歌曲27首，创制科学仪器30余种。为了更好地创造，陶于9月3日向卢子英商借《万有文库》及《图书集成》，得到同意后，5日至8日派学生去抬回学校，陶写欢迎标语：“拿集体探讨集体创作答谢《图书集成》；以万分努力万分爱护欢迎《万有文库》。”

陶行知（右三）、吴树琴（右四）夫妇与友人在重庆北碚合影。

9月23日，育才学校指导、研究两部联席会议通过了创造年研究指导部计划大纲，陶讲培养幼年研究生的指导思想是“不在其真正能够有多大贡献，而在其探讨上取得探讨之方法”。

1942年3月17日，陶在给肖生、方与严的信中嘱咐全体同志同学依据创造年计划向前迈进。幼年研究生，每人一专题，不断努力，由近及远，终必有成，各人与我通信磋商。7月7日，陶在给赵冕的信中介绍幼年研究生论文、高小及初中毕业论文撰写的两个新办法：“有一位研究我们古圣寺之历史，在和尚坟墓、账簿、年谱及地上挖出残碑中得到古圣寺之前寺是比莎士披亚（莎士比亚）小三岁。同时他研究苏德战争，已成廿万字。他们产生了四个剧本，廿七支歌曲，研究报告十余种。半年前发动自制仪器，现已完成卅余件，以后还要朝着这方向努力。”并向他介绍幼年研究生的六字诀：一，疑，集，钻，剖，韧；全校的十字诀：一个大脑，二只壮手，三圈连环（学习、工作、团结），四把锁匙（国文、外国语、数学、治事治学方法论），五路探讨（体验、观察、看书、谈论、思考），六组学习，七（集）体创造，八十一难，九（久）已闻名，十（誓）必克服。[1]

7月20日，陶发表《育才三周年祭同志文》，祭奠“共命小船，你曾撑篙”的已亡同志，诉说“要想吃饱，案立不了；要想立案，饭吃不饱”的困境，呼唤“呜呼同志，冥冥引导；不急不息，向前创造！”8月1日，陶给陶宏写信道：“学校已下决心创造健康的堡垒，定了二十九条《卫生守则》以代替十分之九的医生。”8月18日，陶为育才学校7位小朋友创办的《植物小世界》壁报创刊号题词：我和小朋友只可以说是共学而不能说是教导。我们立了几条共学的原则：（1）从生物到书本；（2）从实践到原理；（3）从具体到抽象；（4）从个体到系统；（5）从近处到远处；（6）从用手到用脑；（7）从肉眼到显微镜；（8）从好玩

[1]《育才学校手册》上出现的是“八位顾问（何事，何故，何人，何如，何时，何地，何去，几何），九九难关”。

到学习；(9)从不用钱到不得不用钱；(10)从不轻易采摘到不得不采摘。

在1942年秋的一次朝会上，晨风沁人，山鸟齐鸣，陶对大家讲："人人都有一定的才能，但不能放任自流，让它自生自灭。人才通过教育培养和自己的勤奋努力，方能成为大才。"但"不满足于大才，必须高标准，严要求，继续努力探索，大胆创新，才能攀登科学文化高峰"。"大"字上加一横是"天"字，天才出于勤奋、锲而不舍。最后他勉励大家说："人才、大才、天才都不是从天而降的，是我们因材施教，循循善诱，耐心细致的教育培养的结果，是自己忘我的勤奋学习，不断钻研创造，发展起来的。"

1942年10月16日，育才音乐组以创造为主题举办音乐晚会，主席江秀和报告："筹备这一个音乐会，迎接创造之神回来，住在我们每一个人的心里，帮助大家创造，帮助各组进步，帮助全校进步。祝全校创造胜利！"演出结束后，陶校长笑逐颜开地立在舞台上说："今天的音乐晚会，在大家的掌声中，

育才学校学生收获自己的劳动果实。

已把‘创造之神’迎接回来了！”10月31日，育才文学组举办诗歌朗诵会，为创造之神与少男少女一齐歌唱。陶在终场时站在台前起劲地说：“诗的晚会把‘创造之神’留住了。”

11月28日，陶行知思考如何把青春留住，想到恨、怒、惑、惧、恋、厌学、教倦、没有称心工作、不看有益之书、不跟少年学、不站在前线而甘落伍都更易老。于是写成《长青不老歌》。

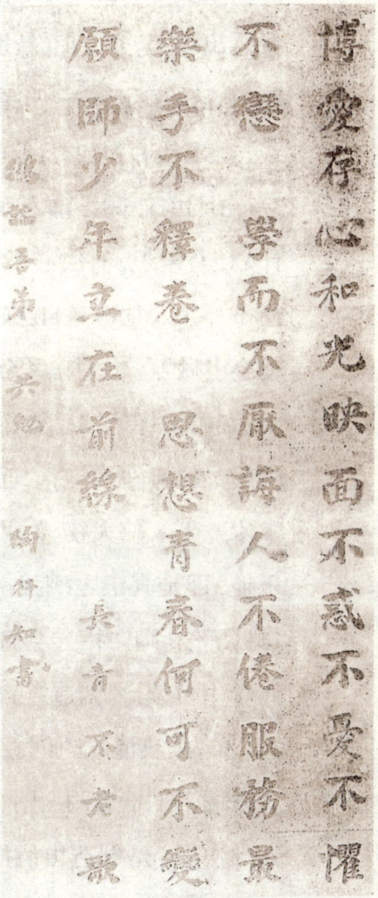

陶行知手书《长青不老歌》。

12月18日，育才自然组举办科学晚会，在物质极端匮乏的条件下研究出省钱的代用品，解决了电学和光学上的问题。同学们管理灯光非常成功，章恒同学具有艺术性和科学性的导演引人入胜。同学们表演了求知之舞、变化之舞、元素之舞，将科学艺术化、舞蹈化、大众化，并搬上舞台，把不易懂的科学上的名词和原子统统人格化了。“化学之神”自己用美妙而有趣味的歌声传达出它的来历、它的化合、它的分解、它的用途，使人在欣赏艺术的娱乐中获得了现代的自然科学知识。25日，育才举行盛大庆祝游艺会，办了大型壁报，以纪念牛顿诞辰三百周年、伽利略逝世三百周年。学生绘制的伽利略、牛顿像悬挂在会场，陶朗诵了《纪念牛顿与伽利略》，倡导“学牛顿深思，学伽翁实做”，学习他们不断追求真理的精神，“我们不但对于自然界的许多不了解的问题要加一个

why，就是对于社会，同样也加一个为什么”。

1943年1月11日，陶给陶晓光写信道：“在‘博中求约’和‘自约返博’，都是做学问必需的过程。”并托他在成都搜集有价值之图书（包括国内外名著、研究报告、重要史料）、需用之仪器，“今年是科学年，我们计划再扩充仪器，建立科学馆，以丰富中小学生之教育。我们还编辑《育才文库》二百册，要丰富之参考书。”21日，陶在给育才全体同志的信中讲述看莫扎特《安魂曲》的感受，说：“可以抵得上新春之课，科学年之课，甚至于终身之课……在这出戏里，我们重新发现自己，会看见自己的苦难，自己的快乐，自己的创造，自己的命运——我看了《安魂曲》而魂不安。”他邀大家节约、生产，省出钱、赚出钱在2月23日前轮流来看。

3月19日，陶给陶宏、晓光写信要求其学会治事，说：“秘诀是要有目的，有计划，有组织，有决心，运用发挥每一个分子、每一位朋友之力量共同创造，使每一个人觉得是自己的事而心甘情愿向前进行，用不着督促。”5月3日陶在朝会上做了《反对三寸金头》的讲话，严厉批评限制人的言论、思想、结社及出版自由，将禁锢思想比喻为用裹头布将人们都裹成“三寸金头”。10月2日，陶给吴树琴写信道：“近读《罗丹传》，有一警句，深合我的态度。他说：‘美术家立下一伟大榜样，即崇拜自己的事业，要把事业做得美丽而得到其中之乐趣，即是真正之酬报。’的确，我是崇拜自己的创造，故能乐而忘忧。”10月15日下午，陶向指导会宣读了自己所作的《创造宣言》，16日在朝会上又向全体学生宣读。《创造宣言》以“创造主未完成之工作，让我们接过来，继续创造”开头，热情歌颂创造精神，批判以平凡、单调、年纪小、无能和山穷水尽等为遁词不创造者，指出：“教师的成功是创造出值得自己崇拜的人。先生之最大的快乐，是创造出值得自己崇拜的学生。”要创造真善美的活人，“处处是创造之地，天天是创造之时，人人是创造之人，让我们至少走两步退一步，向着创造之路迈进吧。”结语说：“罗丹说：‘恶是枯干。’汗干了，血干了，热情

育才学生在普式庚林中学习。

干了，僵了，死了，死人才无意于创造。只要有一滴汗，一滴血，一滴热情，便是创造之神所爱住的行宫，就能开创造之花，结创造之果，繁殖创造之森林。”为发挥创造精神，鼓励创造生活，育才制定出《创造奖金办法》。

11月28日，陶作《育才学校校歌》（又名《凤凰山上》），道：“我们要虚心、虚心、虚心：承认我们一无所知，一无所能。我们要学习、学习、学习：学到人所不知，人所不能。我们要贡献、贡献、贡献：实现文化为公，天下为公……创造幸福的新中国，新世界。”

1944年4月1日，陶发表《创造的儿童教育》，指出：“儿童的创造力是千千万万祖先，至少经过五十万年与环境适应斗争所获得而传下来之才能精华。发挥或阻碍、加强或削弱、培养或摧残这创造力的是环境。教育是要在儿童自身的基础上，过滤并运用环境的影响，以培养加强发挥这创造力，使他长得更有力量，以贡献于民族与人类。教育不能创造什么，但他能启发解放儿童创造力以从事于创造之工作。”进而，陶又提出“五大解放”，要解放孩子的头脑、双手、嘴、空间和时间。又说：“提醒大家注意创造力最能发挥的条件是民主。当然在不民主的环境下，创造力也有表现。那仅是限于少数，而且不能充分发挥其天才。但如果要大量开发创造力，大量开发人矿中之创造力，只有民主才能办到，只有民主的目的、民主的方法才能完成这样的大事。”

1944年12月15日，中国儿童福利协会举行成立大会，陶作为大会主席之一，在会上作了题为《敲碎儿童的地狱，创造儿童的乐园》的演讲，指出我们应该承认儿童的人权，应该了解儿童的能力和需要，在此基础上才有可能谈儿童的福利，并提出十点具体建议：消除儿童的恐怖，打破重男轻女之风，提倡儿童卫生，拯救文化饥荒，培养人才幼苗，提倡儿童娱乐，开展托儿所运动。建立儿童工学团，培养合理之教师父母，抢救战区儿童。对儿童的忽视和期望太切这两种极端心理都于儿童有害。

1945年11月1日，陶发表《民主教育》，提出培养创造力以实现创造的民主和民主的创造，即是要解放眼睛，敲碎有色眼镜，教大家看事实；解放头脑，撕掉精神的裹头布，使大家想得通；解放双手，剪去指甲，摔掉无形的手套，使大家可以执行头脑的命令，动手向前开辟；解放嘴，使大家可以享受言论自由，谈出真理来；解放空间，把人民与小孩从文化鸟笼里解放出来，飞进大自然、大社会去寻觅丰富的食粮；解放时间，把人民与小孩从劳碌中解放出来，使大家有点空闲，想想问题，谈谈国事，看看书，干点于老百姓有益的事，还要有空玩玩，才算是有点做人的味道。有了这六大解放，创造力才可以尽量发挥出来。

共做集体新武训

1922年7月，中华教育改进社第一届年会在济南召开，陶行知倡导大家效法武训的办学精神：“世人以为无钱可以不办学，但武训不是这样想。他说就是穷到讨饭也要办教育，他是已经照这话实行的。武训死了，他的办学精神是永远不死的。”

1934年4月4日，在山海工学团庆祝儿童节大会上，陶再次强调：“我们要想普及教育，必得学武训。”他将武训的兴学诗背给大家听，希望“每一个农友都做一个武训，每一个小朋友都做一个小武训”。1941年4月6日，陶在育才朝会上向全校师生报告说：“由于物价飞涨，反动派的封锁迫害，学校经费已临山穷水尽难以维持之境。但为了人才幼苗之培养，我不怕反动派的恐吓、威胁，除非整个中华民族都没有饭吃了，那时也只有大家饿死。育才一定要办下去，决没有自动停办之理。最近有几位好心朋友对我说，环境如此艰难，丢下育才吧！你何必顶着石臼做戏，抱着石头游泳呢？我想了几天，今天想通了，我不是抱着石头游泳，而是抱着爱人游泳，越游越起劲，要游过急流险滩，达到胜利的彼岸。”他当众宣布：“四月六日定为‘育才兴学节’，育才要办下去，人才幼苗要精心培养。用穷办法来普及穷国穷人教育，以对付反动派政府之经济封锁。”又说：“我决心要跟武训学，我们要做一个集体新武训。”

5月18日，陶写《新武训》，认为“武训之所以成为义务教育之义人，是因为他抱着兴义学之宗旨，用整个生命来贯彻它”，倡导大家跟武训学，“倘使刻板去学武训，那又是武训之罪人了，我们要学的是武训的真精神，配合新时代之需要，普及新义学，以增加抗战建国之力量”。10月14日，陶在给育才全体同志同学的信中道：“学校难关将渡，大家尚须齐心努力，争取最后胜利，以跃入创造之境。我们正在急水滩头挣扎，撑篙的、拉纤的、掌舵的都要随处留神，在扼要处着力，自能安达彼岸。”

1942年10月15日，陶在给吴树琴的信中道：“学校困难已达最高峰，我昨天做了十天事，集中一切母亲爱护小孩之力量来保护他。”12月5日，育才学校举行武训诞辰104周年纪念会，陶向大家报告了武训的生平，朗诵了他的一些诗，说他“不但是个善人、义人，而且是一个真正的平民诗人、平民歌者”，并写信将武训的15首诗抄给吴树琴。

1943年初，周恩来、董必武派中共中央驻渝办事处徐冰送给育才学校一套南泥湾垦荒大生产的照片，还送给陶一件延安自纺自织的毛线衣。受此启发，育才师生也开始搞生产自救。3月2日，陶写了一首题为《今征三十士》的诗："荒地五百亩，英雄好战场；今征三十士，有力共开荒。种杂粮，养猪羊；年成坏，救饥肠；年成好，幸福无量。小凤凰，羽翼强，飞上光铁坡，创造新家乡。"该诗在布告栏贴出后，大家抢着挤着用钢笔、铅笔、毛笔在上面报名，一统计，社会组19人，自然组14人，戏剧组16人，文学组7人，小学部9人，比原定数目超出35人，显示出大家对于开荒生产十分热情。小学同学年龄小，学校就劝他们不参加，却很不容易说服，最后请他们做慰劳工作才算同意了。同时动员一些身体较弱和有病的同学留守后方做内勤及护校工作。戏剧组同学因有合川、北碚公演任务被劝阻，音乐、绘画两组因在重庆有任务未参加。师生50余人组成垦荒队，于3月9日出发开赴离古圣寺校本部十多里外的光铁坡开荒42天，垦地30亩，建立了育才第一个农场。陶与夫人一起于3月22日到光铁坡慰劳，并带来慰劳金500元，慰劳词是"小胜利是大胜利之母"，"从胜利中争取胜利"。

育才学校师生在劳动。

1943年2月21日，陶在给陶宏的信中道："近来我们深刻的了解，人生最大的目的还是博爱，一切学术也都是要有效的达到这个目的。"并以冯玉祥和他说起的陶宏曾用节省吃鸡蛋的钱帮助一位苦学生的事作为印证。3月中下旬，育才学校在重庆举行儿童抗敌美术展览，同时举行育才之友国画展与版画展，关山月、许士祺、徐悲鸿、何香凝、李可染、吕凤子、赵望云等数十人献画义卖，三天的预展就卖画37幅，所得款项作为育才难童教养费。

9月5日，陶在写给吴树琴的信中道："我昨天做了一件令人难以相信的事——一天之中将黎国荃提琴独奏会之入场券推销了十分之九，即二百七十张。这一次卖票就算是我包办了……我现在每天要费一些时候，搜集育才故事，写成英文，以便开源。不久，物价再高涨，希望就在美国朋友了。"11月26日，陶致函育才之友及生活教育社同志，拟在12月5日武训诞辰105周年纪念日举办纪念会、音乐会、版画展览会，并建议将此日定为兴学节，将此周定为兴学周，将12月定为兴学月，希望大家"有力出力，有钱出钱，有知识出知识，以帮助他心里所喜欢帮助之任何学校或任何个人求学……针对着兴学运动做有效推进"。

12月，陶发出《致育才之友书》，特将育才创办动机、经过情形、最近计划扼要报告，并附筹足育才基金200万元之预算。文中说："我们所以提出这个请求，一半是由于武训先生精神在后面推动，一半是由于小孩们努力向上，可以造就，还有许多埋藏在一般小孩中之人才幼苗，急待培养，不忍不为他们请命。倘蒙慨允赐助，则我们可以用十年树木之方法，完成百年树人之大计。"希望育才之友大力赞助。陶募集办学经费也是很注意分寸的。1944年3月23日，他致信陈元直："刘振山、吉星文二将军为卢沟桥抗战先导，功在国家，德在人心，本校理宜慰劳，请与晓光同去代表全校向其致敬。"并安排在他们留渝期间在"广播大厦借礼堂开演奏会慰劳，同时约请育才之友参加。大家都送票，不卖票，用不着登报，也用不着海报"。同

陶行知（左四）、吴树琴（左三）夫妇与友人在重庆北碚北温泉留影。

时吩咐：“对刘、吉二将军只能慰劳，不宜向其募捐，他们也无钱可捐……向劳苦功高之将士募捐有所不忍。”

为了兴学，陶组织再版了段绳武编的《武训先生画传》，赠送给育才之友和各位捐助人。1944年4月21日，陶为画传写了再版跋，将武训精神归纳为“三无四有”：一无钱，二无靠山，三无学校教育；他所以能办三个学校是因为他的四个有：有合于大众需要的宏愿，有合于自己能力的办法，有公私分明的廉洁，有尽其在我坚持到底的决心。此后陶一有机会就宣传武训的这种精神。

12月5日，育才学校在江苏同乡会举行纪念武训诞辰106周年盛大晚会，在伤兵陈根度等人的倡导下，当场认捐40余万元。陶致函育才之友及生活教育社同志：“不但希望诸位给我们物质的帮助，并且希望介绍愿意帮助我们的新朋友，不过，千万不要为了育才而放弃了更应该受你帮助的别的学校和个人。我们最大的目的不单是为育才，而是要推动每一位朋友有力出力，有钱

1943年陶行知与荣军代表合影。

出钱，有知识出知识，以帮助他心里所喜欢帮助的任何学校或任何个人求学，并针对着教育为公的运动作有效之奋斗。”

1945年4月2日，陶在《新华日报》发表为农村儿童征求节日礼品的公开信，提出乡下小孩，特别是看牛、割草、拾狗屎、拣煤炭、做徒弟、没有父母、吃不饱、穿不暖、受人歧视的小孩，要使他们至少能享一天的快乐和一年学习的工具，得到一点点小小的幸福。这次发动儿童节为乡下儿童送礼出人意料地成功，截至4月3日晚9时，共收到23万多元。

1945年12月1日，陶发表《把武训先生解放出来》，说武训已被人画进小圈子，“武训不是异人，不是异行人。他是一个平常的人。他是一个平常的老百姓。他一生只做了一件平常的事：兴学，兴学，兴学”。进而批驳将武训当做苦行者、圣人或陶派小圈子三种错误看法，认为武训属于整个中华民族，“让武训先生从我们的小圈子飞出去，飞到四万万五千万人每一个人的头脑里去，使每一个人都自动的去兴学，都自动的去好学，都自动的去帮助人好学，以造成一个好学的中华民族。保证整个中华民族向前进，向上进，进步到万万年”。

1946年2月1日，陶给各位朋友发出光大武训精神的募捐函，认为：“自强之道，不一而足。普及教育殊属重要。中国要想造就成一个好的民族，需要一百万位武训先生。”3月12日，《新华日报》刊出郭沫若、冯玉祥、陶行知为帮助生活教育社推行普及教育举行卖字、卖文章、卖演讲、卖诗歌的“四卖兴学”广告，积极促成者刻碑悬像于武训堂，以作纪念。

3月26日，陶行知再度发起募集儿童礼物送给乡下小孩的活动，希望给乡下小孩一天的快乐，一年的教育。截至4月4日，收入现款899550元，认捐262700元，张澜、陈铭枢各捐10万元，冯玉祥捐金钱板小册30本，美大使馆及某海军军官捐名贵药品32种，卫生署捐药品23种，其他如冠生园、女青年会、劳动协会、托儿所、文联社等都有捐赠。分送至古圣寺、高峰寺、化龙桥等处乡村穷苦儿童，4日下午，演戏招待城区穷苦孩子，并分送文具糖果。

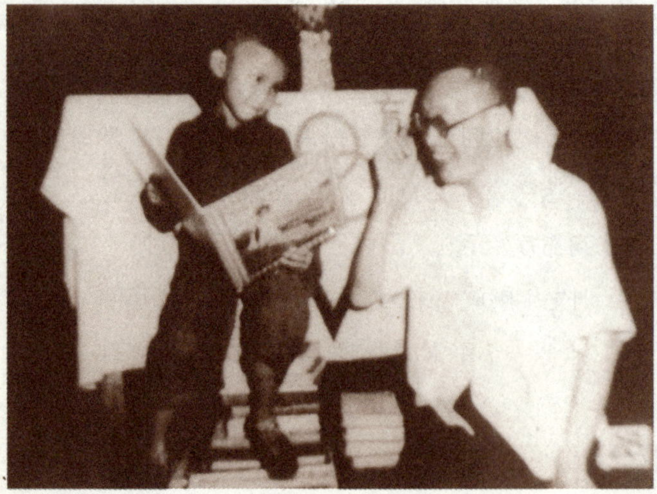

陶行知与育才学校儿童在一起。

八 民主教育未竟

民主是陶行知的终身追求，不民主使他对民主的追求尤烈。1944年圣诞节一大早，陶写就《迎接民主年》一文，云："民主新年最崇高。民主好像圣诞老：带来糖果给宝宝；带来棉衣给苦恼；带来合法存在给党派；带来无畏精神给战壕；带来精诚团结给民族；带来四大自由给同胞……拿出每一个人的血汗，培植民主的幼苗，把四万万七千万团结成一个巨人，打倒日本强盗，再把自由神送上扶桑三岛。在民主的世界里，共同为人类幸福而创造。"

1945年10月11日，陶行知与毛泽东等在重庆机场合影（自左至右：张治中、毛泽东、陈诚、陶行知）。

赴汤蹈火争民主

1939年3月10日，陶行知发表《评加强党化教育》，直言："党在民众间的行动与表现，就是一种教育，如果党员不'以身作则'，不以'人民之利害为利害'，不以'人民之视听为视听'，徒贪个人之私利，其所宣扬的党义教育，必适得其反。"以为教育权、教育机关紧握在党员手中就能达到党化教育目的的想法就会变成争权夺利！

1941年3月19日，统一建国同志会改名中国民主政团同盟，在重庆上清寺"特园"（民主人士鲜特生私邸）秘密召开成立大会。10月，中国民主政团同盟结束秘密状态。全国各界救国会最先就是发起单位之一，1942年公开参与该同盟，陶参与其中。

1943年9月上旬，国民党五届十一中全会决议"于战争结束一年内召集国民大会，制颁宪法"。12日，陶与董必武、沈钧儒、刘王立明、史良、余家菊、杨杰、邓初民、张申府、刘清扬、杨卫玉、黄炎培等参加左舜生、李璜、章伯钧、张君劢等人在"特园"鲜英宅举行的晚宴，纵谈时局。10月，陶对《新华日报》记者说："我们不是埋头苦干，我们是抬头乐干。"

1944年，民主宪政运动空前活跃。1月1日，陶与沈钧儒、郭沫若、黄炎培、邓初民、张申府等到八路军驻重庆办事处，与新华日报社工作人员祝贺董必武60寿辰，并借机商讨时局及联合争取民主的斗争策略。7月初，陶与中国民主政团同盟其他负责人发起联合通电，主张立即动员民众坚决抗战，并希望采取民主办法组织人力物力坚持到底。

9月19日，陶参加中国民主政团同盟在重庆召开的全国代表大会，此后该组织改组为以个人名义参加的中国民主同盟。10月8日，陶写组诗《民主到哪里去？》，希望民主联合政府早日实现，让儿童获得六大解放，士兵能吃饱穿暖，农民能耕者有其地，全体国民早享幸福。10日，又写诗多首批驳“有人说人民不会民主，不可以给他民主。也有人说人民不会自由，不可给他自由”的观点，指出民主是中国政治的盘尼西林，强调“民主第一！民主至上！民主万能！民主是应该无所不在”。

1945年2月14日，应周恩来邀请，陶与孙科、郭沫若、于右任、沈钧儒、陈铭枢、杨杰、邓初民、黄炎培等24人在重庆“特园”聚餐，周介绍了国共谈判情况，因无法进行，准备返回延安。21日，又应王若飞、郭沫若的邀集，同前述人士到郭沫若家讨论国共两党团结问题。24日上述人士再次聚会，周恩来报告前天同蒋介石会谈情况。

4月8日晚，陶出席重庆各党派及文化界人士慰问被解散的文化工作委员会郭沫若等人，郭沫若、柳亚子、董必武、王若飞、邓初民、马寅初、史良、夏衍、侯外庐等数十人到会，大家感觉中国人民太缺乏民主权利了。陶说：“我们希望郭先生来筹备一个民主的研究院。”并介绍他自己“文化下凡”的四部曲，“跑进民众队伍中去；跟老百姓学习；把优点好处教给老百姓；跟老百姓一起创造新中国新世界。简单说即欢迎文化下乡。”

6月，陶与沈钧儒、张申府等致电毛泽东、周恩来，诚述努力救国之心，并希望到延安面领明教。30日，毛、周复电表示欢迎。8月14日，日本宣布无条件投降，育才师生和全国人民热烈庆祝并要求实现和平、民主、团结。陶兴奋之余步义勇军进行曲调作《胜利进行曲》、《民主进行曲》，呼吁“民主，团结，到了最需要的时候”。28日，毛泽东由延安飞赴重庆与国民党谈判，陶曾多次与毛晤谈。"双十协定"签字后，陶组织育才师生参加各界举行的庆祝活动。毛泽东于10月11日飞返延安时，陶代表民盟中央到机场送行并与毛泽东等人合影留念。

9月，中国民主同盟重庆市支部正式成立，何公敢为主任委员，史良为组织部长，刘清扬为妇女委员会主任，陶为宣传部长并负责创办机关刊物《民主》星期刊，10月1日出版创刊号。10月1日至12日，中国民主同盟在"特园"召开临时全国代表大会（即第一次全国代表大会），通过了《政治报告》、《临时全国代表大会宣言》、《中国民主同盟纲领》三个文件，增选陶行知等33人为中央委员，又推选陶等18人为中央常委，并决定陶为民主教育委员会主任，明确提出"反对独裁，要求民主；反对内战，要求和平"的政治主张。

10月6日，陶发表《四万万五千万人的大公司，四万万五千万人做大老板》长诗，以通俗的语言阐释民主内涵。27日，陶写《民之所好三首》。

1945年10月，中国民主同盟全国代表大会合影。

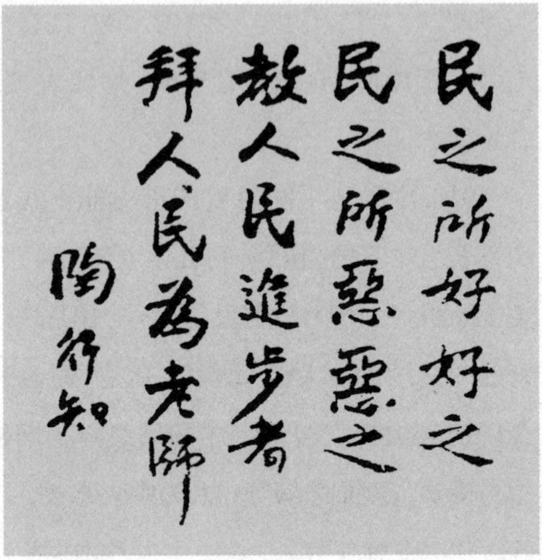

陶行知手迹《民之所好》。

11月1日，陶发表《民主》一文，阐释真民主包含政治民主、经济民主、文化民主、社会民主、国际民主，它的意义和内容还在发展。认定民主是中国之起命仙丹，喊出“民主第一，人民万岁”的口号。10日，陶发表以《论中美两国关系》为题的致杜威长信，云：“我向美国朋友建议，您一定同意，凡有益于中国民主的事都可以干，凡有害于中国民主的事都不可以干。”

11月15日，陶参加民盟中央执行委员会全体会议。17日，中国民主同盟领导人沈钧儒、陶行知、罗隆基等人在“特园”研讨政治协商会议应提出的具体计划。19日，参加重庆各界人士500余人在西南大厦举行的反内战大会，并发表反内战讲话，会上各界联合成立反内战协会。

12月9日，陶参加重庆各界祭昆明“一二·一”死难烈士活动，他在育才早会上宣布：参加是危险的，我是要去参加的。只要是有正义感，有爱国热忱的人都应该去参加，我是校长，我不强迫大家去参加，希望大家慎重考虑后决定。他给夫人写下遗嘱。当天，育才学校师生也都毫不犹豫地决定去参加。11日，他在

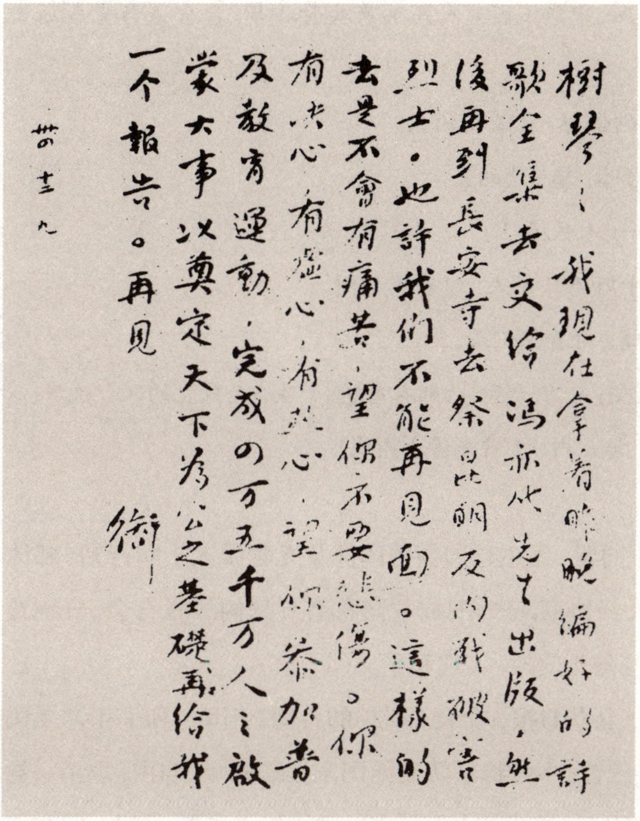
樹琴：我現在拿着昨晚編好的詩歌全集去交給馮亦代先生出版，然後再到長安寺去祭昆明反內戰被害烈士。也許我們不能再見面。這樣的去是不會有痛苦，望你不要悲傷。你有決心，有虛心，有熱心，望你參加普及教育運動，完成四万五千万人之啟蒙大事，以奠定天下為公之基礎，再給我一个報告。再見

衡

卅四 十二 九

1945年陶行知给夫人留下的遗嘱。

给夫人的信中写道："这次我预备死而不死，今后尚有为民族、人类服务之机会，而又能与你见面，真是幸福，我当加倍努力，以无负于此幸福也。"

12月22日，陶写诗《政治协商会议之路》：

全国起死回生的一线希望！协商，

平心静气的一起协商，的确胜于打仗。

不是讨价还价，不是彼此分赃，不是演说比赛，

该是大家虚心商量，找出一条大道康庄。

叫整个民族各得其所，中华民国为人民共有共管共享，包含着各党各派无派无党。

如果您感到不公道的偏枯，记着您的党。

如果党起了独占的野心，忘了您的党。

和平最急，民主第一，人民至上！

记及，全世界有四十万万只耳朵，对着您们听。

全国有九万万只眼睛，对着您们看。

这一回别再叫国人失望：一言一行要为别人着想；产生一个民主的联合政府；

首先停止内战！首先停止内战！首先停止内战！

12月24日，中国民主同盟、民主建国会等团体及无党派人士陶行知、郭沫若、沈钧儒、李公朴等人经协商，于28日成立陪都各界反内战联合会，分别致函蒋介石和毛泽东，呼吁停止内战，实现和平。

1946年元旦，陶在《新华日报》发表《新年的希望》组诗《和平年》、《民主年》、《联合政府年》三首，主张将军队交给国家，实现四大自由，取消一党专政，建立联合政府。1月5日，陶发表长诗《向民主小姐求爱》，号召人们改变单相思、指望上帝、清谈的追求民主方式，当"蹈汤赴火，拿生命来换取爱的奖赏"。7日，陶与冯玉祥、郭沫若等协助青年成立了星海合唱团和民主合唱团，陶任民主合唱团团长。9日，陶主持重庆文化、文艺、出版界七团体招待政治协商会议代表茶话会，会议一致同意组织人民政治协商会议协进会。11日，民主建国会、中国人民救国会等23团体联合成立政治协商会议陪都各界协进会，陶与章乃器等当选为理事，当日，陶写《敬赠政治协商会议代表》一文，云："为人民代表者，不许天下为私。"在政协会议期间，协进会连续举行了七次民众大会，开民主讲座或请政协代表报告当天开会情形，听取民众的批评和建议。第四至第七次会议均有人在会场沧白堂捣乱，后来特务公然向讲台扔石头，打伤讲演者及听众多人，陶组织育才、社大师生保护中共代表王若飞和其他民主人士。2月2日，陶在《新华日报》发表《大闹沧白堂有感·石头奈何》，其中有云："主人要说话，公仆扔石头；纵被石打死，死也争自由。"

1月20日，陶在生活教育社新年餐会上提出："现在是要一切集中于民主、团结、和平、建国，以及建立民主世界大家庭。"在回应"最高领袖要不要再教育"时，他毅然决然地答复需要，并专门写《领导者再教育》一文，说领袖们要学习民主，提出领导者再教育之三部曲：跟老百姓学习；教老百姓进步；引导老百姓共同创造。只有跟老百姓学习的人，才能做老百姓的真正的领导者。

2月9日，陶出席政治协商会议决定组建的人权保障委员会首次筹备会议。10日，重庆市数万人聚集在较场口召开庆祝政治协商会议成功大会，陶与李公朴等20余人组成大会主席团。国民党派出军警特务大打出手，大会刚宣布开会即遭破坏，郭沫若、李公朴、施复亮等多人被殴伤，制造了"较场口血案"。育才师生百余人站出来维持秩序，特务嫁祸于人，反诬育才大汉捣乱会场。惨案发生后，周恩来赶到现场提出抗议，又到医院慰问受伤人员，育才学校常年法律顾问史良律师申明："育才学生多属年幼，何来大汉捣乱，此种不近情理反白为黑之诬蔑，显属文过饰非，公然侮辱，除向法院追诉外，特此申请，以明真相。"

4月12日上午8时45分，陶从重庆白市驿机场起飞，12时45分到南京，住中华门莲子营60号姚文采家。当姚见到陶消瘦的身躯，劝他到黄山去稍事休息时，陶答："时代不许可我休息，民主不许可我休息！"14日陶去晓庄，从中央门起沿途农民和儿童鸣鞭炮热烈欢迎，他在感受到熟人热情的同时，却看到"南京只有正统报纸，殊无民主之气象"。18日陶到上海，即投入民主斗争，并着手育才社大迁校、恢复山海工学团、筹备成立生活教育社上海分社等工作。21日，上海教联千余人在育才中学欢迎陶，陶讲演《小学教师与民主运动》。

5月20日，周恩来、董必武、陆定一、邓颖超联名致信陶："亟盼民盟方面，速有代表来京，共同努力。"陶到南京去梅园看望周，谈到学校迁沪，周劝告陶注意"尾巴"。陶行知与翦伯赞同游玄武湖时，陶对翦说："政府还都，民主并没有还都。"6月8日，陶与上海文化界马寅初、沙千里、茅盾、巴金、章乃器等162人致书蒋介石、马歇尔、中共代表团及各党派与社会贤达，呼吁和平，反对内战。11日，周恩来等函复陶行知等人，认为停止武装冲突，民主团结方有途径可循。

6月23日，上海各界争取和平、反对内战请愿团赴南京请愿，由150多个团体10万人在北站举行的欢送大会上，陶发表简短而有力的讲演："八天的和平太短了，我们需要永久的和平！假装的民主太丑了，我们需要真正的民主！我们要用人民的力量，制止战争，争取永久的和平！我们要用人民的力量，反对独裁，争取真正的民主！"这些代表冲破重重阻力到达南京，却发生了下关惨案。陶27日在沪驳斥中央社的无耻宣传，严正指出：南京下关车站事件并非"苏北难民"所为，而是国民党法西斯集团一手制造的。

陶行知在生命的最后一百天里为和平与民主呼号，住处被特务监视，迁至另一处很快又被监视。7月中旬李公朴、闻一多遇害后，他得知被国民党特务列入黑名单上的第三名，自知身处危境，乃加倍努力还清文债，日夜书写对联卖字兴学，并整理诗稿。他对翦伯赞说："我等着第三枪。"

7月16日，陶行知在写给育才全体师生的信中坚信自己生命的结束不会是育才和生活教育的结束，并说："我提议为民主死了一个，就要加紧感召一万人来顶补。"要求育才师生"平时要以'仁者不忧，智者不惑，勇者不惧，达者不恋'的精神培养学生和我们自己，有事则以'富贵不能淫，贫贱不能移，威武不能屈，美人不能动'相勉励"。在致育才学校同学会上海分会的信中，他写道："我们肯为民主死，真民主就会到来，而中华民族也一定可以活到万万年。"这成为他最后的民主遗嘱。

陶行知在上海北站送上海各界争取和平、反对内战请愿团赴南京请愿时演讲。

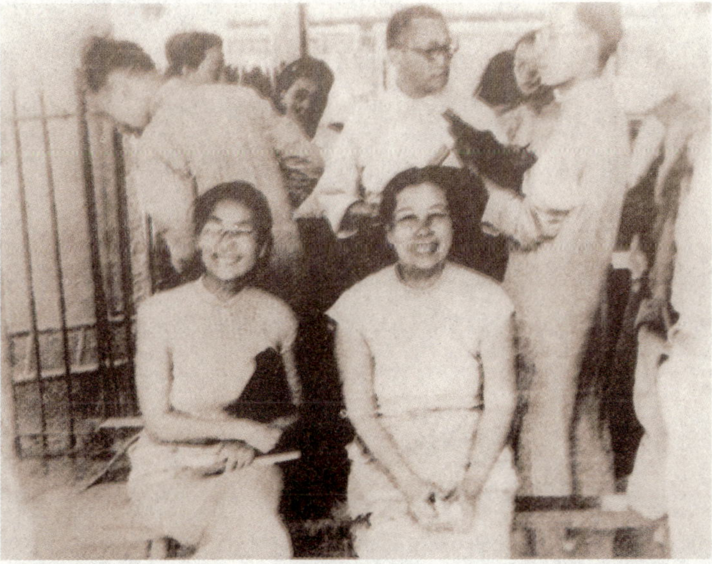

陶行知（后中立者）在上海火车站欢送到南京请愿的代表。前排左一为雷洁琼，左二为许广平。

社会大学止民福

1936年6月1日，陶行知发表《新大学》一文，明确提出："大学之道，在明大德，在新大众，在止于大众之幸福。"并将大德定义为觉悟、联合、争取解放。

1938年11月1日，中华业余学校在香港开学，陶任董事长，吴涵真任校长，方与严任主任。设文艺、音乐、绘画、新闻、工商、外语等科，每晚上课，三个月为一期，适合失学失业有意求长进之青年入学。按学生文化程度分甲、乙、丙三组，学生可自由选科。胡愈之、金仲华负责时事讲座；刘思慕、吴斐丹讲授政治经济学；茅盾、楼适夷、马耳、林焕平教文学；萨空了、王纪元、郑森禹、郭步陶讲授新闻学；欧阳予倩、陈烟桥、蔡自新讲授艺术（歌剧、歌咏、绘画）；李信慧、钟建鼎、刘东阁教外国语（英、俄、日语）；吴涵真讲民运；张宗麟、方与严讲授教育学等，另设一些特别讲座请胡愈之、胡乔木、张明养、陈翰笙讲授时局和经济问题。1939年新年，陶赴港查看中华业余学校进展，该校招收两期学员毕业后于1939年9月停办，11月17日陶致信中华业余学校诸同志，对大家在艰苦环境下的奋斗精神大加赞赏，提出失败是成功之母，奋斗是成功之父。该校虽然停办，却为后来创办社会大学积累了经验。

1940年9月10日，陶接受《新华日报》记者采访时说，大学生可采取自修办法，读毕各学校所规定之课程，再经过会考取得学位，这样对一般有志向而无力入校或失学青年在时间与经济上均有极大补益。1944年7月，陶再次撰文强调大学之道，在明民德，在亲民，在止于人民的幸福，大德不能小于"天下为公"；人民是我们的亲人，我们是人民的亲人，是必须亲近，打成一片，并肩作战；“一切所教所学所探讨，为的都是人民的幸福”。

1945年1月28日，陶在四川璧山县国立教育学院演讲《创造的社会教育》，再次阐明了新大学之道。认为“新民”有给老百姓洗澡的意味，因而要亲民，与老百姓站在一条战线上，同甘苦，共患难，说出老百姓心中所要说的话，教老百姓，与老百姓共同创造。大众之幸福包括福禄寿禧，要止于大众之幸福就必须解放老百姓的创造力。解放他们的双手、双眼、嘴、头脑、空间和时间。民主时代的创造是给每个人以同等的创造机会，是动员整个民族的力量以创造民众的福禄寿禧的。民主程度愈高则创造愈开放、愈好。

1945年底，重庆失业、失学的职业青年自动要求创办社会大学，成立校董会，陶与李公朴出面商请董事人选。1946年1月2日，陶撰写《社会大学运动》，发表《社会大学颂》长诗，提倡开展社会大学运动，系统阐述“人民创造大社会，社会变成大课堂”等主张。

1946年1月15日，重庆社会大学在管家巷28号正式开学，周恩来等前来祝贺，冯玉祥为董事长，陶行知任校长，李公朴任副校长兼教务长（李去昆明后方与严继任教务长），学生一百余人，分设政经、文学、新闻、教育四系。陶行知在开学典礼上阐明社大的宗旨、原则、教学内容、教学方法、发展计划等。社大为职业青年提供文化与专业知识的高等教育，实施人格、知识、组织、技术等教育，以人格教育为核心。教学内容分为必修课和专业课。中国政治问题、中国通史、中国近百年史为各系必修课。专业课各系不同，政经系开经济学、哲学、宪法、现代政治问题、现代经济问题、中国学术思想史等；文学系开语言学、中国文学史、文艺思潮、创作方法、作品选读、诗与习作、苏联文学、民间戏剧等；新闻系开新闻学概论、时事分析、社论研究、报馆管理、美国新闻事业、苏联新闻事业等；教育系开民主教育、生活教育、幼儿教育、教学法、普通心理学、十字教育（即教育思想史与比较教育两种内容交叉进行）等。每晚上课4节，分8个学期，每学期16周，共计两年八个月。学

1946年1月陶行知在重庆社会大学门前。

重庆社会大学部分学生合影。

习方法为以自学为主，教授为辅。提倡教学做合一，强调主动、实践、集体。各系分编学习小组实行互助，开展课堂讨论，进行专题研究。通过开卷考试、口头答问，写学习心得体会、学习总结、专题研究报告、学习与生活作风的自我检查等多种形式进行考核。学校采取民主自治制度进行管理，校长陶及副校长李公朴、政经系教授邓初民、文学系教授茅盾等均为学生自治会所推选。

社大招生两期，共三百人，公开存在一年零一个半月，1947年3月2日遭当局武装封闭后转入地下，直至1949年12月30日重庆解放始告结束。

民主教育终未竟

1944年4月1日，陶行知发表《创造的儿童教育》，呼吁创设民主的环境，发挥人的创造力，他指出民主应用在教育上有三个最要点：教育机会均等、宽容和了解、在民主生活中学民主，并强调："专制生活中可以培养奴才和奴隶，但不能培养人做主人……只有民主才能解放大多数人的创造力，并且使最大多数人之创造力发挥到最高峰。"

6月25日，陶在《新华日报》上发表文章，认为民主政制下的教育应具备的条件是：天下为公，教育为公，不以教育为一党一派及任何小集团谋利益；尊师重道，不以侦探作教员，不使教员兼侦探；使师生之间没有隔阂；使学生打开眼睛看事实；学生有阅读自由，讨论自由，批评自由；学校内要有民主的组织使学生在民主生活中学习更进步之民主；动员广大民众在真正民主的组织生活中学习真正的民主。指出思想统制与追求真理不能相容，统制的"结果不是思想统一而是思想消灭，统一于愚"。

10月13日，陶在致育才全校同志、同学、同工的信中就校务会议吩咐：希望针对全校应兴应革，依所赋职权，充分发挥宏论，议而决，决而能行，以为全校谋幸福，求进步。校务会议是民主教育之组织，希望列席者不是为会议而会议，而是为民主的学习而会议。一切提案宜有整齐形式，兼提出理由及具体办法。要创造的民主，民主的创造；不要庸俗的、形式的、空谈的民主，也不要太看重个人的、英雄的、少数人的创造。要用创造的生活来充实民主的内容，又要用民主来解放大多数人的创造力，把创造力发挥到最高峰。希望大家相见以诚，各出心得，共同创造新校风、新人才，使能负起民主新世界、民主新中国所赋予之大任。

1945年4月4日，陶发表《民主的儿童节》，指出儿童的生活是社会的一面镜子。一个国家的政治经济是不是民主的，用不着争论，只需拿这面镜子照一照就明白了，对于儿童幸福要做到全体儿童人人有份，才算是民主的儿童节。5月，陶发表《实施民主教育提纲》，认为“新民主”是人民大众做主，为人民大众服务。庸俗的民主是形式主义、平均主义，只在形式上做到的投票等等；创造的民主是要动员全体的创造力，使每个人的创造力得到均等的机会充分发挥到最高峰。民主运用到教育，一是民有、民治、民享的教育，二是必须办到各尽所能，各学所需，各教所知。教育的目的是“教育为公”、“文化为公”，但又不妨因材施教。民主教育的方法要使学生自动，而且要启发学生能自觉，要客观，要科学，不限于一种，要多种多样，因材施教，要生活与教育联系起来，并且在中国要用穷办法；民主的教师要虚心、宽容，与学生共甘苦，跟民众学习，跟小孩子学习；民主的教材应从丰富中求精华，到大自然、大社会中求得活的教材；民主教育的课程应该有科学的生产，科学的劳动；民主教育的学制三原则是单轨出发、多轨同归、换轨便利；民主教育的行政鼓励人民办学，学生自己管自己，肃清官僚气的查案；民主的校长要培养在职教师、通过教员使学生进步、提拔为老百姓服务的人、将校门打开促使学校和社会共同进步。

9月9日，陶与倪斐君、冯亦代共同创办的国际难童学校（又称培才小学）开学，该校由美国援华会资助，由徐进、胡晓风等任教，招生百余人，学校除对入学难童免费外，并供给书籍、文具和午餐，陶作《贺国际难童学校成立》诗祝贺，12月2日该校在重庆中山公园开学。9月20日，《中学生导报》发表对陶行知的采访，陶提出“中国将来是非民主不可的，中国的教育也是非民主不可的”，而“人民还没有受到过民主教育”，所以今后没受过教育与受过教育的人都要来上民主第一课，“政府应该还教育于民”。

11月1日，《战时教育》改名《民主教育》，仍由陶主持，生活教育社负责编辑，生活书店总经销，在创刊号上陶发表《民主》、《民主教育》两文，主张：“民主教育是教人做主人，做自己的主人，做国家的主人，做世界的主人……

《实施民主教育提纲》。

《民主教育》创刊号。

民主教育是人民的教育，人民办的教育，为人民自己的幸福而办的教育。”其要点是：教育为公，以达到天下为公；全民教育，以实现全民政治，反对党化教育，反对党有、党办、党享的教育；教育人民肃清法西斯细菌，以实现真正的民主；启发觉悟性，教育人民进行自觉的学习，遵守自觉的纪律，从事自觉的工作与奋斗；培养创造力，以实现创造的民主和民主的创造；各尽所能，各学所需，各教所知，使大家各得其所；在民主的生活中学习民主；民主教育是整个的生活教育。

12月1日，陶发表《民主教育之普及》，主张民主教育一方面是教人争取民主，一方面是教人发展民主。在反民主或是民主不够的时代，民主教育的任务是教人争取民主；到了政治走向民主之路，民主教育的任务是配合整个国家之创造计划，教人依着民主原则，发挥各人集体的创造力，以为全民造幸福。普及民主教育是一件顶大的事，也是一件可能做得到的事。民主教育不但可能做到普及，并且可能做到立体的普及。

1945年底，育才学校开始实行民主的、大众的、科学的、创造的生活教育的四大方针。

1946年4月4日，陶在育才办事处举行儿童节庆祝会时朗诵《饯行歌》，送别党化教育：

你驾临之前，说是道尊师严：
学问有自由，谈心又谈天。
走路不必向后看，幸福无边。
你光临之后，遍地明争暗斗：
特务当先生，同学成冤仇。
统制思想如裹脚，三寸“金头”。
你告别之前，真是不堪设想：

先生误人子弟，学生不敬师长。

训政越训越糊涂，教育破产。

你去了之后，教育还给人民：

嘴上撤除封条，下掉有色眼镜。

裹头布撕得粉碎，气象清新。

5月中旬，生活教育社上海分社成立，黄炎培等出席，举办讲座（以后每周在大任小学举办）发展会员，开展民主运动，研究民主教育。6月14日晚，陶约见将离沪的柳湜，请他介绍解放区的教育情况，听完后陶很高兴地说，我一生反对教条，对生活教育，我不反对有人作理论研究，发挥它，决不应把它看做完成的东西。

7月初，陶在沪江大学演讲《中国之新教育》，提出五项修养：为博爱而学习，为独立而学习，为民主而学习，为和平而学习，为科学创造而学习。但至此时，民主教育的目标终未实现。

爱满天下成酵母

1946年7月16日，陶行知给育才同学会上海分会写信，勉励大家“立志把自己造成一位英勇的民主战士。不但如此，还要做民主的酵母，使凡与我你他接触的人，都发出民主的酵来，成为一个个的英勇的民主战士”。22日，在邹韬奋安葬仪式上，沈钧儒主祭，陶行知读《祭邹韬奋先生文》，道：“和平最急！民主第一！要做到安居乐业，人民万岁，追思才算完毕。”

7月23日晚，陶和一些朋友在郭沫若住处谈到10时左右分手，临别时郭半开玩笑地请求他保重身体："你是黑榜状元，应该留意呢。""不是状元，是探花，是黑榜探花。你也准榜上有名的。"陶也半开玩笑地回答郭。不料这一语成谶，陶真的成为继李公朴、闻一多遇刺后为民主而死的第三人。24日下午1时起，陶连续工作五小时，在许士骐家吃过晚饭后，去爱棠路爱棠新村13号任宗德家的临时住所。晚上，吴树琴、陶晓光前来探望，后与友人谈论国事。25日晨，陶起来如厕时突发脑溢血不治，于当日12时30分不幸逝世，享年55岁。

周恩来得悉后，推迟原定的工作前来看望，俯身拉着陶行知还不十分僵硬的手含着热泪说：陶先生放心去吧！你已经对得起民族，对得起人民。你的事业会由朋友们、你的后继者们坚持下去的，你放心地去吧！我们一定要争取全面的、永久的和平，并实现民主来告慰你。朋友们都得学习你的精神，尽瘁民主事业，直到最后一息，陶先生，你放心地去吧！

陶行知安卧在鲜花丛中。

周恩来当即给中共中央发电报："陶先生确是死于劳累过度，健康过亏，刺激过深。这是中国人民又一次不可补偿的损失。"毛泽东、朱德得悉后唁慰陶行知家属："上海吕班路环龙路口胜利饭店陶行知家属礼鉴：兹闻行知先生逝世，不胜哀悼！先生为人民教育家，为民族解放与社会解放事业奋斗不息。忽闻逝世，实为中国人民之巨大损失，特电致唁。"周恩来、董必武、邓颖超、李维汉、廖承志也以中共中央代表团名义致唁电。

7月28日，《新华日报》发表陶行知7月18日的遗作《追悼李公朴先生》，文中呼吁："酵母、酵母，大家来做和平民主的酵母。发酵、发酵，发成民主和平的面包大家吃。"陶行知正是终身争做民主和平的酵母。

7月30日，陶行知遗体入殓，四面八方的朋友、学生及中共代表团驻沪办事处与其他数十团体前来公祭，沈钧儒主祭，许广平、郭沫若、马叙伦、

陶行知追悼大会会场。

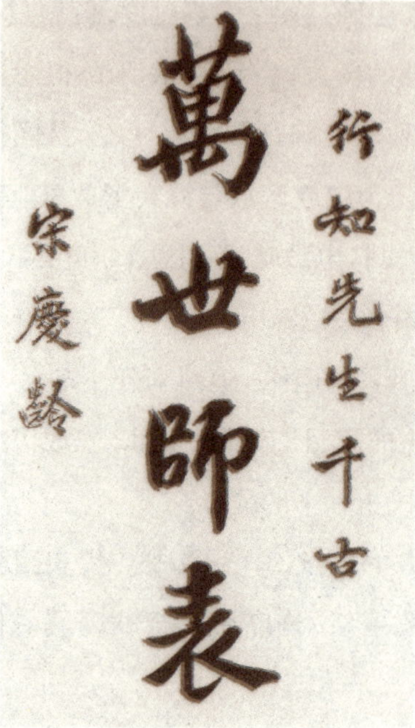

宋庆龄为陶行知逝世题词。

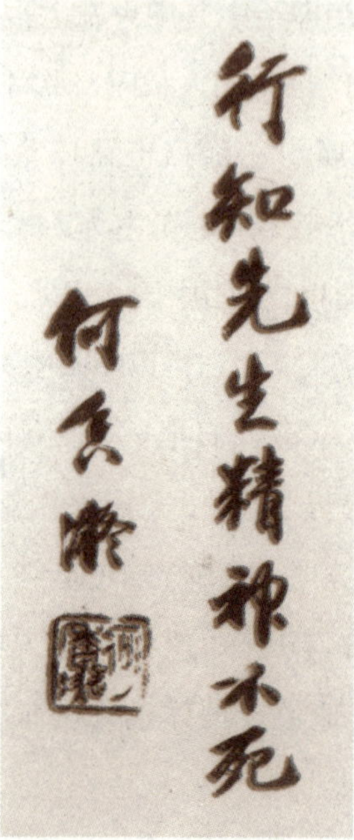

何香凝为陶行知逝世题词。

黄炎培、任宗德陪祭，郭沫若宣读祭文，悲愤的音调将数千人的情绪凝成一片。南京、重庆、延安、新加坡、美国相继举行追悼会，边区政府决定将延安中学改为行知中学，设立行知奖学金，重庆管家巷28号创立了行知小学，杜威、克伯屈、罗格等致电陶行知治丧委员会："今闻陶行知博士逝世，不胜哀悼，其功绩，其贡献，对于中国之大众教育，无与伦比。我们必须永远纪念并支持其事业。"

上海举行的陶行知先生追悼大会有工人、农民、学生、文化教育界及中外人士5000余人到会，大门口横悬"爱满天下"，台前悬有"民主之魂，教育之光"，棺面上覆盖的是"人民导师"，标示着民众对陶行知的评价。

11月11日，为完成陶行知遗志，上海中外人士成立中国国际人权保障会，

南京晓庄“行知园”内的陶行知墓。

公推刘王立明任主席，她致词说：“此会为吾人故友陶行知先生所发起，不幸中途积劳殒命，今为纪念先烈，特成立此会。本会今后工作，为调查属于剥削人权事实，揭露真相，并联合全世界民主前进之人士及团体，与法西斯残余势力斗争。”

12月1日，陶行知灵柩由沪运抵南京安葬，在“万世师表”、“民主之魂”的旗帜后面，是沈钧儒、董必武率领的漫长的送葬行列，四乡农民自动组成锣鼓哀乐队，沿途五步十步便是市民摆的祭桌，51个人民团体将陶行知安葬在他爱满天下播下种子的晓庄。

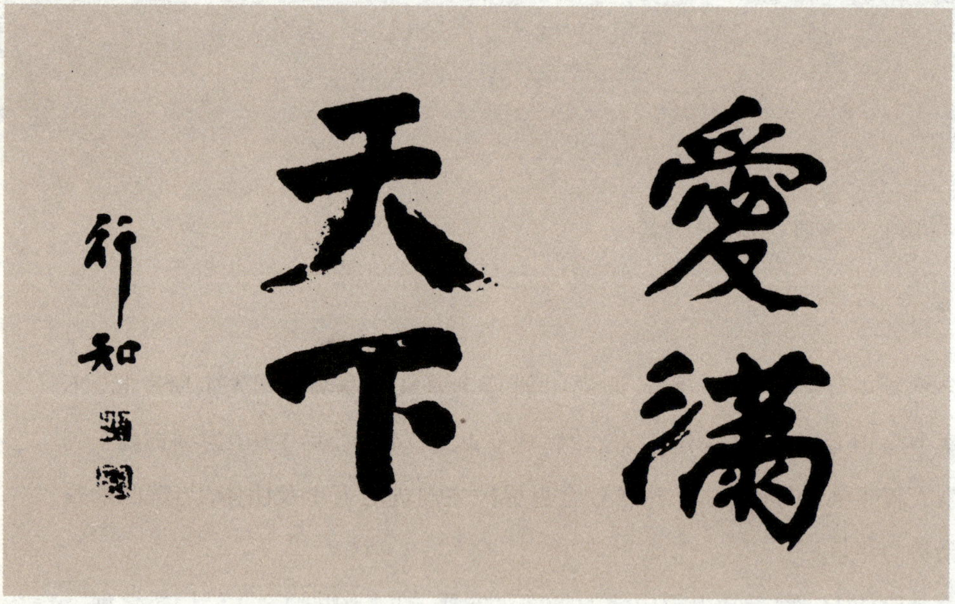

陶行知手迹。

后　记

2011年是我学习和研究陶行知的三十周年，与四川教育出版社确定编写《20世纪中国教育家画传》丛书后，自然我就着手来编写陶行知这个分册。

三十年来，经过对《陶行知全集》的编辑和专职从事陶行知研究，我对陶行知应该是比较熟悉的，然而要写一本精简的画传却并非易事。为了将它写得好一些，使其不致成为过去相关作品的简单重复，不致损伤陶行知的全貌和原貌，我对已有的300余种陶行知研究资料进行了系统梳理、比较、分析、鉴别、筛选，花费了整整半年时间才写出初稿。然而初稿字数远远超出了大家当初商定的上限，于是又用了一个多月的时间细细修剪，剪掉4万余字，便有了现在这个篇幅既显得有点长，又让人觉得细节太过简略的版本。

在写作过程中，参阅了四川教育出版社出版的《陶行知全集》、朱泽普著《陶行知年谱》（安徽教育出版社1985年版）、章开沅与唐文权著《平凡的神圣——陶行知》（湖北教育出版社1992年版）、中央教育科学研究所教育理论研究室编《陶行知年谱稿》（教育科学出版社1982年版）、周洪宇等编《陶行知与中外文化教育》（人民教育出版社1985年版）等相关图书资料，限于篇幅，未能将所有参阅作品一一列出，在此致谢并致歉意。

四川教育出版社社长雷华、总编辑胡宇红对整套书的出版给予了大力支持，责任编辑张纪亮主任的团队对整套书的编辑花费了大量精力。在本书写作过程中，爱人胡翠红做了大量资料梳理工作。在此一并致以诚挚谢意！

尽管本人在写作时尽了最大努力，本书缺点和不足在所难免，恳请方家和读者批评指正。所提意见请直接发到本人邮箱chu.zhaohui@163.com，在此先致谢忱。

储朝晖

2011年6月于北京

把教育办得更好

（代跋）

储朝晖

提倡教育家办学是提升中国教育品质的必由路径，令人遗憾的是，近三十年对教育的实地调查使我深感无论是在教育业内还是整个社会，对教育家的认识都是极度模糊的。

在我心存为解决这一问题做点什么的愿望时，四川教育出版社前任社长安庆国先生说他一直想出版一套《20世纪中国教育家画传》丛书而未能如愿。于是，我们决定合力将这件事做好，以期对传承、传播教育家的办学理念，促进教育家办学有所裨益。这便是这套丛书编写和出版的缘起。

在丛书编写和与各卷作者交流的过程中我体会到，一个时代是否有教育家是与两个方面相关的：一是这个时代是否需要教育家；二是这个时代是否具有产生教育家的环境。可以说任何时代都有具有教育家潜能和品质的人，但只有独立思考，并能依据其独立思考自主实行教育教学的人，才能成为教育家。因此，凡是学人能够自主的时代，出现教育家的概率就高；而在学人不能自主的时代，就不会出现教育家。如果真的期望教育家出现，就要创造教师能够自主教学，学生能够自主学习，校长能够自主办学的社会与制度环境，否则就不可能出现真正的教育家，也不可能培养出杰出人才。

教育家的认定最可靠的方式是社会认同，获得较高社会认同的教育从业者，能被社会高度认同为教育家的人就是教育家。当今尚不存在哪个专家或某个机构具有确认教育家的资质。限于条件，这套丛书还不能对所选传主通过全民投票的方式来确定，但所选的十位传主确是经过教育史专业的学者海选而产生的，他们选出了王国维、蔡元培、陶行知、张伯苓、胡适、梅贻琦、黄炎培、徐特立、陈鹤琴、晏阳初，在20世纪中国教育史上，他们发挥的教育家作用是毋庸置疑的。令我们感到惊诧的是，他们在那个年代就已经相互认识，大都有过直接交往，其中一些人之间还是挚友，这应是志同道合使然。

除了外部认同，教育家必备的内部品质有三种：一是博爱之心，执着地爱学生、爱教育工作、爱人类未来的发展；二是独立思考和不懈求新，教育已经是数千年的专业工作，不能独立思考和创新的人是难以成为教育家的；三是有从事教育工作的专业潜质，能敏锐地发现教育问题，并以独特的思考和行为解决问题。有了这三种品质，在外部条件许可的情况下就会产生诸如教育思想、办学业绩、论著等结果。

是否称得上教育家，最根本的是看他是否教人做人，能否依据学生不同的潜能、个性和志向培养出值得他自己崇拜的人。一个人的学业成绩仅仅是他成长发展的一个方面，学业成绩高并不一定就发展得好，教出考试成绩高的学生也不是教师成为教育家的垫脚石。近三十年来有不少学生得了各类国际奥林匹克奖，却未能成长为相关领域真正的专家。陶行知主张办知情意合一的教育，有一段很有针对性的话："知情意三者并非从割裂的训练中可以获取。书本教育也许可以使儿童迅速获得许多知识，神经质的教师也许可以使儿童迅速地获得丰富的感情，专制的训练也许可以使一个人获得独断的意志，但我们何所取于这样的知识，何所取于这样的感情，何所取于这样的意志？知情意的教育是整个的，统一的。知的教育不是灌输儿童死的知识，而是同时引起儿童的社会兴趣与行动的意志。感情教育不是培养儿童脆弱的感情，而是调节并启发儿童应有的感情，主要的是追求真理的感情；在感情之调节与启发中使儿童了解其意义与方法，便同时是知的教育；使养成追求真理的感情并能努力与奉行，便同时是意志教育。意志教育不是发扬个人盲目的意志，而是培养合于社会及历史发展的意志。合理的意志之培养和正确的知识教育不能分开，坚强的意志之获得和一定情况下的情绪激发与冷淡无从割裂。现在我们要求在统一的教育中培养儿童的知情意，启发其自觉，使其人格获得完备的发展。”[1]坦率地说，现在不少学校的学生成绩就是以割裂的方式获取的，这样的学校教育就不能说是真正在教育人，也不可能造就出教育家。如果不能走出这个误区，教育家的出现就永远只能是梦想，教育家办学就只会蹈空。

中外历史上所有教育家的人生旅程都是历经波折、艰难求索的过程，他们虽未自称是教育家，却都在青年时期就有高远的志向，如孔子“十有五而志于学”、陶行知“要让每个中国人都受到教育”，都是普通而又高远的追求。为了实现人生目标，他们不畏权势、不为名利，“捧着一颗心来，不带半根草去”，贫贱不移、富贵不淫、威武不屈、美人不动。教育家的出现首先需要有尊道抑势、以人类发展进步为己任的大胸怀，需要终生不辍的求索和行动。

教育家群体的出现需要有适宜的制度与社会环境，要让有教育家天赋的人敢想、敢干，能想、能干，这种社会条件往往不是一个人、一个机构、一个政策所能创造的。从现实状况看，教师的自主性和创造性未能得到充分发挥确是现有教育管理体制的缺陷，而改变现有体制使更多的人能遵循教育内在规律更高效地工作，就是应该尽快解决的实际问题。

这套丛书突出传主的教育思想、办学理念、办学实践，尤其凸显传主的教育家精神，希望真正激励一批有志教育的人成为教育家，切实有效地推动中国的教育家办学进程。

这一想法的实施是一项艰巨的任务。黄延复先生因与我都有弘扬大学精神的共同心愿而成为忘年之交，在《梅贻琦画传》的写作过程中，我俩仅打过几次电话，便能对对方的想法灵犀相通。在他的指导下，青年学者钟秀斌领悟得很到位，花一年多时间完成了《梅贻琦画传》书稿。年近八旬的戴永增先生，二十多年如一日地进行徐特立研究，我俩因此而成为无话不说的老

[1] 陶行知：《育才学校教育纲要草案》，《陶行知全集》（第4卷），四川教育出版社2009年版，第382~383页。

朋友。说起徐特立，他就像做专题报道，滔滔不绝、如数家珍。为了《徐特立画传》的编写，他亲自找到北京理工大学郭大成书记，要求将这一工作列为该校的一个科研项目；同时他再三鼓励、全力帮助以靳贵珍老师为主的青年学者写作，提携后辈不遗余力。当书稿完成后他在电话中明确坚定地告诉我自己不署名。著名青年传记作家窦忠如在时间很紧的情况下承担了《王国维画传》的写作任务，显现出对大师的诚敬和对弘扬教育家精神的担当。华东师范大学中国史学研究所房鑫亮教授和他的博士生徐旭晟对《王国维画传》的写作也给予了支持。这本身就是本套丛书所追求的精神境界之一。

对本套丛书给予直接帮助的个人和团体还有：中国人民大学教授程方平，中国教育研究院徐卫红、夏辉映，北京师范大学教授顾明远、孙邦华，北京理工大学教育研究院，在此一并致谢。此外，由于本套丛书参考的文献浩繁，标注的引文及参考文献或属挂一漏万，对于这种情况，我们在此一并致歉并致谢！

在本套丛书即将出版之际，真诚感谢对各位传主研究有素的专家乐意担任各分册作者。在这个作者队伍当中，既有与我交往数十年的老朋友，也有为完成这次任务而结识的新朋友。在编写和出版这套丛书的基本理念上，我们在认识上高度一致，在情感上高度愉悦，遇到各种困难能够设法克服，较好地保证了这套丛书的内容深度和质量。在此，尤其要感谢前辈学者黄延复、宋恩荣、梁吉生、戴永增、金林祥诸位先生，他们有人和我交谈时说这次的写作是绝笔之作，更令我肃然起敬且感到难以担当，但愿我们的真诚能有助于读者更好地领会各位教育家的精神真谛，碰撞出当今社会更多的真诚，把教育办得更好。

2012年3月28日